蔡仁厚 著

哲學史與儒學論評：

世紀之交的回顧與前瞻

臺灣學生書局印行

自序

我已年滿七十，半年前從東海大學退休，唯仍擔任博士生之論文指導，哲學研究所也保留一門課，循環開講先秦儒家與宋明理學。另外，我希望在八十歲之前，能完成「中國哲學史」的撰寫工作。今年，適逢南宋大儒朱子逝世八百周年，海峽兩岸先後舉辦學術會議來紀念他。我出席江西鵝湖書院和福建武夷山朱子研究中心兩個會議。十二月下旬，又參加臺北中國哲學會和鵝湖月刊社主辦的兩個會。在五六十天的時間裡，我接連宣讀了四篇有關朱子的學術論文。同時，還在報端發表短文以表紀念。

再過十多小時，就是二十一世紀了。在這世紀之交，自當有所回顧，有所展望。我平生別無他求，只希望儒聖之學昌盛，中華文化光大發揚。半世紀來，我以全副生命投注其間，而在著述講學方面，也庶幾勉力從事，克盡其分。每隔數年，我都類編散篇論文和講詞，交付出版。如一九八二年的《新儒家的精神方向》，一九八七年的《儒家思想的現代意義》，一九九〇年的《儒學的常與變》，一九九四年的《中國哲學的反省與新生》，以及一九九八年的《孔子的生命境界：儒學的反思與開展》。這五本書雖非專著，但比起我的《孔孟荀哲學》、《孔門弟子志行考述》、《墨家哲學》、《宋明理學》、《王陽明哲學》那些專門著述，其價值與影響，也未必遜色，甚且更勝一籌。

最近三年發表的論文和講詞，又已積至二十餘篇，可以再編一本論集。由於各文內容多是討論中國哲學史和儒家學術的，故定書名爲《哲學史與儒學論評》。全書分爲四部分：甲編爲「中哲史的回顧與前瞻」，乙編爲「儒學的恆常性與時代性」，丙編爲「朱子與陸王」，丁編爲「牟宗三與新儒家」。

甲編「中哲史的回顧與前瞻」收文三篇。第一文，對中國哲學史的過去、現在、未來，作了一個縱的省察，並對中國哲學史的未來，提出新的思考。第二文，對中國哲學進行此前一千年的省思和此後一千年的展望。第三文，則對五十年來臺海地區有關中國哲學史的研究進行檢討，並對中國哲學的現代化與世界化，提出前瞻性的期盼。

乙編「儒學的恆常性與時代性」收文五篇。第一文，先說明儒家倫理的精神基礎、基本綱領與雙向實踐，同時對五倫的主軸與基始，倫理原則與精神取向，倫理與法律的配合互補，提出新的考量。第二文，從禮的常與變，說到仁心之不安不忍與文化理想的永恆性。第三文，論人文與科技之異質相通。第四文，指出儒家的基本觀念及其具有代表性的思想，都可以作爲「人類生活的基本原則」與「人類文化的共同基礎」。而二十一世紀的儒學，自應順傳統而推進，在貫徹三統（道統、學統、政統）之外，還應追隨「聖之時者」以學習孔子的智慧。第五文，先對孔子之道作整體的省思，再就孔子智慧對二十一世紀的正面影響，加以說明。

丙編「朱子與陸王」收文七篇。前四文是今年爲朱子逝世八百周年所提出的學術會議之論文，分別討論朱子的心論與心性工夫，朱子性理系統形成的關鍵與過程，朱子在人文教化上的成就與影響，進而疏導朱陸異同的癥結，並說明象山心學之所以爲實學。第五文，就《王陽明全書》的編輯形式與義理結構，做出檢視和討論。第六文，評述陽明弟子何善山、黃洛村二人的學思，何黃是我雩都的鄉先賢，所以也連帶對他們講學的羅田巖，作了相關的介紹。第七文，是因偶然的機緣而寫成的文章，講述韓儒田艮齋（約略與我國嚴復同時）的心性思想，他可算是韓國朱子學的後勁。

丁篇「牟宗三與新儒家」收文六篇。第一文，講述牟宗三先生的學術貢獻。第二文，則從牟先生的性情說到進德修業的形態與時宜。第三文，是就數十年中牟先生鑄造學術新詞的意涵作一述解，以利便初學。第四文，特別就「繼別爲宗」與「別子爲宗」二語作一正本清源之釐清，以見出朱子在儒家內聖成德之教中的地位，應屬「繼別爲宗」（也是百世不遷之大宗）。這是就義理系統而作分判，屬於學術上的辨同異，對朱子個人的偉大並無貶意。五六兩篇講當代新儒家，第五文特就新儒家對政治的理解及其參與政治之方式，提出說明。第六文，是趁此世紀之交，對當代新儒家的返本開新作通盤的總的省思，並對新儒家所面對的文化功能之侷限與人文教化之落實，提出持平的論評。

另外，還有「附錄」，收短文六篇與書序三篇。這些文字所寫的，都是眞情實感，每一句話都是我所學知的，所信守的，相信可以引發同然的回應。

西元二〇〇〇年最後一日，民國九十年之前夕

蔡仁厚

序於臺中市孔子廟旁之惠宇椰風北軒

哲學史與儒學論評：世紀之交的回顧與前瞻

目　次

丙編、朱子與陸王……一六七

甲編　中哲史的回顧與前瞻

壹、中國哲學史的過去現在與未來

——對民國以來有關中哲史之種種的省察

前　言

本文旨在對民國以來有關中國哲學史的種種，提出一些基本的省察和檢討。但我不是從歷史資料的線索進行處理與分析，而是以中國哲學史的教學者與撰著者的身分，以人所熟知的幾本較具代表性的哲學史作爲線索，來進行一番省察，並提出若干檢討和評析。

我所關切的重點，第一是講中國哲學史的心態問題，第二是如何判認中國哲學史的源流系別的問題，第三是中國哲學史的分期問題，第四是中國哲學的特質及其優缺得失之判認，第五是中國哲學史的未來。以上五點都是很大的問題，本文只能就其大端，本於自己學知之所及提出說明。其疏漏或欠妥處，敬俟高明指正。

一、國人講述中國哲學史的心態之省察

中國有數千年的學術傳統，學術的內容綱領和學門分類也早已形成規格。譬如「經、史、子、集」，經有章句、義理之分，史有編年、紀傳、紀事本末之別，子又分爲九流十家，集則人各一部，包羅尤爲博雜。但中國學問總是以生命（人、人生、人事）爲中心，而不同於以知識爲中心的西方之學。近百年來，西學挾其強勁之勢不斷沖激東方，使得中國文化招架不住。於是，中國人只好自居落後，而奉西方爲先進。單單「哲學史」這個部分，便足以看出中國學問竟是大大地「倒架子」了。

但民國初年的知識分子，卻是心有未甘。心想：你西方有哲學史，難道我中華禮義之邦會沒有嗎？於是從伏羲八卦三皇五帝一路說下來，彷彿你西方有的，我中華也無不有之。這種心態是自大（自尊）情緒的反映（當然算不得數）。五四時代，胡適之寫了一本《中國哲學史》，把三皇五帝、禹湯文武一概割斷，直從老子講起。他說老子是反對派，是革命者。但老子反對的是什麼呢？他要革誰的命呢？胡適竟是略無說明。這種割斷文化源頭的講法，被人譏爲無頭的哲學史。這也當然不算數的。何況他只寫到先秦，下面就沒有了。之後，是抗戰前馮友蘭的哲學史。這部書從上古寫到清末，很完整，分量也正合大學教學之用。但他依然是以西方爲標準來評比中國哲學，這種心態也是「非中國的」。

再來是民國三十八年（一九四九），大陸變色，思想上全面信奉馬列唯物。大學哲學系不

再教正常的中國哲學史。但中共「抓思想」是永不鬆手的，漸漸地唯物史觀下的中國哲學史大量出產。他們認爲中國的哲學史也是「唯心」、「唯物」相互鬥爭的歷史。於是，中國哲學史教科書上的唯物論者，忽然之間紛紛出臺，大張旗鼓，竟是紅了不止半邊天。而非唯物論者全都成爲反動派、反革命。這樣的中國哲學史，裏面差不多已顯發不出中國的哲學智慧了。

這時候，幸而臺、港、海外的人文學者，能作深心的反省和思考，他們從事的學術工作，基本上都和中國哲學史有所關聯。六十年代，勞思光出版《中國哲學史》第一卷，十年後，又陸續出版二三兩卷。這部書自然比胡馮之書更有成就，但問題還是不少。

然則，我們是不是應該回歸中國文化生命的大流，從它大開大合相續發展的大動脈上，來和古人的哲學慧命相通接、相映發？須知我們對西方，是旁觀者，是客的身分；而對中國自己，則是主人的身分。因此，個人的生命和民族文化的生命，理當是合拍合流的。所以講中國哲學史，絕不可以將它推置於生命之外，而應該將聖賢的德慧引歸到自己的生命之中，以期與文化生命產生存在的呼應與感通。這樣才有可能把中國哲學的歷史講出來。

二、中國哲學史的源流系別

六經是中國文化思想的「源」，六經以下的諸子百家，則是中國文化思想的「流」。平常提到六經，都認爲那是儒家的經典。其實，六經本是屬於整個中華民族的，並不必然地單屬儒家。只因爲道家、墨家、法家以及名家、陰陽家，都不願意繼承文化的傳統，只有孔子，他不但自覺地承述六經，而且賦予六經以新的解釋和新的意義，這才使得六經成爲儒家的經典。從此以後，凡是講中國哲學或中國文化，孔子都是居於繼往開來的地位。班固說孔子「上承六藝（六經），下開九流」。這是一句非常中肯的話。上承六藝是繼往，下開九流是開來。繼往而能達到圓滿的綜合，便是孟子所謂「集大成」；開來而能指點文化的途徑和思想的方向，也就無異於開啓了中國文化思想的長江大河。

所以，我們可以確切地說：孔子以前是中國哲學的「源」；孔子以後是中國哲學的「流」。孔子以前，是二帝三王的聖王之統，那是王者的禮樂之教。孔子順著這禮樂之教的方向而進一步創發仁教，使禮樂之教中的「生活的形式規範」內轉而爲「生命的自覺實踐」。這就是孔子的創造，也可以稱之爲孔子的傳統。而孔子的傳統，正是中華民族文化思想的中心骨幹，也是民族文化生命的總原則和總方向。二千五百年來，中國歷史文化的演進，雖然有激盪，有起伏，有曲折，有分化，但無論先秦的諸子，兩漢的經學，魏晉的玄學，南北朝隋唐的佛學，以及宋明的理學，全都是在一個「文化生命主流」的涵蓋籠罩之下，所顯示的大開大合的發展。❶

中國哲學的系別，筆者認爲正應該從中國文化生命大開大合的發展中看。歷來對於源

---

❶ 蔡仁厚：《新儒家的精神方向》（臺北：學生書局，民國七十一年三月，初版），頁一——一三，對中國文化的開合發展作了説明，請參看。

流系別的說法，有當有不當，必須重新作相應的了解和妥適的判定。舉例而言，魏晉的玄學，或分爲正始名士、竹林名士、中朝名士，此乃依時代先後而標名；或分爲名理派、玄論派，這樣也失之籠統。蓋魏晉名士皆談名理，前期以談才性爲主，後期則談易與老、莊之玄學。故應分爲「才性名理系」與「玄學名理系」，方得其實。❷又如佛教傳入中國之後，通常所說的空宗、有宗，或唯識、法相、天臺、華嚴、淨土、禪宗等等名稱，雖皆各有意指，但就表出佛家的教義系統而言，這些名稱仍然不夠明晰與妥恰。民國以來，太虛法師與印順法師提出「性空唯名、眞常唯心、虛妄唯識」三系之分，則較能顯示佛家教義之系別。今又依佛性與般若觀念，判分爲般若系、如來藏緣起、阿賴耶緣起，這樣的講法則尤爲妥適而顯豁。❸再如宋明理學，只講程朱理學、陸王心學，也不夠周延明晰。牟宗三先生依於心性關係而判爲⑴心性爲二的伊川朱子系，⑵心性爲一的象山陽明系，⑶以心著性的五峰蕺山系。而開端北宋前三家（周、張、大程），則只有義理之開展，並無義理之分系。❹

從以上有關玄學、佛學、理學分系之簡提，可以看出哲學系統的分判，對於哲學思想的理解是否能夠相應，大有關係。這是很重要的。

❷ 參牟宗三：《才性與玄理》（臺北：學生書局，民國五十二年初版，六十三年重版）。
❸ 參牟宗三：《佛性與般若》（臺北：學生書局，民國六十六年六月，初版）。
❹ 參牟宗三：《心體與性體》（臺北：正中書局，民國五十七年五月，初版），綜論部，頁四二—五三。

三、有關中國哲學史的分期問題

一般有所謂「先秦諸子、兩漢經學、魏晉玄學、隋唐佛學、宋明理學、清代樸學」的說法，這可以用來講中國學術史，但不宜據之以講中國的哲學史。因爲經學、樸學不是哲學，而佛學如果是從佛弟子的立場講，也和中國哲學史未必相關，而必須從中國哲學思想的演變發展，來講述南北朝隋唐階段吸收消化佛教的過程，那樣才能和中國哲學史關聯起來。

而一般所用的分期，則依照西方上古、中古、近世的劃分，來講述中國的哲學史。這樣也是不恰當的。

首先是胡適之，他把中國哲學史分爲三個階段：一是古代哲學（從老子到韓非），又名諸子哲學。二是中世哲學（從漢代到北宋初），中世又分兩期，前期從漢代到東晉初，爲子學的延續與折衷；後期從東晉到北宋初，印度哲學盛行於中國。三是近世哲學（宋元明清屬之）。這個分法，是以西方哲學史的分期爲模式。不過，胡先生還算不錯，他肯定中國哲學在世界哲學史上的地位。尤其他認爲宋代以來的儒學（理學）是中國的「近代哲學」，更顯出他對歷史文化的通識。❺

其次，馮友蘭爲的哲學史，卻極其簡單地把中國哲學史分爲「子學時代」與「經學時代」（經學，是類比於西方中世紀的經院哲學），他妄判中國哲學史沒有近代，這是非常狂悖的心

❺ 胡適：《中國古代哲學史》（臺北：臺灣商務印書館，民國五十九年四月，臺一版），導言，頁一—九。

態。❻他似乎不了解民族文化乃是一條生命之流，我們不能截斷江河之水而不讓它流下來，而只能疏通江河的航道，使它水流通暢。這樣，才可以一方面避免決堤氾濫，一方面維護航運之便和灌溉之利。同理，我們也不能隔斷中國哲學的傳統，而向外截取一個西方式的近代哲學；我們只能從頭疏導民族文化生命的本性，看清楚它演變發展的脈絡，檢查它的缺失，透顯它的原則，以衡量我們當前所應該表現的形態，然後乃能決定民族生命的途徑和文化生命的方向。這，才是講哲學史最中心最積極的目的和使命。而馮友蘭似乎不懂這個道理，而他那本哲學史也當然負不起這份責任。馮書寫於抗戰之前，在那個時代，我們學術界對於中國哲學思想的反省疏導也普遍不夠深入。馮書之不中肯，不相應，並不完全是他一個人的責任，而也有那個時代的客觀限制。

在馮書出版三四十年之後，勞思光完成了一部新的中國哲學史。❼他的分期是這樣：

1. 初期：又名發生期。指的是先秦階段。
2. 中期：又名衰亂期。包括漢代哲學、魏晉玄學、南北朝隋唐的佛教哲學。
3. 晚期：又稱爲由振興到僵化的時期，指的是宋明理學，再下及清代戴東原。

勞氏這個分期法，大致與胡氏相近似。但他認定中期爲衰亂期，雖然也是一種看法，

❻ 馮友蘭：《中國哲學史》，民國二十年前後，先由清華大學印爲講義，後由商務印書館出版。

❼ 勞思光：《中國哲學史》（第一卷，先在香港印行，民國七十一年，第二、三兩卷連第一卷一併由臺北三民書局出版）。

但總覺有點太過。他對魏晉玄學的價值，似乎承認得太少了些，對佛教在中國傳衍發展的線索，以及中華民族吸收消化佛教的意義，也似乎缺乏深切的認識。而以一系三型講宋明理學，也不過增添了一種意見，提出了一套說法，並非妥切。❽

以我的衡量和斟酌，覺得中國哲學史的講述，應該分爲五個階段。❾

第一、先秦時期（中國文化原初形態的百花齊放）

這個時期又可分爲三個段落，一是孔子以前，二是孔子時代，三是孔子以後。孔子以前是由二帝三王發展凝成的「聖王之統」，這是中國文化的原初形態（文獻是六經）。而孔子的仁教，則更爲中國文化開啓了繼往開來的長江大河，永遠灌溉中華民族的文化心靈。孔子以後，諸子百家興起，是爲中國文化原初形態的百花齊放。孔子開創的儒家，一方面代表中華民族的文化之統，一方面也是諸子百家中的一家，所以儒家具有雙重身分。如果對先秦的哲學思想，籠統稱之爲「子學」或「諸子之學」，則不但忽視孔子以前的文化思想，也不能概括儒家「代表民族文化之統」的那個身分。因此，我們不用「子學、諸子之學」這種名詞來概括先秦時期的哲學思想，而稱之爲「中國文化原初形態的百花齊放」。

❽ 蔡仁厚：〈中國哲學史的分期〉，民國七十年七月之講詞。隨即收入《新儒家的精神方向》（臺北：學生書局，民國七十一年三月出版），頁一三一—一四九。

❾ 同上，頁一四二—一四九。

第二、兩漢魏晉（儒學轉形而趨衰與道家玄理之再現）

這個階段，是先秦「儒、道」兩家學術思想的延續。兩漢經學是儒學之轉形（轉內聖成德之教為經生章句之學），儒學僵化而玄學代起，遂有魏晉時期道家玄理之再現。至於其他各家，在思想上都失去傳承，更沒有發揮。墨流為俠，法沉為吏，陰陽家也下委而散入醫卜星相，名家則斷絕無延續。

第三、南北朝隋唐（佛教介入、異質文化的吸收與消化）

佛教是來自印度的異質文化。由於魏晉玄學所顯發的「無」的智慧，正好成為接引佛教「空」的智慧之橋梁，這才使得佛教思想在歷經三百多年的盤桓之後，終能打入中國的文化心靈之中。但就中華民族的內心來說，是不甘受化於佛教的。所以一方面護持政教與家庭倫常，一方面則大量譯習佛經，以期消化佛教。到了隋唐，終於開出「天臺、華嚴、禪」宗，使佛教在中國大放異采。而中華民族能夠吸收而且消化一個外來的大教，也正表示「文化生命浩瀚深厚，文化心靈明敏高超」。在人類文化交流史上，能結出這樣的善果，實在是國族的光榮。

第四、宋明時期（儒家心性之學的新開展）

儒家之學，一方面上達天德，使性命天道通而為一；一方面下開人文，以成就家國天下全面的價值。這種「本天道為用」的生生之仁道，當然比佛老更充實，更圓滿。宋明儒者之學，通稱理學。無論性即理或心即理，都是以心體性體為中心而展現的心性之學，成德之教。這一套學問，既高明精微，又平正通達，在人類哲學思想中具有極高的地位。而且從十一世紀到十六世紀這六百年中，全世界的哲學系統都有氣無力，只有宋明理學獨能顯揚人類理性的光輝。⑩

第五、近三百年（文化生命的歪曲、沖激與新生）

明清之際，是中國文化學術轉關的時代。「顧、黃、王」三大儒的思想方向，都要求「由內聖開外王事功」。可惜滿清入主，民族生命受挫折，文化生命受歪曲，三大儒所代表的思想方向無法伸展，學術風氣一步步走向考據，因而造成文化心靈之閉塞和文化生命之委頓。就哲學史而言，這是一個無所表現的階段，很洩氣的。民國以來，西方哲學流行於中國，但那只是「西方哲學在中國」，並不屬於中華民族的慧命，不能算是「中國的哲學」。馬列征服大陸之後，更使中國文化與中國哲學，進入空前的大劫難中。

經過這內外夾逼、空前猛厲的歪曲沖激之後，半世紀來，臺、港、海外的儒家學者，以其持續的精誠努力，終能為中國哲學的未來開闢一條平坦之路。此意，將在下文第伍大段

⑩ 今年六月，筆者出席新加坡「儒學與世界文明」國際學術會議，宣讀〈宋明理學與當時的世界思潮〉一文，曾就此意提出討論。

再作論述。

四、中國哲學的特質及其優缺得失之判認

中國哲學有數千年的傳統。它的表現主要集中在儒、道、佛三方面，而儒家尤爲主流。但是這一個東方老傳統，從明亡之後，在中國久已衰微。尤其近百年來遭受西方文化之衝擊，知識分子對於中國哲學的精神面目，益發模糊而遺忘了。所以當西方人批評中國沒有哲學時，中國人竟不知如何回應。

何以如此？一是中國的學術傳統，隨大明之亡而也衰微斷絕。二是民國以來，國人習聞西學，遂以西學爲唯一標準而來檢視中國文化，覺得中國傳統似乎一無是處。其實這批人既不解中國文化，也不眞知西方學問，因此，他們的見解，雖然理無所當，倒也情有可諒，無庸深責。而半世紀來當代新儒家幾位前輩學者，一直專注精誠以省察二千多年的哲學思想，而牟宗三先生的《中國哲學十九講》，⑪更對中國哲學之特質與各階段的哲學思想及其所涵蘊的問題，提出縱貫古今的綜述。這部講錄，是根據授課錄音整理成文，所以保存了口講的語氣，具體而活潑，疏朗而條達，雖不及專著之謹嚴，而就「明辨義理系統之性格」以及「掌握哲學問題之線索」而言，則對一般讀者實較利便。

---

⑪ 牟宗三：《中國哲學十九講》（臺北：學生書局，民國七十二年十月，初版）。

這十九講的綜述，並不是一時的興會，也不是偶發的議論，而是關乎中國哲學的系統綱格和義理宗趣的表述。書中釐定的問題，也對中國哲學今後之發展具有重大的啓發性。十九講中的每一講，所舉述的問題都有所本，而其所本的義理，在牟先生相關的十部著作裏都有詳細討論。⓬牟先生以超過半世紀的憤悱精思，完成這樣通盤兼顧的哲學大工程，不但是民國時代學術上的大事，而從一個哲學家繼往開來的意義上看，也是古今罕見的。

在此，我將提出五點簡單的對比，作爲對中西文化（哲學）的基本理解。（當然，這五點也是相互關聯的，不宜隔離地看。）

1.西方文化「以物爲本、以神爲本」，中國文化「以人爲本」。

2.西方文化「首先正視自然」，中國文化「首先正視人」。

3.西方文化「以知識爲中心」，中國文化「以生命爲中心」。

4.西方文化「重客體性、重思辯」，中國文化「重主體性、重實踐」。

⓬ 牟宗三著作三十餘種，其全集正編校中。本文所稱十部著作，可分三組。第一組《才性與玄理》（學生版）、《佛性與般若》（學生版）、《心體與性體》（正中版）、《從陸象山到劉蕺山》（學生版），這四部書表述儒家、道家、佛教之義理價值，最爲完整而透闢。第二組《道德的理想主義》、《歷史哲學》、《政道與治道》（皆學生版），這三部書，是疏通中國文化生命之癥結，承晚明顧黃王三大儒之豁醒外王大義而推進一步，以解答中國文化中政道、事功、科學之問題，可以視爲儒家的「新外王」。第三組《認識心之批判》（友聯版、學生重版）、《智的直覺與中國哲學》（商務版）、《現象與物自身》（學生版），這三部書是疏通康德哲學，爲中西文化思想之會通，開創義理的新路。

5.西方文化「學與教分立」，中國文化「學與教合一」。

同時，西方文化是以「知性」爲主，它的主要成就有三：一是科學，二是民主，三是宗教。科學是「心與物對列」，民主是「權利與義務對列」，宗教是「人與神對列」。西方文化既然以「主客對列」的格局來表現，所以它的精神是「向外追求，向上攀緣」，是一種單向度的無限伸展。結果是「取單向而無迴向，有追求而無反求」。所以不講反求諸己、反身而誠，文化生命中的「德性主體」無法獨立地透顯出來。也以此故，在西方知性文化的傳統裏，沒有心性之學，沒有成德之教。因而也可以說是「知性強而德性弱」（德性，指德性主體而言，非泛泛之詞）。

相對於西方文化而言，一般都認爲中國文化是重德的文化，儒家也主要是順著道德心靈（德性主體）的活動，來講論內聖成德之學。對感性生命而言，它是「化氣成性」，變化氣質的偏和雜，以成就德性生命的價值。對知性生命而言，它是「攝智歸仁」，把理智的活動攝歸於德性的涵潤主導之中，使之依循價值規範，符合善的原則。簡言之，作爲中國文化主流的儒家，是道德的進路（非知識的進路）。它的基本宗旨，可以歸結爲二句話：

一是「化氣成性」，使「感性理性化」；

二是「攝智歸仁」，使「知性價值化」。

儒家認爲人的德性生命可以自我提升，自我開擴，可以向各方面流通貫注，以完成多元的價值創造。首先，它可以通向人倫世界，創造一個「天下一家」的社會觀；其次，它可以通向人文世界，創造一個「精誠綿穆，慧命相續」的歷史文化觀；再次，它可以通向自然世界，創造一個「天人和諧」的宇宙觀。

然而，德性生命上下四方的流通貫注，雖然可以創造「天下一家」、「慧命相續」、「天人和諧」的廣大豐厚的價值世界，但在西方知性文化的對較之下，我們可以發現，近代西方通過「科學、民主」所開創的事功，正是中國文化所欠缺的。傳統儒家所講的「外王」的確有方式上和內容上的不足。因此，我們又可以提出一組聯句，來分判中西文化的特質：

西方文化「知性強而德性弱」；中國文化「內聖強而外王弱」。

因此，西方文化宜當取資儒家乃至道佛二家的智慧，以期調適而上遂；而中國文化則須調整文化心靈的表現形態，開出政道（民主政體）與知識之學（科學）。

基於上文的說明，接下來可以對中國哲學作如下之評判：

第一、中國哲學器識宏大，智慧甚高，而思辯力則較弱

中國哲學所體現的「天人合德」、「物我相通」、「古今相貫」、「幽明不隔」的精神器識，以及「宇宙與人生通而爲一」、「道德與宗教通而爲一」的圓融通透的智慧，實非其他文化系統所能比擬。然而，中國人「智慧很高，而思想則乏味」。德國哲學家凱薩林表現的直感洞察，正指出了中國古人不擅長抽象思考和工巧思辯。聖哲的教言儘管恰當中肯，但卻「平、常、淡、直」，而很少層層深入，步步進逼，以顯示思辯論證之環環相連，絲絲入扣；因此，不容易曲折有致，引人入勝。

第二、中國哲學重實踐過於重知識，其理論亦以滿足實踐爲依歸

中國哲學既以生命爲中心，以成善成德爲歸趨，所以特別重實踐。以儒家而言，它已

完成下列諸事：

1.開發了「人性本善的道德動源」與「天人合德的超越企向」。

2.建立了「孝弟仁愛的倫理思想」與「情理交融的生活規範」。

3.體驗了「生於憂患、死於安樂的生死智慧」與「因革損益、日新又新的歷史原則」。

4.提揭了「修齊治平、以民爲本的政治哲學」與「內聖外王、天下爲公的文化理想」。

這四句歸結語所蘊涵的道理，都是基於實踐的要求而來。而全部內聖成德之教，無非是「本體」與「工夫」兩個問題。在本體一面，並不專重思辯和論證，而更重視體悟、體證。所以緊接本體論之後，就是工夫的討論，中國哲學只有工夫論而沒有方法論，西方哲學只有方法論而沒有工夫論。此其故可以一思。

第三、中國哲學，不重立說以顯己，而重文化慧命之相續

哲學思想，是文化生命顯發的「共慧」，不是任何人可得而私。所以自古以來，中國始終沒有「著作權、出版權」的觀念。人之爲學，是要投身於文化生命之流，與古人智慧相接應相映發，以期得之於心，顯之於行。人之述作，目的在闡揚聖賢之道，以延續文化慧命；而並非爲之顯揚一己的名聲。因此，「自立一說」的欲求並不很強。中國哲學文獻之所以多散篇記語，而少有系統性的專著，這是根本的原因。

諸子百家皆有所見，也各自成爲一家之言。但依中國的學術傳統而論，「群經」的地位高於「諸子」。何以故？因爲經書所講的，並非一時之見，一人之言，而是「先得我心之同然」的常理常道，是文化生命的「共慧」。而諸子之學，則正是各人的私家之說，有所見

也有所蔽，所以不足以爲恆常不變的大道。（當然，哲學思想之中，除了同然的共慧，也有殊勝的獨見。共慧不可斷滅，獨見也不容抹煞。同中觀異，異中見同，庶幾近之。）

五、中國哲學史的未來

中國傳統哲學有許多基本概念，都具有獨立自足的意義，而且是無可取代的。（如儒家的仁恕、時中，道家的無，佛家的空，等等。）只要運用現代的語言加以詮釋，就可以重新豁醒它的意涵，繼續顯發它的效用。當然我們也要採用西方哲學的概念，但必須以客觀的義理思想爲準據，而不可望文生義，牽強附會。同時，使用新名詞的人，也必須達到一定的水準，以免混淆義理分際，造成似是之非。

中國哲學也當然要走向現代化與世界化。中國哲學現代化的意指，應該含有兩個方向：

1.如何通過現代語言，把中國哲學的思想闡述出來，把中國哲學的智慧顯發出來，使它能爲現代人所了解，而進入人的生命心靈之中，以表現它「本所涵蘊」的活潑的功能和作用。

2.如何對中國哲學作一步批判的反省，既以重新認識和發揮它的優點長處，也要補救它的短缺和不足，以求進一步的充實發展。這才是中國哲學現代化最積極的意義。

由中國哲學的現代化推進一步，便是「世界化」的問題。要使中國哲學世界化，眞正的問題是在；中國人自己能不能對中國哲學先有恰當相應的了解。了解之後能不能明確而透徹地講出來。如果能，就可以進一步和西方的哲學系統相互融攝，相互會通；使中國哲學的精粹，透入別的文化系統之中，而達到世界化的目的。因此，中國哲學是否有前途，其決定的因素有二：中國哲學本身的義理綱維，能否重新顯發出來？中華民族能不能如像當初消化佛教那樣，來消化西方的哲學和宗教？

近半世紀來，臺、港、海外的人文學者（主要是當代新儒家），以其持續性的精誠努力，大致做到了四件事：

1.釐清了中國哲學演進發展的思想脈絡；

2.分判了中國哲學異同分合的義理系統；

3.闡釋了中國哲學的基本旨趣及其價值；

4.開出了中西文化融會貫通的義理規路。

這四件事，其實就是中國文化和中國哲學四項重大的問題。這些問題，到現在也仍然是中國知識界最大的困擾。當代新儒家最卓越的貢獻，就是爲中國知識分子的「世紀困惑」提供了根本的解答。同時，也爲中國文化發展的方向，確立了三大綱領：⑴光大內聖成德之教，重開「生命的學問」。這是「道統」的問題。⑵開出法制化的「政道」，完成民主政體建國。這是「政統」的問題。⑶調整文化心靈的表現形態，開出知識之學。這是「學統」（吸收希臘傳統，開出知識之學）的問題。

近年來，大陸學界認爲，當代中國有三大思潮，一是馬列思想，二是全盤西化的思想，三是新儒家的思想。其實，前二者是外來的，介入的，只有新儒家思想才是「中國的哲學」，才是眞正屬於中華民族的思想。這一點，大陸學界也普遍有所認取。所以他們要進行一項巨大的學術工程，就是要編印一套「現代新儒家學案」。這也是重新肯定中國哲學的表示。他們的理解可能不夠恰當相應，但他們的努力，我們當然給予肯定，而且樂觀其成。

記得牟宗三先生在他八十大壽時，說他從大學讀書以來，六十年中只做一件事，即：「反省中國的文化生命，以重開中國哲學之途徑。」他認爲民國以來的學風很不健康；卑陋、浮囂，兼而有之。所以有志於研究中國哲學的人、必須：

第一、依據文獻以「闢誤解，正曲說」；

第二、講明義理以「立正見，顯正解」；

第三、暢通慧命以「正方向，開坦途」；

這三點，確實是中國哲學史未來發展的關鍵所在，講哲學如果錯用文獻，便成大過差。如馮友蘭的中國哲學史講論佛教的天臺宗，不用天臺開宗的智者大師之文獻，反倒根據智者師父南嶽慧思的《大乘止觀法門》來講述天臺宗的思想，而且經人指出，依然不改。實在很不應該。至於講義理必須精透明確，恰當相應，更是異同是非之所關。而慧命的暢通，則是文化生命之「共慧」相續流衍的根本大事。其屬重要，不言而喻。

歸結起來，最後只有一句話。理有隱顯，道無斷滅。中國哲學史是否有光明的未來，完全取決於中國人自己的覺悟和努力。

一九九八年十二月　中華民國史「專題論文集」

貳、中國哲學的反思與展望

——此前一千年的回顧與今後一千年的展望

一、弁言：通盤的文化大反省

中國文化的演進，有數千年開合發展的歷史。簡要而言，可分爲三大階段[1]。

1.從先秦到兩漢：第一度的開合

二帝（堯、舜）三王（禹、湯、文武）的聖王之統，可稱爲「道之本統」。孔子出來，重建

[1] 參蔡仁厚：《新儒家的精神方向》（臺北：學生書局，一九八二年），頁一—十三〈中國文化開合發展的方向〉。

道之本統，使王者的禮樂之教轉爲成德之教，他爲周公所代表的中國文化的原初形態，作了開光點醒的工作，使中國文化這條神龍眞的活現了，孔子以後，諸子百家興起，但學術思想上的百花齊放，卻無補於戰國時代政教的衰亂。這表示就整個民族文化生命而言，是有破裂歧出而不夠健康暢順的。孟子荀子和當時一批儒家人物的努力，即是針對這種破裂歧出的情勢，挺身出來護持內聖外王之道，以期文化生命由「開」而轉「合」。這番努力，經過秦的曲折而進到漢朝，「除強秦之苛暴，流大漢之愷悌」（班固語），復古更化，通經致用，以學術指導政治，以政治指導經濟，才完成了中國文化生命第一度的「合」。

但漢朝的「合」並不圓滿。內聖方面只落於倫常教化（三綱五常）的層次，而德慧生命未能充分透顯（對人性無善解，又謂聖人不可學而致），外王一面，雖有西漢五德終始的禪讓說，但其結局乃歸於王莽之乖僻荒誕，反而激成東漢光武的天子集權，形成君主專制的政治形態，從此天下爲私（從政權方面說），歷二千年而不變。

2.從魏晉到宋明：第二度的開合

漢代察舉賢良，雖代表治權一面的開放，但因外戚宦官干政弄權，到東漢末葉，政治每況愈下，乃有所謂「清議」。但清議激成黨錮之禍，遂使政治上的清議轉爲學術思想上的「清談」。於是儒學衰而玄學盛，文化生命又歧而出之。政教混亂，情意泛濫，生活情調的美趣轉出智悟境界，結果道家的「無」引進佛教之「空」，佛教思想進入文化心靈，華族的文化生命因爲異質文化介入而再度大開。

第一度諸子百家之「開」是內部學術思想的開，第二度老氏接引佛氏是宗教信仰和人生方向的開，而且一開就開了六百年。就中華民族的內心來說，不甘心受化於印度來的佛教。故一方面護持政教與家庭倫理，一方面致力譯習佛經，以期消化佛教。隋唐之時，終於開出天臺、華嚴、禪三大宗，使佛教在中土大放異采。而中華民族能夠吸收而且消化一個外來的大教（文化系統），正表示「文化生命浩瀚深厚，文化心靈明敏高超」。一個心智不衰的民族，必有它光明的前途。而「對他」的消化工作既已完成，則「自己」的文化生命必當重新歸位，所以隋唐佛教的盛世過去之後，儒學復興便成爲歷史運會自然迫至的一步。

宋明儒學有六百年的發展，他們重建道統，把思想的領導權從佛教手裡拿回來，重新挺顯了孔子的地位，使華族文化生命返本歸流，而完成了第二度的「合」。但宋明儒的成就和貢獻畢竟偏於內聖，外王事功方面缺少積極的講論和表現，是即所謂「內聖強而外王弱」（牟宗三先生語）。因此，宋明儒所代表的「合」，仍然不夠完整。故晚明顧亭林、黃梨洲、王船山三大儒自覺地要求由內聖開出外王事功。

3. 晚明以來：第三度的大開

依儒家之教，內聖必通外王。而外王一面的「政道、事功、科學」，也必須統攝於內聖心性之學，才算有本有源，才能維護文化價值的安立，和文化理想的繼續開發。顧黃王所代表的「由內聖開外王」，是儒家本身之開，是從宋明理學的「合」之中而引出的「開」，這本是一個很恰當相應的文化之發展，可惜滿清入主，民族生命受挫折，文化生命受歪曲，三大儒的思想方向無法申展。由於外王開不成功，學術風氣一步一步走向考據，乃至「唯考據」；風氣所至，士人的頭腦日漸僵化，甚至落到不會用思想的地步。民國以來，上承清代之餘勢，知識分子早已淡忘三百年前顧黃王「開外王」的「本願」。接著又受到西方強勢文化的衝激，民族文化生命更是破裂歧出而落到「信心喪失，中風狂走」的地步。當初，這第三度的文化生命之大開，是受到挫折而轉爲考據，現在則成了「一開而不可收拾」之勢，終乃主張全盤西化，要從根拋棄傳統了。

所幸數十年來，也有三五賢哲發其孤懷閎識，護持道脈一線於不墜，而當代新儒家的學者們，更在國勢艱困，文運否塞之時，本於他們對國家民族、歷史文化、時代學術的感受，動心忍性地從頭疏導民族文化生命的本性、發展和缺點，以及今後應走的路線，循此持續致力，以期漸次完成文化生命第三度的「大合」。凡此，皆將於後文一一加以討論。

二、此前一千年的中國哲學：人類理性的肖子

1. 由禪宗回歸於儒

此前一千年，北宋眞宗即位（西元九九八年），那時，禪家的臨濟宗和雲門宗仍然興盛，

而理學家周、張、二程還未出世❷。不過，禪宗「一花開五葉」的盛況已由極盛而日漸下降，到十一世紀三十年代，范仲淹和宋初三先生（胡瑗、孫復、石介）的儒學運動，便已漸次展開了。五十年代以後，同濂溪破儒學千年之暗，以「孔顏樂處」指點少年時期的二程兄弟，張橫渠也受范公「儒者自有名教可樂」的激勵，而奮起於關中，接著二程講學於洛陽，於是宋明理學正式出臺。華族的文化生命終於由老佛而歸於儒。

一般講文化思想史時，常喜歡提到一句話，那就是所謂「陽儒陰釋」，以爲宋明理學表面上講孔孟，骨子裡實是禪佛。我不能了解，持續講論了六百年的宋明理學，竟然會是長期的「假借」？會是連續的「騙局」？天地間有是理乎！然而，知識界硬是樂道此言而不疲，那到底表示什麼？我認爲❸，這表示中國知識分子的文化心靈麻木了，學術生命墮落了，哲學器識淺了，薄了。須知宋明儒的奮鬥，其最大的貢獻，就是復活了先秦儒家的形上智慧。道家講玄理而顯發的「無」的智慧，以及佛教講空理而顯發的「空」的智慧，雖皆達到玄深高妙的境地，但佛老二氏由玄智空智而開顯出來的「道」，畢竟不是儒聖「本天道爲用」（張子語）的生生之大道。儒家之學，一方面上達天德，一方面下開人文，以成就家國天下全面性的價值。這樣的道，豈不比佛老更充實、更平正、更圓滿？而你硬要人云亦云，說他是「陽

❷ 周濂溪西元一〇一七年生，張橫渠一〇二〇年生，程明道一〇三二年生，程伊川一〇三三年生。

❸ 參蔡仁厚：《中國哲學的反省與新生》（臺北：正中書局，一九九四年），頁三〇七—三一九〈從陽儒陰釋說起〉。

儒陰釋」，這種話有客觀的意義嗎？

關於宋明儒對先秦儒的傳承關係，我曾從「文獻」、「觀念」、「工夫」三方面作過考察，認爲漢儒與宋儒，都是繼承先秦儒家。漢儒講五經章句，故謂之「經學」。宋明儒則依據先秦儒的原典（論、孟、學、庸、易傳）而發揮，故不宜稱爲經學，而特命之爲「道學、理學、心性之學」。而宋明儒的中心觀念，都是順承先秦儒家本有之義或應有之義，而發揮到更爲詳密、更爲圓融的境地。還有工夫的講求，也是本乎道德意識和文化意識而開出的人生實踐之路。他們的精神方向，是和先秦儒家一脈相承、前後一貫的。另外，我還提出「九疑徵答」，以反詰流俗之見。這些皆已見於〈從陽儒陰釋說起〉一文，茲不贅。

2. 人類理性光輝之獨顯（宋明理學）

二年前我出席新加坡「儒學與世界文明國際會議」宣讀論文〈宋明理學與當時的世界思潮〉❹。我指出，宋明理學的時代，正是人類世界文化衰微的階段，從十一世紀到十六世紀，整個地球上就只有宋明理學獨能顯揚人類理性的光輝。

儒家之學，從本體到工夫，都要求平正通達，不偏不滯。儒家的道理都是發自人性人

❹ 該文已編入拙著《孔子的生命境界：儒學的反思與開展》（臺北：學生書局，一九九八年），頁二五九——二七六。

情，發自人心深處，又能根據心同理同而秉持忠恕之道，所以最合乎理性原則。而理性的表現方式，有是「運用表現」，有是「架構表現」❺。而無論運用表現或架構表現，都會「放光」（理性的光輝）。十七八世紀以來，西方文化發展出民主、科學，這是人類理性以「架構表現」的方式在放光。而它的前一階段，十一至十六世紀的宋明理學，則是人類理性以「運用表現」的方式在放光。

與宋明理學同時的世界思潮，無論佛教系統，印度教系統，回教系統，基督教系統，都只停在維持的狀態，缺少鮮活之氣，而創發性的表現，更說不上。從十一世紀起那六百年間，人類的理性進入長期停滯、閉塞；人類的生命進入長期暴烈、狂飆（例如，歐洲政教大衝突，十字軍東征，蒙古旋風，羅馬教會大分裂，土耳其滅東羅馬……）。在世界陷於動盪不安、悲苦無明的時候，唯獨傳承孔子德慧的宋明理學，能爲人類理性生命獨顯光輝。

宋明理學的內容，本文不擬多說。我只指出幾件事情，提供當前人類來共同分享：

第一、從對治佛教，可以看出宋明儒者恢弘的世界情懷與高貴的平和精神。第二、從講學論道，可以看出宋明儒者對思想開放和學術自由的眞誠實踐。第三、從文教藝能之美，可以看出宋明儒者所表現的文化意識與文化功能❻。據此可知，宋明儒者順承先秦儒家而調

---

❺ 牟宗三：《政道與治道》（臺北：學生書局，一九八〇年增訂新版），第三章〈理性的運用表現與架構表現〉，頁四四—四六。

❻ 此三事，請參同註❹，頁三七三—二七四。

適上遂，實已達到圓熟透徹的境地。而關聯於西方哲學而言，康德所規劃的「道德的形上學」，宋明儒者可以充分作得成❼。而康德所講的「自律道德」，也可以在宋明理學的義理系統裡獲得眞實的證據。在此，容我再歸總說一句，在十一至十六世紀這六百年間，整個人類世界，就只有宋明理學能充分昭顯人類理性的光輝。

3. 失去哲學慧光的世紀（清代）

前文說過，大明既亡，顧、黃、王三大儒懷著亡國亡天下之痛，深切反省民族文化生命的方向和途徑，自覺地要求「由內聖開出外王事功」。這一步省思非常中肯。可惜滿清入主以後，漢民族遭受雙重打擊：

第一是民族生命受挫折（漢族喪失天下）；

第二是文化生命受歪曲（學術轉爲考據）；

在這種情形之下，顧黃王三大儒的思想方向無法得到伸展，加上文字獄的壓制，讀書人不敢議論過問政事，更不敢講民族大義。開始的時候是不得已，所以無奈地轉而做一些文字訓詁、版本考據之類的學問。但乾隆嘉慶以後，考據成爲學風，讀書人忘記了當初「不得已」的委屈痛苦，終而變成只知道面對書本，而不能面對問題以發憤用心。久之，使中國人

❼ 同註❹，頁二六三——二六五。

的頭腦趨於僵化，變成古董箱，因而也不會用思想了。一個這麼大的國家民族，沒有大儒，沒有器識恢弘的學者思想家，當然無可避免地會造成各方面的悲劇。

在明末清初（十七世紀）以前，中西文化並沒有什麼差距，頂多不過互有長短而已。但十八世紀，歐洲有哥白尼的地動說，有孟德斯鳩的〈法意〉、盧梭的〈民約論〉，康德更寫出了講「眞、善、美」的三大批判。這個時候的中國知識份子，卻停止了思想活動。只知道埋頭伏案，大抄書本，抄成七大部《四庫全書》。在西歐所顯示的，是思想的開放上升；在中國所顯示的，則是思想的封閉枯萎。一個突飛猛進，一個停滯落後，一升一降，中西文化的差距乃越來越大。

乾嘉以降，中國文化由僵化而封閉，而混亂，這是數千年來變遷最大、最劇烈的階段；偏偏這個階段的中國讀書人，卻是最不會思考辨析問題，也最欠缺因應時變的才能。因此，我說，有清一代是失去哲學慧光的世紀。

三、當代的中國哲學

1.從四面作戰到起死回生

就中國哲學史的發展而言，三大儒之後的所謂「清學」，實在無足輕重。而西方文化衝入中國之後，學界的反應，也顯得零亂無力而不成理路（試與十九世紀後半的日本對比，就可明白）。民國以來，西方哲學流行於中國，但也只是在流行而已，它和華族文化生命到底有多少相干呢？就算我們對西方哲學造詣很深，講得很好，那也只是「西方哲學在中國」，而並不能算是「中國的哲學」。這種情形，到今天也仍然必須痛切反省。

文化的反省，是爲了促成文化的「新生」。我們必須從頭疏導民族文化生命的本性，看清它演變發展中的關節線索，檢查其缺點，透顯其原則，以衡量我們當前所應該表現的形態，方能決定民族生命的途徑和文化生命的方向。對這些問題，當代新儒家的學者們，應是最能「動心忍性」和「精誠貫徹」的。

從五四到北伐以後，中國知識界由反傳統而西化，而唯科學，再由左傾而唯物，這個時候，當代新儒家必須奮力而「四面作戰」。第一迫切的，是批判唯物思想所造成的「觀念的災害」，其次是批判外來意識形態喧賓奪主的野心，再次是批判泛自由主義之無益於民主建國，第四是批判科學一層論者之壟斷學術。經過半個多世紀的艱貞奮鬥，終於確定出儒家當前的文化使命，主要是集中在三個中心點上。第一、是道統的肯定：這是屬於內聖成德之教承續光大的問題。第二、是政統的繼續：這是政治方面民主建國的問題。第三、是學統的開出：由民族文化心靈轉出知性主體，融攝希臘傳統（科學知識之傳統），以期在中國文化生命領域之中，開出學術知識的獨立性。這三個中心綱領，足以使中國文化與儒家學術，剝極而復，起死回生，而再顯光輝。

2. 當代新儒家的學術貢獻

近年來，大陸學界有一種說法，認爲當代中國有三大思潮，一是馬列唯物，二是西化思想，三是當代新儒家。話雖說得太簡括，卻也合乎情實。但前兩種是外來的，只有儒家才是中華民族的慧命。當代新儒家的學術活動與著作出版，已逾半個世紀。上二代前輩先生的學術功績，可以從各方面作衡量。茲爲說明之方便，我將以牟宗三先生爲主線，順就它的著作，約爲五點，提出說明：❽

(1) 闡明三教：表述儒釋道三教的義理系統

研究中國哲學的人，有的重在講儒家，有的重在講道家，有的重在講佛教，各有各的立場。而當代新儒雖然持守儒家立場，但同時也肯定佛老二氏（此是不同於宋明儒之處），認爲在處理終極關懷的問題上，儒道佛三教開顯的生命之道，都可提供全人類來借鏡和採擇。所以從梁漱溟、熊十力以來，除了闡揚儒家之道，也同時講述道家和佛家之教義。唐君毅先生更以通論通釋的方式，對儒釋道三家之學，作了極大篇幅的講述。歸總而言，當代新儒家對於傳統學術的態度，一是積極肯定，一是通盤反省。而在著述的方式和內容上特顯謹嚴而專

❽ 參同註❹，頁一八七—二○九，〈當代新儒學的回顧及前瞻〉第一節。

精的，則以牟宗三先生表述儒釋道三教的幾部著作❾，具有更大的代表性。

他的《歷史哲學》是要建立華族歷史的精神發展觀。上自夏商周，春秋戰國秦，下及西漢東漢，認爲中國的國家政治之規模，到東漢而大定，後代政制的改革，皆屬第二義以下的枝節。所以魏晉以後，不再講政治，改而論學術。

他以《才性與玄理》表述魏晉階段的玄學，以《佛性與般若》表述南北朝隋唐階段的佛教。前者比湯用彤《魏晉玄學論稿》更完整，更深切，是講魏晉玄學的經典之作。後者則是唯一以中國哲學史的立場，來講述佛教傳入中國以後的發展。對於中國吸收佛教和消化佛教的過程及其意義，都作了深透而相應的詮表。這部書的成就，也該是空前的。對於宋明階段的儒學，則以《心體與性體》四大冊❿進行全面的疏導。從北宋以來，宋明理學講了八九百年，但其中系統分化的關鍵，以及本體的體悟與工夫的進路，一直互有偏頗，泛泛不切。到牟先生，才以八年的心血，通盤而徹底地作了釐清和衡定。宋明儒清楚了，先秦儒家也可隨之而清楚。是故，原先規劃要寫一部「原始典型」以講述先秦儒道兩家的學術，便自然擱置了。

牟先生這三大部著作，無論綱脈的疏解，義理分際的釐清，以及系統綱維的確立，都已達到前所未有的明透。如果套用一句古話，我們眞可以說，儒釋道三教的義理，到此已「煥

❾ 牟宗三：《才性與玄理》、《佛性與般若》、《心體與性體》，皆由臺北、學生書局出版。

❿ 《心體與性體》三冊，加上《從陸象山到劉蕺山》，合爲四大冊。

然復明於世」。

(2)開立三統：疏導民族文化生命之途徑

儒家有強烈而深厚的文化意識，也同時凝為道統意識，這是從孔子孟子而下及韓愈朱子，都有所表示和論說⓫。而內聖必通外王，也是儒家的通義。但如何開出外王事功，則一直未能落實於體制。而且傳統儒家的內聖通外王，也只通向政治，講求仁政王道，至於「開物成務」、「利用厚生」⓬的知識條件和技術條件，則一直未予直接之關心和積極之講求。數千年講學，也是以「道統」涵蓋「學統」，聖人之道與聖人之學通而為一，這雖然也很好，但知識性的學問未能透顯獨立，總是文化上的一大缺失。

民國以來，學界深識之士，也對文化問題有所反省，但多半是零零散散的意見，說不上是文化建設的藍圖。直到民國四十七年元旦，唐君毅、牟宗三、徐復觀、張君勱四位先生的文化宣言，才算是對中國文化生命的「本性、發展、缺點」作了一個全面性的大反省。其中最為中心的癥結，便是「如何開出事功」？面對此一大癥結作深入思考，並直接提出解決之道的，首推牟宗三先生的新外王三書：《道德的理想主義》、《歷史哲學》、《政道與治

⓫　孔子盛贊二帝三王之言，散見《論語》各篇。而《孟子・盡心下》最後一章，更已說到聖道之統的傳承。請參閱蔡仁厚：《孔孟荀哲學》（臺北：學生書局，一九八四年），卷上，頁一六〇——一六六。

⓬　「開物成務」語見《周易・繫辭傳上》。「利用厚生」語見《尚書・大禹謨》。

道》⑬。這三部書有一共同主旨，是即「本於內聖之學以解決外王事功的問題」。歸總言之，即所謂「三統並建」⑭，承認在「道統」之外，還有「學統」「政統」的問題。

「道統」方面，是要光大內聖成德之教，以重開「生命的學問」。道統所函的常理常道，不只適用於中國，也適用於全人類。在以往，儒釋道三教相互摩盪一兩千年，今後，必將是「儒、佛、耶」新三教相互摩盪以求融通。這是歷史運會迫至的文化情勢，也是東西雙方必須面對的時代課題。「學統」方面，是要調整文化心靈的表現型態，使「知性主體」從德性主體的籠罩之下透顯出來，獨立展現認知活動以成就知識。如此，乃能使儒聖「開物成務、利用厚生」的古訓，獲得充分的實現。「政統」方面，是要開出法制化的政道（安排政權的軌道，也即政權轉移的制度），以完成民主政體的建國。中國傳統的政治形態，只成就了「治道」（宰相制度可爲代表），而未能開出「政道」，所以「朝代更替，治亂相循」，「君位繼承，宮廷鬥爭」，「宰相地位，受制於君」。這三大困局二千年來一直無法解決，而民主政治的政治形態，正好可以消解這三大困局，而由儒家「民本、民貴」的思想，落實爲「民主」的體制，也本是順理成章的發展，並沒有本質上的困難。

上述「三統」代表文化生命的三個方面。而三統的同時並建，也確實可以打開華族文

⑬ 按《道德的理想主義》、《歷史哲學》、《政道與治道》，皆由臺北、學生書局出版。

⑭ 按「三統並建」之說，民國三十七年牟先生撰〈重振鵝湖書院緣起〉時首倡，自此之後常隨機申說，散見所著各書之中。

化生命的癥結，而開顯一條順適條暢的新途徑。個人認爲，今後數百年中華民族奮鬥的總綱領已然確定，未來的成敗得失，就看朝野上下的中國人如何分工合作齊心努力了。

(3)暢通慧命：抉發中國哲學所函蘊的問題

在二十世紀，中國文化和中國哲學所遭逢的境遇，其複雜與艱困都是空前的。而五四以來，眞正致力於中國哲學之反省，眞能爲中國文化之新生貫注精誠而殫精竭慮的，還是當代新儒家幾位前輩先生。從梁、熊二氏到唐君毅先生都有很大的貢獻，而牟宗三先生則更集中而通貫地作了專門的省察和疏導，是即《中國哲學十九講》⑮。

這十九講的講述，並不是一時的興會，也不是偶發的議論，而是切關於中國哲學之系統綱格與義理宗趣者。其中所抉發和釐定的各種問題，也對中國哲學今後的發展具有重大的啓發性。所以十九講所舉述的問題，皆有所本（即，本於他的《才性與玄理》、《佛性與般若》、《心體與性體》各書所表述約三教義理）。通過這一部通貫性的綜述，中國哲學固有義理的性格，未來發展的軌轍，皆已不再隱晦，而繼往開來的道路，也確立了指標而有所持循。到此方知，文化慧命的相續不已，固可具體落實，而並非徒託空言。

由於國人對自己文化傳統的隔閡與無知，常以爲中國文化是一個停滯不進的封閉系統。其實，在兩千多年大開大合的發展中，中國文化本就不斷有義理的開新。牟先生曾列舉中國

⑮ 牟宗三：《中國哲學十九講》（臺北：學生書局）。

哲學史上的十大諍辯，每一次諍辯都含有義理的開創性⓰。一爲儒墨的諍辯，二爲孟子對告子「生之謂性」的諍辯，三爲魏晉玄學家之會通孔老，四爲言意之辯，五爲神滅不滅的問題，六爲天臺宗山家與山外關於圓教之諍辯，七爲陳同甫與朱子爭漢唐，八爲王龍溪與聶雙江的「致知議辯」，九爲周海門與許敬菴「九諦九解」之辯，十爲當前中國文化如何暢通的問題（此中含有四件事：破共、辨耶、立本、現代化）。這十大諍辯的舉述，不只是反省地述古，而更是前瞻地開新。如何暢通中國哲學的慧命，使之能眞正進入世界哲學之林，爲人類的人文世界盡其主導性的貢獻，都可以從十九講和十大諍辯的省察中開啓新路。

(4) 融攝西學：康德三大批判之譯註與消化

中華民族曾經融攝印度傳來的佛教，這是文化生命浩瀚深厚的徵驗，也是文化心靈明敏高超的表現。今後能否像當初吸收消化佛教一般，也能吸收消化西方哲學和西方宗教？此中有一重要的關鍵，就是現代的中國人能否像晉人唐人一樣，也有意願有能力來翻譯具有代表性的西方經典。

當代新儒家的心力，雖然以「反省文化，講論儒學」爲主，但也並不忽視講述西學的重要，而牟先生更在老年之時，從容而持續地將康德三大批判翻譯出版，以一人之力全譯康

⓰ 一九八六年，牟先生在中央大學講〈中國文化發展中義理開創的十大諍辯〉，講詞發表於中國時報與鵝湖月刊。蔡仁厚：《中國哲學的反省與新生》，頁二七—三二，曾加介述，請參閱。

德三大批判，這是兩百年來世界第一人。而且，他又不只是翻譯而已，同時還作「註」。一條註文有時洋洋數千言，無論疏解觀念發明義理，都可以和康德原典互相印證，互相映發。如此「精誠貫注，譯解雙行」的工作，實可媲美於玄奘、鳩摩羅什之譯唯識論與大智度論。當然，牟先生這步工作之得以順利完成，是因爲有「儒、釋、道」三教的義理智慧作憑藉，而牟先生又是在他以三部專著表述三教之後，再進而譯註康德之書。可知學術之功，非勉強可得，非僥倖可成，而必須「勿忘勿助」，「眞積力久」⑰，而後乃能水到渠成。

尤有進者，牟先生不但「譯、註」三大批判⑱，而且還特別撰寫專書來消化三大批判：以《智的直覺與中國哲學》、《現象與物自身》消化第一批判，以《圓善論》消化第二批判，以一百頁之長文〈眞美善的分別與合一說〉消化第三批判⑲。這裡所顯示的智思與學力，自康德書出以來，也鮮有比倫。

此外，牟先生在《認識心之批判》重印之際，又漢譯維根斯坦的《名理論》出版⑳，這是在康德哲學之外，對另一系西哲思想之消化。

---

⑰ 「勿忘勿助」乃孟子語，見《孟子・公孫丑上》。「眞積力久」乃荀子語，見《荀子・勸學篇》。

⑱ 牟宗三譯註康德三大批判：《康德純粹理性之批判》上下冊、《康德的道德哲學》、《康德判斷力之批判》上下冊。三書皆由臺北、學生書局出版。

⑲ 《智的直覺與中國哲學》（臺北：商務印書館），《現象與物自身》、《圓善論》（兩書皆學生書局出版）。

⑳ 《認識心之批判》、《名理論》，皆學生出版。

(5)疏導新路：中西哲學會通的道路

人人都會說，文化必須交流，思想必須會通。但一般的意見，多屬浮光掠影，泛而寡當。而所謂比較哲學，又常隨意比附，很少眞知灼見。可見欠缺孟子所說的「知言」工夫，是無法平章天下學術的。

牟先生指出，中國哲學和西方哲學的會通，乃是一個大題目。講這個題目，一要通學術性，一要通時代性。關聯時代而言，是奮鬥的方向問題。當前人類奮鬥的方向，就是要解消馬列唯物的意識形態，否則，世界就不能和平，人類就沒有前途。這樣，當然也就不可能有中西哲學的會通（當馬列的意識形態被尊爲絕對標準時，你將如何講會通）？可見講文化會通，不能不通時代性。至於通學術性一面，第一步是了解中西哲學及其傳統，第二步是依於了解來考量中西哲學如何會通？即，必須明徹其會通的根據和會通的限制。

西方哲學發展到康德，是一個大的綜結。康德批判地消化了在他以前的西方哲學之傳統。通過康德可以了解哲學的來龍去脈。康德建立了他的「經驗的實在論」和「超越的觀念論」，由前者而能融攝知識範圍內一切實在論的思想，由後者而融攝一切關於智思界的思想。由經驗的實在論開感觸界，由超越的觀念論開智思界。而中西哲學對此兩界的或重或輕，或消極或積極，則正是考量中西哲學會通的關鍵所在。經過會通，中西哲學都要各自重新調整：(1)在智思界方面，中國哲學很清楚而通透，而在西方則連康德也不夠通透，故必須以中國哲學通透的智慧照察康德的不足，使之百尺竿頭更進一步；(2)在知識方面，中國哲學傳統沒有開出科學，也沒有正式的知識論，那末西方能給中國多少貢獻，使中國能夠積極地開出科學知識？這樣來考量中西哲學的會通，乃能使雙方更充實，更能向前發展。

於此，牟先生借用佛家大乘起信論的「一心開二門」以爲說，認爲這是中西雙方共同的哲學間架。中西哲學都是二門（眞如門相當於康德的智思界，生滅門相當於康德的感觸界），但二門孰重孰輕，或是否已充分開出來，則彼此實有不同。順此而涉及的種種問題，在《中西哲學之會通十四講》㉑，皆已做了層層之比對與透闢深細之疏解。另外，《四因說演講錄》㉒，則主要是從亞里斯多德的「四因說」，以對顯出儒釋道三家哲學之要義及其精采。這是牟先生針對中西哲學之會通，再一次提出他深刻的思考。

四、今後一千年的中國哲學

今後一千年的預估，人或以爲拉得太長了。未來之事，誰能逆覩？不過，我們不是要講未來的具體事件，而是想來判認文化生命的走向及其主要的綱領和重大的關節。

1. 由大開到大合

㉑《中西哲學之會通十四講》，牟宗三主講，林清臣整理，臺北、學生書局出版。

㉒《四因說演講錄》，牟宗三主講，盧雪崑整理，（臺北：鵝湖出版社）。

近三百年來的中國文化，一直處於「大開」的狀態。文化生命破裂，文化走向也紛歧不明。但從五四到文化大革命，中華文化和中國哲學的霉運，應該已到盡頭。現在是噩夢初醒，返本開新的時候了[23]。

今天，全人類的文化都必須走向融和。就中華民族而言，不但儒釋道三教要和諸子之學融通，而且更要和西方文化傳統交流，以達到一大綜和。這是中華民族自覺要做的一件大事。所以必須根據自己文化生命的命脈，來和西方希臘傳統所開出的科學、哲學、以及近代西方由於各種因緣而開出的民主政治，來一個大綜和。科學和民主，都是理性的物事，是人類理性所共同固有的。既然是人類理性上的事，就不能單單屬於西方。所以，發展科學民主，不是西化的問題，而是現代化的問題。當代新儒家積極肯定科學和民主，但科學民主的完成，卻不只是儒者和哲學家的事，而是大家的事情。大家肯定科學，肯定民主，自然就可以一步步開出科學民主來。（這裡所謂「大家」，臺灣、大陸、海外華人世界，都在內。而凡是儒家文化所薰陶潤化的地區如韓國、日本，也同樣涵蓋在其中。）

今後，當代新儒家所開顯的路，其實非常清楚：

第一、是重開生命的學問，復興以儒家爲主綱而兼含道家佛教的中華文化之大傳統。

第二、是貫徹現代化的道路，以科學、民主充實開擴儒家的外王學。

㉓ 參蔡仁厚：《孔子的生命境界：儒學的反思與開展》（臺北：學生書局），頁一二三—一三八〈文化生命的坦途：返本開新〉。

第三、是落實人文教化，應從「器物層」、「生活層」、「理念層」三方面同時著力。

數十年來，當代新儒家比較著重在理念上作說明。今後，允宜循行兩條路線而行。第一條，是從相對走向融通：當代新儒家認識了老傳統，也認識了新思想，認識了東方的儒釋道三教，也認識了西方的哲學和宗教。其中的異中之同，同中之異，也已有了確切的分判。彼此相資相益的切要之點，也已有了明透的辨識。如今，古今新舊之不同，中土西方之差別，都已有了溝通融和之道路。融和，才是人類文化的大通之道。這一點，我們深信不疑。第二條路線，是由顯示理想落實到分工合作。文化理想要提揭，文化理想也要落實。無論家庭倫理、國家政治、世界大同，以及自由人權、民主法治、道德實踐、宗教活動等等，都應該基於怵惕惻隱之仁而交感相通。大家化疏隔爲融通，異地同心，分工合作，各學派，各宗教，各民族，各國家，都在理性的道路上自由自律來行走，使人類的仁心，能夠隨人之「生活、工作、思想、信仰」而具體地踐行表現。於是乎，人文世界中之一切「眞、美、善」之價值，都能隨時發出來，一一加以成就。此之謂「一心璀璨，萬樹競榮」。豈不是好！

2. 大綜合的綱紐

從中華民族的立場，來講說人類文化的大綜合，其主要的綱紐有二，一是儒佛耶相互摩盪，二是中西哲學的會通。

(1)儒佛耶的摩盪：互信互尊，雖不同而能和

儒家的心性之學，是內聖成德之教。它的重點是要開顯「生活原理」，決定「生命途徑」。總括而言，生活原理就是「仁」，而生活途徑就是「依於仁」而開出來的道德實踐的軌道。由此而「立己、成己」，而「立人、成物」，人的生命便能向上升進，向外開擴，以創造一個充實飽滿的人生，建立一個安和均平的社會。

此一內聖成德之教，有久遠的傳統，早已成爲華族文化生命中的骨幹。同時，由於心性之學著重於「講論常理，護持常道」，所以它開出來的生活原理和生命途徑，不只適用於中國，也可普遍適用於人類。近二千年來中國文化的發展，是「儒、道、佛」相互摩盪的過程。今後，必將是「儒、佛、耶」三教相互摩盪，以求融通。這是歷史運會逼迫而至的文化情勢，也是當代儒家必須面對的時代課題㉔。

儒家的「仁」，佛氏的「悲」（慈悲），耶氏的「愛」，這三個核心教義是可以相通的。但既是三教，則經過各種層面、各種角度的觀摩相盪之後，終必仍有各不相同之處。這種原則上的不同，恐怕永遠無法化解。然則，將如之何？或者有人說，不妨慢慢「存異求同」吧。不過，這句話只能用於事務性的溝通，而基本教義的差異是無法「求同」的。好在，孔子早

㉔ 儒佛的摩盪已逾千年，儒耶的摩盪方將正式開始。筆者的基本意見，見《新儒家的精神方向》（學生書局版）〈關於宗教之會通問題〉頁七一—八九，及《儒家思想的現代意義》（文津版）〈再談有關宗教之會通問題〉頁三七三—三九七。

有「和而不同」的明訓，雖不同而能和。這樣，文化宗教的摩盪會通就有了「活路」，而可免於排他式的絕不相容了。

依儒家看來，所謂文化宗教的融攝會通，實質上也就是文化心靈「漸次甦醒、漸次條暢」的過程。必須先有醒覺的文化心靈和條暢的文化生命，而後乃能「決定文化方向，開顯文化理想，恢復文化創造力」。各大文化系統都是表現文化眞理的，而系統與系統之間的界線雖不可能渾融而抹除，但文化界線總不應該成爲阻擋文化會通的高牆，而應該使界線由立體而平面化。如果文化的界線能像斑馬線一樣平畫在路面，它便不致於阻礙文化的交流會通。這不就是「和而不同」，雖「不同」而能「和」了嗎？

(2)中西文化的會通：一心開二門

通常講哲學，有所謂本體界與現象界的分別。康德認爲，人所知的只是現象，而不是物自身；現象是感觸直覺之對象，物自身是智的直覺之對象，而智的直覺只屬於上帝所有。康德又說，上帝只創造物自身，而不創造現象。康德的點示，當然有一種洞見在內。

牟先生以爲，在西方傳統的限制中，康德能有如此之洞見，已屬非常卓越。洞見之發，是他個人靈光之閃爍，而一旦發出來，它就成爲一個「客觀的義理問題」。牟先生根據中國的哲學傳統，肯定「人雖有限而可無限」、「人可以有智的直覺」。由中國哲學傳統與康德哲學之會合，而激出一個浪花，以見出中國哲學傳統之意義與價值，以及康德哲學之不足，因而寫成《現象與物自身》這部書㉕，藉以陳述其完整而通透之系統。

牟先生是順依中國哲學之智慧，先由人的道德意識，顯露「自由無限心」，由此說「智的直覺」。自由無限心是道德的實體，由此而開「道德界」：它又是形上的實體，由此而開「存在界」。

(1)先由自由無限心開存在界，而成立一個「本體界的存有論」（無執的存有論）。在此，是以儒家之正盈教，會通佛老之偏盈與西方之離教，建立上達天德之路，以成聖、成佛、成眞人。

(2)再由自由無限心（知體明覺）之自我坎陷而開出「知性」（認知心），由「知性之執」（識心之執）而執成現象，而成立一個「現象界的存有論」（執的存有論）。在此，是以佛家「執」的觀念來融攝康德所說的現象界，並以康德之學（純理批判分析部）充實這個「執」，來突顯知性主體（識心、有限心），以開出科學知識。

依牟先生，「現象」與「物自身」，只是一物之兩面，只是兩種不同之表現而已。人之行動，是現象，也可以是物自身。但康德一說到行動，就把行動歸屬於現象；而忘懷行動本身除了現象之身分，同時亦有物自身之身分。康德說得太快，一下子就滑到現象界，因此，其哲學體系只能說是「一心開一門」，他只開感觸界的生滅門，而未能開出智思界的眞如清淨門。

㉕ 牟宗三：《現象與物自身》（臺北：學生書局，一九七五年）。

根據中國的哲學傳統（儒、道、佛），牟先生肯定人類心靈可以開出兩層存有論：又借取〈大乘起信論〉一心開二門的架構，來綜括兩層存有論。他融攝儒釋道三教之精髓，打通中西哲學之隔閡，以創闢性之詮釋，賦予「一心開二門」以新的意義與功能，此工作實已爲中西哲學開出交會融通之坦途。

3.人類文化「和而不同」的共命慧光

人類文化有各種不同的系統，因爲系統的不同，不免形成隔閡，於是不相和，不相讓，結果相攻相殘，禍患不斷。但人類文化也畢竟是人類心靈自然顯發、自然凝成的價值成果。因此，人類的文明世界不可能無有相通之道。所謂「人同此心，心同此理」，人類文化也本是人類的共命慧光。文化的系統形式有不同，而文化的核心義理則必可融和貫通。

如此看來，孔子「和而不同」這句話，不但彌足珍貴，而且應該視爲全人類共同的「福音」。「和」顯示普遍性，「不同」顯示差別相。而「理」上的普遍性與「事」上的差別性，是同時並存的，而且兩不相礙。譬如墨家講「兼愛」，視人如己。人之國與己之國，人之家與己之家，人之父與己之父，一視同仁，無有差別。這樣的兼愛，顯示了眞理的普遍性，當然很偉大。可是只有「理上的普遍性」，而忽視了「事上的差別性」，則「兼愛」這個原則的可行性，就很成問題了。孟子書中記載墨者夷之「葬其親厚」的事。墨者主張薄葬，何以墨者夷之卻厚葬其親？夷之答辯道：我以爲「愛無差等」而「施由親始」㉖。從理上說，愛無等差，故主張兼愛。而從事上說，則施愛的行爲，又必然是由己之親及於人之親。此乃天理自然之序，所以墨者（夷之）也不知不覺地遵而行之。孟子所謂「老吾老以及人之老」以及「親親而仁民，仁民而愛物」㉗。這「由親而疏，由近而遠」的施愛之序，正是天理之所當然，所以順適易行。而墨家愛無等差的「兼愛」，雖突顯了理上的普遍性，卻排斥了事上的差別性，所以抽象掛空而不可行。結果還是要回歸儒家的仁愛（推愛）。儒家是保住差別性以成就普遍性，由親親而仁民，再由仁民而愛物。合情合理，非常自然，具體落實，隨時可行。所以「尚同」的墨家傳不下去，而儒家孔子的「和而不同」，卻能護持文化的常理常則；要想長時顯發人類文化的共命慧光，孔子這句教言，是絕不可忽的。

五、結語：我們的信念與人類的前途

中國哲學思想，不是「物本」，不是「神本」，而是「人本」。物本，可以導出重知識的文化思想，如像希臘。神本，可以導出重信仰的宗教文化，如像希伯來。人本，則發展出重實踐的，以生命爲中心的哲學思想，如像中國。

㉖ 參《孟子・滕文公上》第五章之末。

㉗ 分別見於《孟子》，〈梁惠王上〉、〈盡心上〉。

依於「以人爲本，以生命爲中心」的智慧方向，中國哲學「本天道以立人道，立人德以合天德」、「以仁爲體，以智爲用」這兩個基本特性，是從古到今，從今到未來。皆須永遠持續的。

首先須知，依儒家教義，天道與人道，天德與人德，相互回應，所以「天道性命相貫通」，乃是以儒家爲主流的中國哲學最基本的義理骨幹。依於此一義理骨幹，可以使人生與宇宙通而爲一，可以使道德與宗教通而爲一。因此，從根本處、原則處看，中國哲學所顯發的文化方向與文化理想，最平正、最通達、最高明、最深遠，是最適合提供給全人類來共同努力，以求其實現的。

其次。依儒家之說，仁通內外，智周萬物（周，謂周遍、遍及）。無論從個人成德或從文化功能看，「仁智雙彰」的模型，都是最優越的：⑴由「仁」的感通潤物，而成己、成人、成物，這從「體」上顯發出來的善意，不但有根有本，自發內發，而且是最爲普遍的善意。它可以感通於人類，通化於萬物，最後達於「與萬物爲一體」；⑵由「智」的明覺朗照，而知人明理，而開物成務，而利用厚生，全都是「智周於物」的大用。而且，由於以仁爲體爲本，智之「用」就不會脫離道德的規範，而可以完成道德的要求。所以仁智雙彰的哲學模型，也應該是人類哲學可以共同採取的（至少可以提供給別的文化系統或哲學系統，作爲觀摩反省的借鏡）。

我曾多次提到，在中國文化和儒家學術衰微的二十世紀，我們非常難得也非常榮幸，有兩位哲學界的前輩先生，不約而同地做了比天臺華嚴更爲深廣的判教（臺嚴判教只及於佛教內部），這就是唐君毅先生和牟宗三先生。牟先生是採取較爲精約而集中的方式，就人類文化心靈最高表現的幾個大教來說話。此可參閱他的《佛性與般若》、《現象與物自身》、《圓善論》三書。唐先生則是通觀文化心靈活動的全部內容，以分判人類文化中各種學門知識、學術思想，以及幾個大教所開顯的心靈境界。㉘這是一種廣度式的判教，可以說是前所未有的。今後一千年的中國哲學，如能依順兩家判教之意一一持循，步步實踐，則不但中國哲學可以走上康莊之途，就是人類文化之會通也可達於共存共榮之境。

一九九九年七月「國際中國哲學會」年度學術會議論文
二〇〇〇年一月臺北《哲學雜誌》第三十一期發表

㉘ 唐君毅：《生命存在與心靈境界》（臺北：學生書局），蔡仁厚〈唐君毅先生的文化意識〉一文之第六節有簡述，可參閱：《儒學的常與變》（臺北：東大書局），頁一九九—二〇二。

參、近五十年來臺灣地區中國哲學史的研究與前瞻

一、弁　言

首先，應作解題。

所謂「近五十年來」，是指民國三十八年至八十七年（西元一九四九－一九九八），這是海峽兩岸持續隔離的年代。所謂「臺灣地區」實意是臺海地區，而且還應該概括香港。理由有二，一是近五十年來，臺港兩地的人文學者來回走動，或在兩地擔任教職，或往來兩地作短期講學。二是在港的哲學學者，其著作十之八九皆由臺北出版；在臺學者也常在香港刊物發表文章。所謂「中國哲學史之研究」，一指大學課程，二指著作出版，三指學術研討，所謂中國哲學史之前瞻，則是一個很寬鬆的概括詞語，可以前瞻三五十年，也可前瞻百年乃至數百年。中國哲學史發展，當然要作前瞻性的思考和說明。

其次，是寫作的態度及其要點。

本文將從「中國哲學史」所涵蘊的問題，提出全面性的疏導和說明。其中含有：⑴對中國哲學的基本認識，有如中國哲學的源流系別，中國哲學的特質，中國哲學的優、缺、得、失。⑵中國哲學史的「分期」，分期不明確，即表示欠缺恰當相應的理解，故分期甚關重要。⑶對中國哲學史的教與學，諸如說話的立場，生命的感通，智慧的接續，都應該有所措意。⑷中國哲學史的未來，此即中國哲學現代化與世界化的問題。凡此，本文將盡可能地兼顧和做到。

二、背景說明（以二本書為代表）

二十世紀的上半世紀，有二本具有代表性的中國哲學史出版。一是胡適的《中國哲學史大綱》，二是馮友蘭的《中國哲學史》。

胡先生的書只寫到先秦階段，我們無從知曉它全部的內容。現在只就其書「以老子開頭」這一點加以檢討。胡先生說老子是「革命家」，是「徹底的反對派」。然則——

1.老子這個反對派，他反對的是什麼呢？

2.如果說老子反對「聖、智、仁、義」（所謂絕聖棄智，絕仁棄義），那末，「聖智仁義」算不算一個價值系統中的價值標準呢？

3.如果算，它是誰創立的？它有沒有發生過正面的作用呢？

4.一個能起作用的價值系統，是否也含有一種哲學思想呢？

5.如果不能否認它也含有一種哲學思想，爲什麼胡先生加以割截，而不予理會呢？

也許有人說，胡氏書中也列有一節「詩人時代」以代表老子以前的思潮，但胡先生所敘述的其實不是什麼思潮，而只引用了一些詩經裡不滿社會狀況和政治現實的詩句，以表示詩人們怨怒的情緒而已。依胡氏書中的敘述，似乎中國的歷史文化，一開頭就是黑暗混亂，一無是處。在此，我們不禁要問，詩經裡面是否也有從正面表述清平政治的詩篇？是否也有讚頌先王功業和聖賢德教的詩篇呢？事實上當然有，而且還不少。然則，胡先生何以一句都不提呢？而且，老子以前的文獻也不止是一部詩經，譬如尚書裡面也有哲學性的觀念，爲什麼一概加以抹煞呢？

一本哲學史，對於這個文化系統「創始階段」的思想觀念，不作一字一句的正面說明，而開天闢地第一個哲學家竟然就是「反對派」；這無論如何，都是一種不及格的寫法。馮友蘭的哲學史倒改向正面了。馮書先寫孔子，而且對孔子以前有關「宗教的、哲學的」思想，也有所說明。不過，馮氏的哲學史，卻又有更大的問題。

馮氏將中國哲學史極其簡單的分爲「子學時代」與「經學時代」，他如此分期所顯示的意思，主要有三點：

1.他以西方哲學史的分期爲模式，來劃分中國哲學史的階段。

2.他以漢代以前爲「子學時代」，這是民國以來一般的說法（其實並非妥當）；以西漢董仲舒一直到清末爲「經學時代」，則是馮氏個人的判斷。他認爲西漢以來各個階段的哲學思想，所表現的精神都是「中古的」，相當於西方中世紀的經院哲學。

3.基於第2點的判斷，於是他就顢頇地認爲，中國哲學史沒有「近代」。

西方「文藝復興」所開啓的，是一種「反中古」的精神方向。從哲學方面來說，就是不願意使哲學再淪爲「神學的婢女」，而要求恢復希臘傳統中哲學獨立的地位。在中國方面，宋明理學也是自覺地要求恢復先秦儒家的慧命，以重新顯立儒家在中國文化中的主位性。如果類比於西方來說，宋明儒者「不滿意兩漢的經生之學，不滿意魏晉的玄學清談，不滿意佛教執中國思想界的牛耳」，這種精神方向，正與西方近代哲學「反中古」的精神相類似，怎麼反而說宋明儒者的精神是「中古的」？而胡書認爲宋代以來的儒學，是中國的「近代哲學」，倒表現了他對歷史文化的通識。

馮氏以西方哲學的進程爲標準，妄判中國哲學史沒有「近代」，正所謂「只知有西，不知有東」，不免有「出主入奴」之嫌。我們不可忘記，中國文化是一個獨立的系統（無論哲學思想、道德倫理、文學詩歌、音樂戲劇、繪畫雕刻，以及生命情調、生活方式等等，都顯示中國文化的原創性、獨立性）。中華民族有自己的文化問題和思想問題，有自己的文化生命所透顯的原則和方向。因此，你只能說在中國哲學史上沒有出現「西方式」的近代哲學，而不能說中國哲學沒有近代——中國哲學史的「近代」，爲什麼一定要以西方哲學史的近代爲模式呢？（至於說，西方近代哲學很有價值，值得學習，則是另一個問題。那是中國哲學的路向問題，必須另說另講。）馮氏顢頇地認爲中國哲學自西漢以下二千年中所表現的精神，都是「中古的」，拿來和西方中世紀的經院哲學（神學）等同並觀，這就表示他對中國文化生命開合發展的「脈動」根本沒有感受，對中華民族的哲學智慧和哲學器識，也欠缺相應的了解。

另外，在文獻運用上，馮書也有「牛頭不對馬嘴」的情形。例如他根據託名南嶽慧思的《大乘止觀法門》講天臺宗，陳寅恪氏審查書稿時已指出此書是僞託。但馮氏似乎不服善，仍然用這本與天臺宗開宗的智者大師不相干，而又不合天臺教義的僞託之書，來講天臺宗的思想，這樣，就顯得最基本的知識的眞誠也有所不足了。馮書比較有價值的部分，是對名學的講述。他對惠施、公孫龍、墨辯，乃至荀子正名篇所做的疏解，都有他的貢獻。不過，名學並非中國哲學的重點，我們不能通過名學來了解中國傳統思想。至於中國哲學的主流，馮書的講述則大體不相應、不中肯（譬如他說「良知」是一個「假設」，便是顯例）。

但也須知，馮書撰寫於八年抗戰之前，在那個時代，中國學術界對中國哲學的反省疏導還不夠深入，對「魏晉玄學、南北朝隋唐佛學、宋明理學」這三個階段的學術思想，也還沒有充盡明徹的了解。所以，馮氏的哲學史寫得不夠中肯，不夠相應，並不完全是他一個人的責任，而也是那個時代的客觀之限制。

三、對中國哲學的基本認識（源流、系別、特質、評判）

六經，是中國文化思想的「源」，六經以下的諸子百家，則是中國文化思想的「流」。平常提到六經，都認爲是儒家經典。其實，六經本屬於整個華夏民族的，並不必然地單屬儒家。只因爲墨家、道家、法家以及名家、陰陽家，都不願意繼承文化的老傳統，只有孔子，他不但自覺地承述六經，而且賦予六經以新的詮釋和新的意義，這才使得六經成爲儒家的經典。同時，也因而確定了孔子繼往開來的地位。所以，更確切地說：孔子以前是中國哲學的「源」，孔子以後是中國哲學的「流」。孔子以前，是二帝三王的聖王之統，那是王者的禮樂之教。孔子順著這禮樂之教的方向而進一步創發仁教，使禮樂之教中的「生活的形式規範」內轉而爲「生命的自覺實踐」。這就是孔子的創造，也可稱之爲孔子的傳統。而孔子的傳統，正是中華民族文化思想的中心骨幹，也是民族文化生命的總原則和總方向。二千五百年來，中國歷史文化的演進，雖然有激盪，有起伏，有曲折，有分化，但無論先秦的諸子，兩漢的經學，魏晉的玄學，南北朝隋唐的佛學，以及宋明的理學，全都是在一個「文化生命主流」的涵蓋籠罩之下，所顯示的大開大合之發展。❶

中國哲學的系別，筆者認爲應該從中國文化生命大開大合的發展中看。歷來對於源流系別的說法，有當有不當，必須重新作相應的了解和妥適的判定。舉例而言，魏晉的玄學，或分爲正始名士、竹林名士、中朝名士，這是依時代先後而標名；或分爲名理派、玄論派，這樣也失之籠統。蓋魏晉名士皆談名理，前期以談才性爲主，後期則談易與老莊之玄學。故應分爲「才性名理系」與「玄學名理系」，方得其實。❷又如佛教傳入中國之後，通常所說的空宗、有宗，或唯識、法相、天臺、華嚴、淨土、禪宗等等名稱，雖皆各有意指，但就表

❶ 蔡仁厚：《新儒家的精神方向》（臺北：學生書局，一九八二年三月），頁一——十三，對中國文化之開合發展，作了說明，請參看。

❷ 參牟宗三：《才性與玄理》（臺北：學生書局，一九六三年初版，一九七四年重版）。

出佛家的教義系統而言，這些名稱仍然不夠明晰與妥恰。民國以來，太虛法師與印順法師提出「性空唯名、眞常唯心、虛妄唯識」三系之分，則較能顯示佛家教義之系別。今又依佛性與般若觀念，判分爲般若系、阿賴耶緣起、如來藏緣起，這樣的講法則尤爲妥適而顯豁。❸再如宋明理學，只講程朱理學、陸王心學，也不夠周延明晰。牟宗三先生依於心性關係而判爲(1)心性爲二的伊川朱子系，(2)心性爲一的象山陽明系，(3)以心著性的五峰蕺山系。而開端的北宋前三家（周、張、大程），則只有義理之開展，並無義理之分系。❹從以上有關玄學、佛學、理學分系之簡提，可以看出哲學系統的分判，對於哲學思想的理解是否能夠相應，大有關係。這是很重要的。

中國哲學的特質，本文不擬詳說。在此，只提出五點簡明之對比，以見出中西哲學之差異。從差異對較中即可顯出中西哲學之特質。

1.西方文化「以物爲本、以神爲本」，中國文化「以人爲本」。
2.西方文化「首先正視自然」，中國文化「首先正視人」。
3.西方文化「以知識爲中心」，中國文化「以生命爲中心」。
4.西方文化「重客體性，重思辯」，中國文化「重主體性，重實踐」。
5.西方文化「學與教分立」，中國文化「學與教合一」。

---

❸ 參牟宗三：《佛性與般若》（臺北：學生書局，一九七七年六月）。
❹ 參牟宗三：《心體與性體》（臺北：正中書局，一九六八年五月），綜論部。

同時，西方文化以「知性」爲主，它的主要成就有三：一是科學，二是民主，三是宗教。科學是「心與物對列」，民主是「權利與義務對列」，宗教是「人與神對列」。西方文化既然以「主客對列」的格局來表現，所以它的精神是「向外追求，向上攀緣」，是一種單向度的無限伸展。結果是「取單向而無迴向，有追求而無反求」。因此，不講反求諸己、反身而誠。而文化生命中的德性主體，也無法獨立地透顯出來。因此，在西方知性文化的傳統裡，沒有心性之學，沒有成德之教。但依中國哲學傳統，德性生命上下四方的流通貫注，雖然可以創造「天下一家」、「慧命相續」、「天人和諧」的廣大豐厚的價值世界，但在西方知性文化對較之下，我們可以發現近代西方通過「科學、民主」所開創的事功，正是中國文化所欠缺的。傳統儒家所講的「外王」，的確有方式上和內容上的不足。因此，我們又可以說：西方文化「知性強而德性弱」（德性，非泛泛之詞，乃直指德性主體而言。）中國文化「內聖強而外王弱」（仁政王道，不能滿足「開物成務、利用厚生」所必需的知識條件和技術條件。）以是，西方文化宜當取資儒家乃至道佛二家的智慧，以期調適而上遂，而中國文化則須調整文化心靈的表現形態，以開出政道（民主政體）與知識之學（科學）。

基於以上的簡述，乃可以對中國哲學作如下之評判：

第一、中國哲學器識弘大，智慧甚高，而思辯力則比較弱。

第二、中國哲學重實踐過於重知識，其理論亦以滿足實踐爲依歸。

第三、中國哲學不重立說以顯己，而重文化慧命之傳承相續。

哲學思想是文化生命顯發的「共慧」，不是任何人可得而私。所以自古以來，中國始終沒有「著作權、出版權」的觀念。人之爲學，是要投身於文化生命之流，與古人智慧相應接相映發，以期得之於心，顯之於行。人之述作，目的在闡揚聖賢之道，以延續文化慧命；而並非爲了顯揚一己的名聲。因此，「自立一說」的欲求並不很強。中國哲學文獻之所以多散篇記語，而少有系統性的專著，這是根本的原因。

上文第二節的背景說明，第三節對中國哲學的基本認識，都是近五十年來哲學學者接續研究省察之所見所得。這種恰當相應的理解與判析，遠遠超越上半世紀的見解，這是下半世紀學者們的學知功夫積漸所致，得之非易，故特分爲兩節，先作簡述。

四、中國哲學史的分期

中國哲學史的分期，一般有兩種基本類型。

第一種，是以朝代爲分期的依據。通常分爲六個階段：⑴先秦諸子學，⑵兩漢經學，⑶魏晉玄學，⑷隋唐佛學，⑸宋明理學，⑹清代樸學。這六個階段雖可概括中國數千年的學術，但「兩漢經學」與「清代樸學」，和哲學思想的關係是很少的。這種分期，可以用來講學術史，不宜用來講哲學史。

第二種，是以西方歷史的分期爲模式，套在中國哲學史上來講。這可以胡適先生的說法爲代表。他在哲學史的「導言」裡，曾經提出他的主張。他把中國哲學史分爲三個階段：

⑴古代哲學——從老子到韓非，爲古代哲學，又名「諸子哲學」。

⑵中世哲學——從漢代到北宋之初，爲中世哲學。

甲、中世第一期：從漢代到東晉之初，爲子學的延續與折衷。

乙、中世第二期：從東晉到北宋之初，印度哲學盛行於中國。

⑶近世哲學——宋元明清時期，爲近代哲學。並以清代爲古學昌明時期。

胡先生這種「古代、中世、近代」的分期法，很明顯是西化派的觀點。不過胡先生還算不錯，他承認中國哲學在世界哲學史上的地位。他認爲世界上的哲學，有東西二大支。東支又分爲印度和中國二系，西支也分爲猶太和希臘二系。⑴在古代時期，這四系都是獨立發生的。⑵到了漢代以後，猶太系加入希臘系，成爲歐洲中古的哲學。印度系（佛學）加入中國系，成爲中國的中古哲學。⑶到了近代，歐洲的思想，漸漸脫離了猶太系的勢力，而產生歐洲的近世哲學。在中國方面，印度系勢力漸衰，儒家復興，而產生了中國的近世哲學，歷宋元明而至清代。胡先生還說到，由於二十世紀東西兩支哲學互相接觸，他預料五十年、一百年之後（也即我們現在這個時候），可能會發生一種世界的哲學。❺

馮友蘭《中國哲學史》分爲「子學」「經學」二階段的分期法，上文第二節已有述評。茲不再贅。在馮著出版三四十年之後，勞思光先生完成了一部新的《中國哲學史》❻，他把

---

❺ 按、胡先生之說，是一種極其樂觀的態度。那時候的胡先生只是三十出頭的青年學者，對學術文化的嚴肅和艱難欠缺深切的體認，他似乎以爲羅素和杜威來中國講講學，就可以把中西哲學會通起來。他把天下事看得太容易了。

❻ 勞思光：《中國哲學史》（臺北：三民書局，一九八一年八月），共四冊。

中國哲學史分爲三個時期：

(1)初期——又名發生期。指的是先秦階段。

(2)中期——又名衰亂期。包括漢代哲學、魏晉玄學、南北朝隋唐的佛教哲學。

(3)晚期——他稱之爲由振興到僵化的時期。指的是宋明理學，再下至清代戴東原。

勞先生這個分期法，在大階段的分劃上，相當於胡適先生所分的「上古、中古、近世」三個階段。不過，勞先生認爲兩漢學術是儒學的衰落期，魏晉玄學則是「上承道家旨趣而又有所誤解」的一種思想，而南北朝隋唐的佛教，則是乘中國哲學衰敝而流行到中國來的；所以判漢代至唐末爲中國哲學史的「衰亂期」。他對「中期」這個階段的分判，當然可以表示一種看法。但我們覺得他對魏晉玄學的價值，似乎承認得少了一點。對佛教在中國傳衍發展的線索，以及中華民族吸收消化佛教的意義，也似乎欠缺深切的認識。而他之所以如此分判，和他書中一個最基本的論點，實相關涉。（說見下文第六節）

一九八一年七月，我在東海大學中國文化研討會上講「中國哲學史的分期」，主張應該分爲五個階段。

第一階段是先秦時期，可以標題爲「中國文化原初形態的百花齊放」。其中又分爲三個段落，一是孔子以前，二是孔子時代，三是孔子以後的諸子百家。

第二階段是兩漢魏晉，可以標題爲「儒家轉型而趨衰與道家玄理之再現」。這是先秦儒道二家思想的延續。漢儒之學與陰陽家合流而轉型，到東漢而僵化；於是玄學起而代之，而有魏晉二百年道家玄理的重現。

第三階段是南北朝隋唐，可以標題爲「佛教介入——異質文化的吸收與消化」。前半期的南北朝，是吸收佛教的階段；後半期的隋唐，是由吸收到消化，又由消化而開花結果的階段。天臺、華嚴、禪的開宗，就是佛教在中國開出的花果。

第四階段是宋明時期，可以標題爲「儒家心性之學的新開展」。道家和佛教的智慧都很高，但畢竟不是儒家聖人「本天道爲用」的生生之大道。儒家之學，一方面要上達天德，使性命天道通而爲一；一方面要下開人文，以成就家國天下全面的價值。宋明儒者的用心，就是要使歷經「兩漢、魏晉、南北朝隋唐」而沉晦千年之久的先秦儒家的義理綱維，重新挺顯起來。所以宋明理學是儒家學術第二期的發展。可惜這一期的發展，內聖強而外王弱，到了滿清入關，中國哲學的慧命便進入衰微時期。

第五階段是近三百年，可以標題爲「文化生命的歪曲、沖激與新生」。明末「顧、黃、王」三大儒由內聖開外王事功的思想方向，實際上已經開啓了儒家第三期學術思想的序幕。然而，大明亡了，民族生命受挫折，文化生命受歪曲，三大儒的思想方向無法申展貫徹，學術風氣乃一步一步走向考據，形成文化心靈的閉塞和文化生命的委頓。而哲學的慧命也因而斷掉了，失傳了。民國以來，西方哲學流行於中國，但我們學習西方哲學的成績並不很好，就算學得很好吧，那也只是「西方哲學在中國」，不能算是中國的哲學。所以，中國哲學必須從根反省，以求「新生」，這就是我們當前的使命。

五、中國哲學史的教學與研究

近五十年來，臺灣地區的大學哲學系，都有「中國哲學史」的課程。中文系與部分歷史系也有「中國思想史」一課。教學的效果，雖不可一概而論，但要進到研究的層次，基本上還是有困難的。所以有關中國哲學的研究工作，仍然是教授學者的事情。

十六年前，東海大學哲學系成立研究所，我開了一門課名爲「中國哲學史專題研究」，同時還爲這門課程撰寫一份一萬三千餘言的「芻議」❼。在專題研究的問題方面，我列舉了：源流問題、特性問題、分期問題、研究方法問題、資料簡別與文獻運用問題、思想詮釋問題、系統分判問題、概念運用問題、闢邪顯正問題、發展路向問題。在研究的方式與類別方面，則分爲：⑴對「人」（哲學家）的研究，⑵對「書」（哲學典籍）的研究，⑶對「哲學問題」的研究，⑷對「學術事件」的研究。有關哲學史上的許多問題，諸如：天人關係、人的地位、個人與社會、思想與時代、道德與知識、道德與法律、道德與宗教、道德與幸福，以及生與死、有與無、常與變、體與用、名與實、心與物、道與器、一與多、善與惡、學與思、知與行、義與利、公與私、理與欲、理與氣等等，都可以列爲專題來進行研究。還有天道、天命、天理、太極、陰陽、中和、寂感、動靜、仁義、聖、智、心、性、情、才、氣、命，以及正

❼〈中國哲學史專題研究芻議〉一文，編入蔡仁厚：《儒家思想的現代意義》（臺北：文津出版社，一九八七年五月），頁一八一—一九八。

名、格物、窮理、致知、誠意、慎獨、涵養、察識、體悟、體證……凡此，皆可以從觀念詞語的性格，轉爲哲學問題來加以探討。

此一課程每年必開，但效果卻很難講。主要是學哲學的人，似乎歷史意識比較薄弱，不容易投注心力於通貫數千年的浩浩慧命哲流之中。而一般講哲學史的人，又多半是知識的角度，欠缺生命心靈的感通。而我認爲，中國的哲學思想，乃是在文化生命主流的涵蓋籠罩之下表現爲大開大合的發展。「哲學史」就理當在此開合發展的大動脈上來講述。（上文第四節後段，筆者主張中國哲學史應分爲五個階段來講述，即是順就此義而提出。）換言之，講哲學史，必須以文化生命大流之航程爲線索。所以，講哲學史並非只是「述古」，而是要暢通文化生命之流，以豁醒哲學的慧命，而講哲學史的人也必「湧身千載上」，投入文化生命之流，以與古人智慧相應接，相映發。因此，講中國的哲學史和講西方的哲學史不同。對西方，我們是旁觀者，是客的身分。對中國，則是主人的身分。我們的生命與自己民族的文化生命是合拍合流的。以此之故，我們講中國哲學史時，絕不可將它推置於生命之外，而應該將聖哲的德慧引歸到自己生命之內，以期與民族文化生命有存在的呼應與感通。

大陸各大學的哲學系與各級社科院的哲學研究所，一般都有中國哲學史教研室或研究室的設置。這是臺灣地區所沒有的。當然，大陸各大學哲學系出版的若干《中國哲學史》，難免會有意識形態的限制。而臺港兩地的學者，則拜「學術自由」之賜，沒有這一層的束縛，而可以獨立地抒意立說，自由發揮。不過，自由的環境必須眞能善加利用，否則，在欠缺積極驅策力的情形之下，人是很容易因循苟且的。多少年來，臺灣地區從未舉辦過哲學史的學術研討會，現在想來，不能不說是學術心靈麻木之徵。（雖然也有間接相關的研討，但欠缺「史的意識」之覺醒，使不能逃開麻木之譏。）在著作方面，臺北坊間名叫「中國哲學史」的書倒也不少，但像樣的卻又非常不多。倒是書名不叫做中國哲學史，而內容卻屬於斷代史或專題史的性質。這一類的著作，反而顯示出豐厚弘博的成果。（說見下文第七節）

六、中國哲學通史之檢討

近五十年來，臺灣地區中國哲學史的教材，前一二十年仍然通用胡適和馮友蘭的書。接著有人翻印一些民國初年像謝无量等人的老書。然後又有「中國哲學史話」以及供作課本之用的小篇幅的出版品。這些書雖然都是撰述者的心血，但其中究竟有多少客觀的研究成績，卻是不易作評估的。

到民國七十年，勞思光先生的《中國哲學史》（分裝四冊）由臺北三民書局出版，這才有了一部值得評價的講哲學史的書。上文第四節，曾經順就勞著哲學史的分期法，作了幾句評說。指出他那「發生期、衰亂期、由振興到僵化的時期」之分判，是和他書中一個最基本的論點相關涉的。

第一、他以「自我境界」作爲檢證各家哲學思想的一個準據，此即所謂「德性我」、「認知我」、「情意我」、「形軀我」之說。他認爲孔孟開啓的儒家是中國哲學的正統。孔孟彰顯德性我，德性我即是孔孟自我境界之所繫。而漢儒之經學，魏晉玄學，以及佛教哲學，皆不能透顯「德性我」的自我境界，所以自兩漢至唐末，皆屬中國哲學的衰亂期。

第二、他分儒家之學為「心性論中心」與「宇宙論中心」二大類型。認為孔孟是心性論中心的哲學，而中庸易傳則是宇宙論中心的哲學。又把中庸易傳往後拉，拉到與西漢董仲舒相提並論。兩漢學術已屬儒學之衰亂期，而魏晉以下，更不必說了。

第一點的「自我境界」雖然不失為一個檢驗的準據，但用得太泛也未必適宜而中肯。而且，孔孟儒家之所以成為中國哲學之主流，也不只是因為彰顯「德性我」而已。第二點用「心性論中心」與「宇宙論中心」二種思想類型，來考量和解說儒家學者及其文獻所表示的義理方向與學術性格，也並無不可。問題是，「中庸、易傳」是「宇宙論中心」的思想嗎？

中庸和易傳，是「性命天道相貫通」的思想，它並不是「對價值作存有論的解釋」，而是「對存有作價值的解釋」。所以，中庸講天道是以「誠」來規定（誠者，天之道也）；易傳講天道（乾道、易道）是以「生德」來規定（天地之大德曰生，生生之謂易）。中庸所謂「慎獨」、「致中和」，所謂「至誠、盡性、贊化育」；易傳所謂「窮神知化」，所謂「窮理、盡性、至命」，所謂「敬以直內，義以方外」；這都表示，中庸易傳仍然是「以道德主體為中心」的思想。當然，中庸所謂「天命之謂性」，易傳所謂「一陰一陽之謂道，繼之者善也，成之者性也」，也顯示了一種從天道天命說下來的宇宙論的進路。但我們必須了解，中庸易傳這一個講法，一方面是呼應孔子以前「天命下貫而為性」的思想趨勢，一方面是順著孔孟的仁與心性而再向存有方面伸展，以透顯心性的絕對普遍性（孟子言盡心知性知天，也正表示此種意向）。經過中庸易傳這一步發展，道德界與存在界乃通而為一：講道德有其形上之根據，而形上學依然基於道德。在此，宇宙秩序即是道德秩序，道德秩序即是宇宙秩序，所以是「性命天道相貫通」的思想。先秦儒家由孔子孟子發展到中庸易傳，其道德的形上學之基型，便透顯出來了。然而，勞先生對於儒家這一個基本大義，卻欠缺相應的了解。

勞先生的意思，認爲正宗儒家只是「心性論」，似乎不容許儒家有「天道論」。如果照他的意思，孔孟講仁與心性的「超越絕對性」便被抹煞了，而「客觀性」也被輕忽了，結果只剩下一個「主體性」。能把握一個「主體性」雖然也不錯，但是一個「與超越客觀面不相通」的主體性，卻並不能盡孔孟之教的本義，也不是陸王之學的究竟義。照他這個講法，孔孟之教被縮小了，儒家「心性與天道通而爲一」的義理規模被割裂而拆散了，「本天道以立人道，立人德以合天德」的天人合德之教也不能講了。簡單一句話，「天」與「人」隔而爲二了。在勞先生的心目中，整個儒家就只承認「孔、孟、陸、王」四個人，而這四個人也被講成只「本心」而不「本天」了。

當初，程伊川說「聖人本天，釋氏本心」❽（本字，作動詞解）。這一句名言，原本就只說對一半。因爲聖人之道，固然「本天」，同時也「本心」，心與天並非兩層對立，而是上下相通。故本天即是本心，本心即是本天。程明道最明澈這個道理，所以他說「只心便是天，盡之便知性，知性便知天」。❾「心、性、天」是通而爲一的。只因爲程伊川對於實體性的

---

❽ 語見《二程遺書》第二十一下。

❾ 《二程遺書》第二上。

道德的心，欠缺相應的了解，便誤以爲聖人只本天而不本心。而如今勞先生評論伊川這句話，卻以爲伊川之誤正在「聖人本天」這一句。然則，依勞先生的意思，是應該說「聖人本心，而不本天」了？如此，則正好與伊川之言相對反，而結果卻偏偏一樣：也只對了一半（雖然兩個一半不一樣）。

據此可知，儒家的「天」與「人」（天道與心性）是不可以拆而爲二的。如果天人不相通，則孔子所謂「五十而知天命」、「天生德於予」、「下學而上達，知我者其天乎」，將如何解釋呢？還有孟子所謂「盡心、知性、知天」、「萬物皆備於我，反身而誠」、「君子所過者化，所存者神，上下與天地同流」……這些話又將如何解說呢？事實上，從論語孟子到中庸易傳，乃是先秦儒家在義理上一步很自然的發展。中庸易傳這兩部文獻「成書」的年代可能比較晚一點，但皆是孔門義理的一脈傳承，而並非更端另起，這是無庸置疑的。如今勞先生卻判中庸易傳爲宇宙論中心，以爲與孔孟思想不同，又把中庸易傳從先秦儒家之中排斥出去，而硬拉到西漢時期，這實在是一種顢頇的態度，是不對的。

再者，勞書對於宋明儒學分系的看法（所謂一系三型說），以及將宋明儒學順延到清代乾嘉年間的戴東原，而併合爲同一時期。對於這些，我們都有不同的評價和看法。必須另作討論。[10]

[10] 參蔡仁厚：《新儒家的精神方向》（臺北：學生書局，一九八二年三月），頁二二一—二二六〈關於宋明儒學的分系問題〉。

另外，有一部學生書局出版的龐大的《中國哲學思想史》，是羅光主教以二十年的時間陸續撰寫修訂而成。這部書不叫做「中國哲學史」，而標名為「中國哲學思想史」，它的分期，與學界一般的處理，同中有異，頗為特別。全書分為七篇，但各篇卻未必依於朝代為分期，譬如「兩漢、南北朝篇」與「魏晉、隋唐佛學論」，在朝代時段上就有隔斷和重疊。而章節名目的訂定，也是便宜行事，而不太在意是否一致一貫。譬如佛學篇第六章標名為「華嚴經」而不標名為華嚴宗；但緊接的第七章，卻又將「法華經」與「天臺宗」一起標出。何以如此？內中必有斟酌。而第八章有一節講「南禪五家」，潙仰、臨濟之後，依序為曹洞、雲門、法眼；但書中的序列，卻排為雲門、法眼、曹洞，不知有何深意？再如先秦篇、兩漢篇、佛學篇、宋代篇各有「緒論」，而皆不標列章次。到元明篇又不一樣了。不但元代明代各有「導論」，而且二篇導論皆列入章次。然而清代篇的「導論」則又不入章次。再到民國篇改稱「總論」，總論不但列入章次，而且在總論中又分別論列五個人的哲學思想，這五人是梁啟超、梁漱溟、殷海光、張君勱、吳康。其中殷海光年輩最晚，卻列在張、吳二老之前，不知何故？

以上只就撰述的體例，略加檢查。至於內容方面，筆者無法多說。現只將各篇各章簡列於後，以供讀者之觀覽比較。

1.先秦篇：八〇一頁，共九章。分別講述「書經和詩經」、「易經」、「老子」、「孔子與弟子」、「墨子」、「孟子」、「莊子」、「荀子」的哲學思想，以及「戰國時各家哲學思想的演變」。

2.兩漢、南北朝篇：六八三頁，共五章。分別講述「漢代哲學思想的成素」、「西漢儒家的哲學思想」、「東漢到唐：儒家思想的變遷」、「兩漢的易學」、「兩漢到隋唐的道家思思」。

3.魏晉、隋唐佛學篇：上下冊，一〇一一頁，共八章。分別講述「佛教的根本哲學思想」、「魏晉南北朝佛教哲學思想」、「佛教的認識論」、「緣起宗論」、「本體宗論」、「華嚴經」、「妙法蓮華經：天臺宗」、「禪宗」。

4.宋代篇：上下冊，九三九頁，共十章。分別講述「司馬光」、「周敦頤」、「張載」、「邵雍」、「程顥」、「程頤」、「北宋和南宋理學思想的傳繼」、「朱熹」、「陸九淵」、「南宋末期」的哲學思想。

5.元明篇：六一七頁，元代五章，計「導論」、「元朝理學的源流」、「北方理學家」、「南方理學家」、「禪學」。明代四章，計「導論」、「明朝初葉」、「明中葉」以及「明末」的哲學思想。

6.清代篇：七一七頁，共五章。分別講述「清代初葉」(上下)、「清代中葉」、「清代末葉」的哲學思想，以及「清代學術中」的哲學思想。

7.民國篇：四六一頁，共七章。分別講述「總論」、「章炳麟」、「熊十力」、「胡適」、「蔣中正」、「方東美」、「唐君毅」的哲學思想。附錄四篇，分別講馮友蘭、羅光、吳經熊、俞大維。

＊　＊　＊　＊

一九七六年，筆者講授「中國哲學史」一課，先是編寫講授綱要，後來加以擴充，由東海大學哲學系印爲講義，以供教課之用。一九八八年七月，定書名爲《中國哲學史大綱》由學生書局出版。這本書並不完整，也不完善，但便於教學之用，故爲大學哲學系、中文系廣泛採爲教本。書分五卷：

第一卷，講先秦，分十章：一爲上古思想之趨勢，二爲孔子的仁教，三爲墨子的思想，四爲孟子的心性之學，五爲老子的哲學，六爲莊子的智慧，七爲名家與墨辯，八爲中庸易傳的形上思想，九爲荀子的學說，十爲法家與秦政。

第二卷，講兩漢魏晉，分六章：一爲漢初思想概述，二爲董仲舒的學術思想（附揚雄），三爲王充的性命論，四爲人物志的才性系統，五爲王弼之易學與老學，六爲向、郭之莊學與阮籍嵇康。

第三卷，講南北朝隋唐，分六章：一爲佛教的教義及其開展，二爲佛教在中國之傳衍（上），三爲傳衍（下），四爲對佛教教理之消化：天臺判教及其思想，五爲佛教回歸運動的反響：華嚴宗，六爲佛教內部的「教外別傳」：禪宗的異采。

第四卷，講宋明理學，分五章：一爲北宋前三家：周、張、大程，二爲程伊川之轉向與洛學之南傳，三爲南宋理學三大支，四爲王陽明致良知教，五爲王學的分化與劉蕺山之歸顯於密。

第五卷，講近三百年，分四章：一爲明清之際：三大儒的思想方向，二爲民族生命受挫折、文化生命受歪曲，三爲西方文化思想之沖激，四爲反省與新生。（此卷有目無文，容正式寫哲學史時，補足之。）

筆者這本哲學史大綱，必須再加擴充，我希望在退休以後，到八十歲之前，能完成這五大卷的「中國哲學史」之撰述，作爲我這一生守護中國哲學慧命的一項獻禮。

七、中國哲學斷代史的成果

到現在爲止，我們還沒有一部很好的《中國哲學史》，原因其實也很簡單，因爲國人對文化傳統的了解非常不夠。不了解儒家道家佛教的義理系統，不了解三教學術的流變演進，如何能講「中國哲學史」？

但近五十年來，臺港海外的儒家學者，卻有了空前的開發。他們對上下數千年的中國哲學思想，也已作了通貫的講述。其中牟宗三先生的貢獻，尤其明顯。

他以《才性與玄理》表述魏晉階段的玄學，此書比湯用彤氏的《魏晉玄學論稿》提出更深切而完整的討論，可算是這方面的經典之作。而文字之美，也超乎讀者想像之外。對南北朝隋唐階段的佛教，則以《佛性與般若》上下二冊作了通透的講述。湯用彤氏的《漢魏兩晉南北朝佛教史》雖也是一部好書，但那是佛教史的立場，重在考訂，又只屬於前半段。因此，從中國哲學史的立場來看，魏晉玄學之後，宋明理學之前，這六百年間中國哲學思想的活動，仍然是荒蕪地帶。而牟先生此書，正是從中國哲學史的立場，來講述佛教傳入中國之後的發展。對於中國吸收佛教和消化佛教之過程及其意義，皆作了極其深透而相應的詮表。至於宋明階段的儒學，則以《心體與性體》四大冊⓫，進行全面的疏導。依牟先生之分判，北宋前三家，濂溪、橫渠、明道爲一組，此時未分系。到伊川而有義理之轉向。此下，(1)伊川朱子爲一系（心性爲二），(2)象山陽明爲一系（心性是一），(3)五峰蕺山爲一系（以心著性）。而當「性」爲「心」形著之後，心性也融而爲一。故到究極處，象山陽明系與五峰蕺山系仍可合爲一大系。此合成之大系，遠紹《論語》、《孟子》、《中庸》、《易傳》，近承北宋前三家，故爲宋明儒學之正宗。至於合成之大系（縱貫系統）如何與伊川朱子系（橫攝系統）相通⓬，則是另一問題。於此，我們只能說，這三系都是在道德意識之下，以「心體」與「性體」爲主題而完成的「內聖成德之學」的大系統。

牟先生表述儒釋道三教的三部大著，無論(1)系統綱維的確立；(2)思想脈絡的疏解；(3)義理分際的釐清；都已達到前所未有的精透明徹。魏晉清楚了，先秦道家之學亦隨之而清楚。宋明清楚了，先秦儒家之學亦隨之而清楚。再加上他的《名家與荀子》⓭，又疏解了先秦的名學，於是，上下數千年的中國哲學史，乃眞能得其終始條理，而可以做到恰當的詮表和講論。

⓫ 牟宗三：《從陸象山到劉蕺山》（臺北：學生書局，一九七九年八月），實即《心體與性體》之第四冊。

⓬ 參蔡仁厚：《中國哲學的反省與新生》（臺北：正中書局，一九九四年十一月），頁一五〇，注㉜。

⓭ 牟宗三：《名家與荀子》（臺北：學生書局，一九七九年三月）。

上述牟先生的三部書，等於是中國哲學在「魏晉」、「南北朝隋唐」、「宋明」三個階段的斷代史。而唐君毅先生的大書：《中國哲學原論》[14]，分爲〈導論篇〉、〈原性篇〉、〈原道篇〉、〈原教篇〉，則屬於中國哲學的專題史。唐著各書，最具通識。他和牟先生是當代學人中弘揚中國哲學貢獻最大的兩位。二人著書的撰寫方式和著重點，不盡相同。牟先生以透顯義理的骨幹和思想的架構爲主，比較著重同中見其異，以使中國學問的義理綱維和思想系統，得以釐清而確定。這是一種講哲學系統和講哲學史的態度。唐先生的書，則以通觀思想的承接與流衍爲主，重在異中見其同，藉此以通暢文化慧命之相續，以顯示承先啓後的文化生命之大流。這是一種重視哲學思想之交光互映和相續流衍的立場。

同時，二位先生還有一項表現，也是空前的。他們不約而同地做了比天臺、華嚴更爲深廣的判教（臺嚴判教，只及於佛教內部）。牟先生是採取較爲精約而集中的方式，就人類文化心靈最高表現的幾個大教來說話。此可參閱他的《佛性與般若》、《現象與物自身》、《圓善論》三書[15]。唐先生則是通觀文化心靈活動的全部內容，以分判人類文化中各種學門知識，學術思想，以及幾個大教所開顯的心靈境界。[16]這是一種廣度式的判教，在人類哲學史上也

[14] 唐君毅：《中國哲學原論》〈導論篇〉、〈原性篇〉、〈原道篇〉、〈原教篇〉，於一九六五年至一九七六年陸續完成，先由香港新亞研究所出版，後編入全集，由臺北、學生書局印行。

[15] 按、此三書，皆由學生書局出版，現正編入全集中。

[16] 參唐君毅：《生命存在與心靈境界》，臺北、學生書局出版，上下冊。

是前古所未有的。

另外，徐復觀先生的《中國人性論史》⑰，雖然標爲「先秦篇」，其實並不是單屬斷代史，而也同時是專題哲學史。這部書很有特色，對青年影響很大。至於三大冊的《兩漢思想史》⑱，則是通論周秦政治社會結構和兩漢思想功力特深之作。

八、中國哲學史的前瞻

自從二十世紀「哲學」一詞進入中國，便引發中國有沒有哲學的質疑。中國有五千年的歷史文化，有儒道佛三家的智慧系統，何以會有人致疑於中國有沒有哲學？此無他，以西哲爲標準，故鄙視中國自己之傳統耳。此乃一時之陋識，勿足深怪。如今已經歷了半個多世紀的「學」與「思」，中國人終於可以——就中西哲學的特質，提出正確恰切的比對；就中國哲學的精神取向，提出簡明扼要的說明；就中國哲學之現代化與世界化，提出相應中肯的省思。同時，中國人也已有了能力，可以釐清「中國哲學演進發展的思想脈絡」；可以分判「中國哲學異同分合的義理系統」；可以闡釋「中國哲學的基本旨趣及其價值」；而且也已

⑰ 徐復觀：《中國人性論史·先秦篇》，臺北、商務印書館出版。

⑱ 徐復觀：《兩漢思想史》三大冊，臺北、學生書局出版。

能夠衡定「中西哲學融攝會通的義理規路」。[19]

由於中國文化和中國哲學的世紀境遇，是前古未有的複雜和艱困，所以對於哲學的省察，不但要有慧識、睿見，而且還要有學力（質的意義之學養）。否則，他的省察便只是一些浮泛的意見而已。自五四以來，眞正致力於中國哲學之反省，眞能爲中國文化之新生貫注精誠而殫思竭慮的，還是當代新儒家的前輩學者。從梁漱溟氏、熊十力氏，到唐君毅先生，都有極大的貢獻，而牟宗三先生則更集中而通貫地作了專門的省察和疏導，是即《中國哲學十九講》[20]。

中國哲學智慧的表現，主要是表現在儒道佛三方面。然而此一東方老傳統，自明亡以來，久已衰微，尤其近百年來遭受西方文化之衝擊，知識分子對於中國哲學的精神面目，乃益形模糊，甚至業已遺忘。牟先生在臺大哲學研究所講述中國哲學所涵蘊的問題，並不是他一時的興會，也不是他偶發的議論，而是切關於中國哲學之系統綱格與義理宗趣者。其中所釐定的各種問題，也對中國哲學之發展具有重大的啓發性。所以十九講中所舉述的問題，皆有所本。通過這一步通貫性的綜述，各期思想的內在義理可得而明，而其所啓發的問題也義旨確切而昭然若揭。於是，固有義理的性格，未來發展的軌轍，皆已不再隱晦；而繼往開來的道路，也確立了指標而有所持循。到此方知，文化慧命之相續不已，固可具體落實，而並

[19] 參牟宗三主講，林清臣整理：《中西哲學之會通十四講》（臺北：學生書局，一九九三年十月）。

[20] 《中國哲學十九講》，乃牟先生在臺大哲研所之講錄，一九八三年十月，臺北、學生書局印行。

非徒託空言。而一部像樣的、好的中國哲學史之寫成，已經是可能的了。

中國哲學當然必須走向現代化與世界化。中國哲學現代化的意指，應該含有兩個方向：第一、如何通過現代語言，把中國哲學的思想闡述出來，把中國哲學的智慧顯發出來，使它能爲現代人所了解，而進入人的生命心靈之中，以表現它「本所涵蘊」的活潑的功能和作用。第二、如何對中國哲學作一步批判的反省，既以重新認識和發揮它的優點長處，也要補救它的短缺和不足，以求進一步的充實發展。這才是中國哲學現代化最積極的意義。因此，中國哲學是否有前途，其決定的因素有二：

一、是中國哲學本身的義理綱維，能否重新顯發出來？

二、是中華民族能不能如像當初消化佛教那樣，也來消化西方的哲學和宗教？

近年來，大陸學界認爲，當代中國有三大思潮，一是馬列思想，二是西化思想，三是新儒家的思想。其實，前二者是外來的，介入的，只有新儒家的思想才是「中國的哲學」，才是眞正屬於中華民族的思想。這一點，大陸學界也普遍有所認取。所以他們要進行一項巨大的學術工程，就是要編印一套「現代新儒家學案」。這也是重新肯定中國哲學的表示。他們的理解可能還不夠恰當相應，但他們的努力，我們當然給予肯定，而且樂觀其成。

在牟先生八十大壽時，他說，從大學讀書以來，六十年中只做一件事，即：「反省中國的文化生命，以重開中國哲學之途徑」。他認爲民國以來的學風很不健康，卑陋、浮囂，兼而有之。所以，有志於研究中國哲學的人，必須：

1.依據文獻以「闢誤解，正曲說」；

2.講明義理以「立正見，顯正解」；

3.暢通慧命以「正方向，開坦途」；

這三點，確實是中國哲學史未來發展的關鍵所在。講哲學史如果錯用文獻，便成大過差。如馮友蘭的中國哲學史講論佛教的天臺宗，不用天臺開宗的智者大師的文獻，反倒根據智者師父南嶽慧思的《大乘止觀法門》來講述天臺宗的思想，而且經人指出，依然不改，實在很不應該。至於講義理必須精透明確，恰當相應，更是異同是非之所關。而慧命的暢通，則是文化生命之「共慧」相續流衍的根本大事。其屬重要，不言而喻。

總之，中國哲學史是否能顯發光明的未來，完全取決於國人自己的覺悟和努力。㉑聖人有云：「爲仁由己，而由人乎哉！」而講述或撰寫中國哲學史，正屬於「爲仁」之事，中華兒女，可不勉乎！

㉑ 按、今年（一九九九）七月下旬，第十一屆國際中國哲學會在臺北政大和嘉義南華大學舉辦「跨世紀的中國哲學：總結與展望」國際學術會議。我的論文〈中國哲學的反思與展望〉安排在最後一天的全體會議上宣讀。文之第四段陳述今後一千年的中國哲學必將重新展現人類智慧之光。第五段結語，則就「我們的信念與人類的前途」作了簡要的說明。該文將編入會議論文集出版，同時將在臺北《哲學雜誌》明年元旦號發表。請參閱。（按、已編入本書甲編之貳。）

乙編　儒學的恆常性與時代性

壹、儒家倫理基軸之省察

一、儒家倫理思想的綱柱

1.精神基礎：天理良心

中國人常說「天理良心」。天理就是良心，良心就是天理。這樣的說法，是以孟子「人心之同然」❶作根據的。而孟子的心性論，又是根據孔子的「仁」而引申、而發揮的。孔子說：「仁遠哉乎？我欲仁，斯仁至矣！」❷孔子爲什麼說「我欲仁」而「仁」就能「至」，就能在我生命中呈現呢？因爲「仁」是先天本有的，是天賦予我們的。只要一念自覺，它就會在我們生命裡面即時呈現出來。所以孟子講到仁義禮智之四端，講到本心、良心、不忍之

❶《孟子．告子上》：「心之所同然者，何也？謂理也，義也。聖人先得我心之同然耳。」

❷《論語．述而》。

心時，曾分別說過三句話：

第一句是「此天所與我者」。

第二句是「我固有之」。

第三句是「人皆有之」。❸

首句「此天所與我者」，是說人的本心善性是天賦予我們的。中庸也說「天命之謂性」，天命天道貫注到我們生命之中，就成爲我們的本性。可見本心善性有一個超越的根源，天就是超越的根源。這是心性的「超越義」。次句所謂「我固有之」，是說本心善性與生俱來，是內在於人的生命之中的。這表示心性的「內具義」。第三句「人皆有之」，是說任何人都有心性之善，聖人不過「先得我心之同然」而已。這表示心性的「普遍義」。

所謂「人心有同然」，「人同此心，心同此理」❹。此心，即指良心本心。此理，即指天道天理。由於這一個長遠的文化傳統作背景，所以王陽明作了一個歸結，說「良知即是天理」❺。依儒家的講法，良心天理是最後的眞實，它就是眞理本身，所以是最可靠的。說到這裡，我們可以明確地看出儒家倫理的精神基礎：

❸ 蔡仁厚：《孔孟荀哲學》（臺北：學生書局），卷中，頁二〇四。

❹ 《陸象山全集》卷二十二、雜記有云：東海有聖人出焉，此心同、此理同也。西海、南海、北海有聖人出焉，此心同、此理同也。今按：聖人同此心、同此理，而聖人者，「先得我心之同然耳」，故後世約之爲：「人同此心，心同此理」。

❺ 《王陽明傳習錄》卷中〈答歐陽崇一書〉：「良知是天理之昭明靈覺處，故良知即是天理。」

1.從超越客觀面說，倫理道德的基礎是「天道天命」，也可以說就是「天理」。（西方世界講到道德的基礎，一定歸到上帝。那是宗教的講法。中國文化不走宗教的路。）

2.從內在主觀面說，倫理道德的基礎是「仁與心性」，也可以說就是「良心」。（有西化傾向的人，以為良心不可靠。那是因為他們以西方做標準，認為良心是主觀的，上帝才是客觀的。其實，良知即是天理，是主觀客觀通而為一的。上帝卻是依於人的主觀信仰而來。不做教徒的人無法認同「上帝是倫理道德的基礎」這種說法。）

依儒家之見，超越客觀的天道天理，必通過人的心性工夫之實踐，而後才能得其具體而真實的證現。而內在主觀的本心善性，也必須通過人的自覺呈現。而後乃能透顯它超越而客觀的意義，而上達天德，與天地合德。總起來可以約為二句話：

本天道以立人道，立人德以合天德。

上一句由天而人，由超越而內在。下一句由人而天，由內在而超越。這樣一個「天道與心性通而為一」的形上實體，就是儒家倫理道德的精神基礎。這形上實體乃是道德之根，價值之源，所以它又可以直接名之為：道德主體（道德心性）。道德主體依於它「不安、不忍、憤悱不容已」❻的道德真情，而自覺自主地發動道德創造，「純亦不已」地表現道德行為。因此，當惻隱時自能惻隱，當孝弟時自能孝弟，當忠恕時自能忠恕……這完全是內發自發的。

❻ 孔子從「不安」指點仁心，孟子從「不忍」指點仁心。孔子又說「不憤不啓，不悱不發」。（論語述而）心求通而未得，謂之憤；口欲言而未達，謂之悱。憤、悱，皆就活潑地道德本心而言。不容已，即至誠無息、不捨不止之意。

這樣的倫理道德，才是合乎本心本性的眞正的道德。

同時須知，道德心性這個本體，並不是擺在那裡的一個有形物。它必須通過人的反省自覺，才會呈現出來。一個人如果自甘卑賤、自甘墮落，不把自己當人看，而下比於動物，他就不會反省，不能自覺，他的良心必將昏昧麻木，此之謂「麻木不仁」、「昧良心」。良心昧而不覺，當然就不能呈現。所以孟子說：「思則得之，不思則不得也。」❼由此可知，道德並不是現成的東西，而是要人去實踐、去表現的。表現它，它就有；不表現，它就沒有。當我們把良心天理表現到人倫關係上，它就成爲倫理，而昭顯爲人類生活的行爲規範。

接下來，我們將就儒家倫理的基本綱領及其雙向實踐，進行討論。

2. 基本綱領：親親、仁民、愛物

孟子有言：

親親而仁民，仁民而愛物。❽

這寥寥十個字，卻表出了中國倫理思想的總綱。天倫之愛，人類之愛，宇宙之愛，全

❼《孟子．告子上》。思、省思義，也即反省自覺之意。

❽《孟子．盡心上》。

都說到了。在別的文化系統裡。有這樣簡要而周延的古語名言否？未之聞也。

「親親」方面，表現的是「天倫愛」。首先，是上對父母表現孝順之德。孝順的順，並不是要順從父母每一句話，而是提醒子女應順親之心，以達成父母的心願。如果父母有過錯，子女就該委婉規諫，以免父母陷於不義。所以孔子論孝，有「幾諫」❾的明訓。至於子女自己，當然要繼志述事，無忝於所生。其次，是中對兄弟表現友悌之德。兄弟姐妹是同胞手足，情同一體。所謂「本是同根生，相煎何太急」：我們一聽到這二句詩，都會感到「於我心有戚戚焉」。可見手足之親，乃是天理自然的流露。再次，是下對子女表現慈愛之德。父母不但要養育子女，更要教育子女。養育，只是動物的本能；教育，才是人格的培養。如果養而不教，是不足以盡慈愛之義的。在「親親」這一項之下，還有「夫婦」一倫。夫婦雖是婚姻關係，不是天倫，但夫婦卻是家庭的中心，是人倫之大始。所謂「君子之道，造端乎夫婦。」❿。父子兄弟的關係，也正由夫婦一倫而衍生。家庭父子兄弟夫婦的倫常關係，一方面表示縱的生命之承續，一方面表示橫的親情之聯繫。而「孝、弟、慈」三者，也可以說是家庭的三達德。所以明儒羅近溪說：家家戶戶，皆靠孝弟慈過日子也。試想想，如果人類不孝、不弟、不慈，我們還能過「人的生活」嗎？還能保住道德文化的價值嗎？

「仁民」方面，表現的是「人類愛」。人類愛可以通向社會，通向政治，通向世界。

---

❾《論語・里仁》。

❿《中庸・十二章》。

首先，就通向社會而言，人不獨「親其親、子其子」，還要親人之親、子人之子，就像孟子所說的「老吾老以及人之老，幼吾幼以及人之幼」。這也正是孔子所謂「老者安之，少者懷之，朋友信之」的情懷。⑪其次，就通向政治而言，一方面是修德愛民，「以不忍人之心，行不忍人之政」⑫，使黎民百姓皆有恆產，能夠養生喪死而無憾。一方面是「保民如赤子」，教之以孝弟人倫，使匹夫匹婦各得其所，而能安居樂業。再次，就通向世界而言，即是中國人最熟悉的「四海一家」、「天下爲公」、「世界大同」⑬的精神。

「愛物」方面，表現的是「宇宙愛」。由「民胞物與」而進到「與天地萬物爲一體」⑭，即已充分顯示儒家所講的「仁」，才眞正是無限量的愛。墨子批評儒家「愛有差等」，以爲比不上「愛無差等」的兼愛，其實，他的話是不通的。須知眞理落實於生活行事就必然會有差等，如本末輕重、先後緩急、親疏遠近，皆是差等。此乃自然之序，是不可以橫加抹煞的。墨子只抓住一個普遍性（兼愛），而卻排斥了差別性（主張視人之父若己父），所以不是實理，只是空言，沒有「可行性」。因此，儒家一定反對「兼愛」的說法。儒家講「仁」，是「推愛」，由親親而仁民，由仁民而愛物。便是推愛。所以依據儒家的道理，我們可以這樣說：

---

⑪ 孟子之言，見《孟子．梁惠王上》；孔子之言，見《論語．公冶長》。

⑫ 《孟子．公孫丑》。

⑬ 《禮記．禮運》大同章。

⑭ 張橫渠〈西銘〉：「民、吾同胞，物、吾與也。」程明道〈識仁篇〉：「仁者渾然與物同體。」王陽明〈大學問〉：「大人者，以天地萬物爲一體者也。」

仁通萬物而愛有差等（或者說：仁無差等而施愛有序），故主張推愛，而不講兼愛。由親親、仁民、愛物，而達於「與天地萬物爲一體」，這種眞實普遍的愛，儒家名之曰：萬物一體之仁。

以上是就「親親」、「仁民」、「愛物」而略作解說，以揭示儒家倫理思想的綱領。進一步，還要就反求與推愛，以說明其雙向實踐。

3. 雙向實踐：反求與推愛

儒家之學，有內聖與外王兩方面。而倫理學必須以內聖爲根基，以外王爲目標，以期「本末內外，一以貫之」。所以，倫理實踐最核心的工夫，必然要落在心性上，以透顯「道德主體」。這種工夫，本質上是反求諸己，是「逆覺體證」的工夫。逆、反也。如「反身而誠」的反。淺顯地說。逆覺也就是反省自覺的意思。逆覺的目的，是要體證心性本體（仁），使它在生命中呈現出來，而且通貫到日常生活上去，以主導我們的行爲活動；使我們「立身、處世、待人、接物」都能合乎道德的法則，使我們從「修身」到「齊家治國平天下」都能本乎心性之理，而層層開擴，步步伸展，以達到「以中國爲一人，以天下爲一家」的理想。

依上所述，可知儒家倫理的實踐是雙向的：「向內反求」與「向外推擴」是相關聯、相通貫的。而向外推擴，其實就是仁心的感通。而仁心的感通也就是「推愛」：推愛於天下，推愛於萬物。在此，可分三點加以說明：

第一、「擴充四端」：順道德心性所開顯的端緒（惻隱之心，羞惡之心、恭敬之心、是非之心）

向外擴充出去，就可以使我們的個體生命（小我），與其他的生命事物相感通、相關聯、相融合。這樣，就可以消解「物」與「我」的隔閡，而達到「物我相通」、「與萬物爲一體」的境界。這個意思並不抽象，也不神秘。譬如我們看到牛羊觳觫哀鳴，看到花木遭受摧殘，都會於心不忍，於心不安；即使對沒有生命的東西，像桌子、花瓶、茶杯，也都會有一種愛惜的心情，如果一旦損壞、打破了，我們心裡也會感到可惜，甚至會很難過。從這裡，我們可以了解萬物與我是「痛癢相關、一體相通」的。

第二、「下學上達」：下學而上達，是上達天德，表示生命的提昇，提昇到與天相知、與天相通的境界。陸象山說「宇宙即是吾心，吾心即是宇宙。」⑮這並不是大話，而是很眞實的。「吾心」不是指某一個人的方寸之地，而是就「心同理同」的那個「實體性的道德本心」而言。象山的話是根據孟子「萬物皆備於我，反身而誠」以及「君子所過者化，所存者神，上下與天地同流」⑯，這些意思來說的。這正表示天人相通，人生界和宇宙界通而爲一。這種「天人合德」的道理，乃是先秦儒家的老傳統，並非宋明理學家添加而然。

第三、「報本返始」：人的生命是有本始、有根源的。儒家倫理很重視禮，而禮之中又有「祭禮」，這是很特殊的。儒家把宗教範圍裡的祭祀統歸到禮裡面來，正表示儒家的性格是「道德與宗教通而爲一」的。儒家有「三祭」：祭天地、祭祖先、祭聖賢。天地是宇宙

⑮ 同註❹，卷三十六，年譜十三歲，附述。
⑯ 《孟子・盡心篇》。

生命的本始，祖先是個體（族類）生命的本始，聖賢是文化生命的本始。三祭之禮正表示報本返始的精神，使我們的生命能夠返本溯源，而匯通爲一條源遠流長的生命大流。在祭禮之中，還可以徹通幽明的限隔，使人生的「明的世界」與祖先的「幽的世界」交感相通。這樣，人自然就可以把生死放平來看。一個人的生命，生有自來，死有所歸，生死相通，是之謂通化生死。

總之，儒家倫理的雙向實踐，其實也不過是道德心性之朗現、申展與遍潤。由內向外推擴，可以「通物我」而使萬物一體；由下向上提升，可以「合天人」而達致天人合德；由至誠感格神靈，可以「徹幽明」以通化生死。這樣周延平正充實飽滿的倫理精神，實可說是「致廣大而盡精微，極高明而道中庸。」⑰

二、人倫關係與人際關係的原則與取向

1.五倫的主軸與基始

前文對儒家倫理所作的全盤反省，大體是從正面闡釋。儒家倫理是否也有重大的缺失？

⑰《中庸·二十七章》。

這必須再加省察。

在儒家教化之下，人與人的關係，其實早已作了合情合理的安排，也已有了平正通達的軌道。這個軌道就是「五倫」：父子、君臣、夫婦、兄弟、朋友。「父子、君臣」是縱向度的，是上下隸屬的關係。「夫婦、兄弟、朋友」是橫向度的，是左右聯結的關係。這五種關係，縱橫交織而形成人倫世界的綱維網。而人與人之間的關係，也大致不外這五種。其他的關係皆可以順由這五種關係而加以引申，加以擴大。譬如，由君臣可以引申爲長官與部屬的關係，由父子可以引申爲師徒的關係，由兄弟朋友可以引申爲同學同事的關係，尤其朋友一倫還可以與師友、同志、同道相通，是內容意義最爲豐富的一種關係。

五倫之中，那一種關係最爲根本？一般的回答，大概都會說是父子。因爲父子是天倫（先天決定的人倫關係），是五倫關係的主軸。所以，這個回答沒有錯。不過，如果進一步探究人倫關係的構成，我們又會發現，夫婦才是五倫關係的基始。易傳有云：「有夫婦然後有父子，有父子然後有君臣，有君臣然後有上下，有上下然後禮義有所錯（措）。」⑱據此可知，夫婦才是人倫之大始。尤其在家庭倫理之中，夫婦一倫更是居於中心的地位。由夫婦此一中心，可以通向上下左右。向上是父母，向下是子女，向左右兩方是兄弟姐妹與姑嫂妯娌。上下兩代之間是父母子女的血親關係，和翁婿婆媳的姻親關係。再由家庭通向社會、國家，便又產生朋友、君臣的關係。

⑱《周易·序卦傳》。

在傳統的老社會裡，由於家族的結構以及聚族而居的環境，形成家長和族長的權威，甚至幾千年來的政治，也可以說是一種家長制的政治。所以父權和君權過分膨脹。到今天，情形自然有了變化，而在現代社會中，夫婦在家庭裡面的中心地位，已經越來越明顯。「夫婦是家庭的中心」，這句話已不止是理論，而是一個普遍的事實。

因此，現代的青年，應該比上一代的人更能積極地來體認夫婦之道。男女結為夫婦，單就雙方的關係看，它是後天結成的關係，是可變的。所謂「離婚」就是夫婦關係的改變。但中國人看離婚這件事，並不認為只是男女二人關係的改變，而認為是人倫之變，是人生的大不幸。所以數千年來，我們只講「夫婦之道」，而一直沒有出現「夫婦關係」這個詞語。這個歷史的事實，值得大家靜下心來細細一思。

夫婦之倫是不可以輕易改變的。男女一旦結為夫婦，就表示「乾坤定矣」，就應該在倫常之道中白頭偕老、天長地久。所以「夫婦之道」和「男女之愛」是不同的。西方人以男女之愛作為婚姻的基礎，中國人則是以倫常之道來完成婚姻的意義。即使看做是一種關係，男女關係和夫婦關係，二者也有本質上的差別：

1.男女關係是散多的，是浮動的，是可變的。而男女之愛也是以感性的好惡為主，常常是盲目而衝動的。所以有危險性。

2.夫婦關係是專一的，是穩實的，是恆常的。而夫婦之道乃是以理性的關懷為主，常常是反省而克己的。所以有安穩性。

如果只強調男女之愛，婚姻就可能成為「戀愛的墳墓」。重視夫婦之道，婚姻就可以創造人生的幸福。而婚姻的眞正目的，就是要「化男女爲夫婦」、「化愛情爲恩情」。現代男女常常莫明所以的排斥「恩情」二字，實在可惜可憐。恩情是「情」和「義」的融合。情可以表示愛情的觀點，義則代表倫理的意義。二者融合而爲恩情，所以恩情是有情有義的。沒有義的愛情是外逐的、浮動的，所以必須有倫理意義的「義」來穩定「情」。而婚姻最本質的意義，也正在於「以恩情貞定愛情」。這是要靠夫婦雙方在自覺之中來完成的。

據此可知，夫婦必須是倫常關係，不能停在男女關係的層次。同時，婚姻也不能只是法律的關係。婚姻的基礎在「人」而不在「法」。法律並不眞正能夠保障婚姻，法律更不足以貞定人倫。於此，我們必須再就「倫理原則」「精神取向」進行反思和省察。

2.倫理原則與精神取向之比較

傳統的人倫關係與現代的人際關係，二者所依據的原則有所差異，其精神取向也有所不同。

(1)原則的差異

首先，是「整體原則」與「個體原則」的差異。

傳統的五倫關係，雖然並不忽視個體，而是把個體安置在一大整體之中來決定他的分位。從道理上說，這也沒有什麼不好。但事實上，它卻對個體的獨立伸展形成了限制。也就是說，個體原則爲整體原則所籠罩，而減少個體充分發展的機會。現代知識分子受到西方思想的沖激，對個體性的要求轉爲強烈，但卻矯枉過正，而產生「以個體破壞整體」的偏失，未能使二者得到恰當的調適與相互的融通。

個體可以從整體分出來以獨立發展，古人所謂物各付物，「各正性命」，就是要使一一之個體成爲獨立的眞實存在。但我們也要了解，個體的發展和完成，不可能完全脫離社會群體，它仍然是整體的一部分。只要鬆開整體所形成的那個籠罩性的壓力，使一一之個體都能在整體中得到適當的分位，以獨立自足地伸展他的個體性，則社會群體不但不會妨礙個體的發展，而且可以成爲個體發展的憑藉，此即所謂各盡其性，各當其分。

因此，從儒家精神來看，現代社會重視個體並沒有錯，並且可以看做是傳統倫理的一步推進。只要了解個體與整體的關聯性，而不誤認二者是矛盾對立，就可以相輔相成而走向一個健康的方向：一方面可以發揮個體的活力，一方面又可以增強整體的功能。

其次，是「隸屬原則」與「並列原則」的差異。

傳統的五倫以父子爲主軸，父子（也含君臣）是上下隸屬的關係。隸屬原則當然可以成立。但隸屬原則的泛用，就難免會妨礙並列原則的表現。譬如夫婦、兄弟、朋友是並列的關係，但在以父子爲主軸的五倫關係中，隸屬原則的影響過於強大（漢代人倡說三綱，可爲明證），使得並列的關係也渲染上隸屬的色彩，而平行的關聯性也漸漸轉爲垂直的管制性，結果乃形成家庭裡的父權和政治上的君權過分張大。

這種情形，不合乎現代社會「多元、並列」的思潮，而且也違背了儒家的「絜矩之道」。

《大學》說君子有絜矩之道。「所惡於上，毋以使下；所惡於下，毋以事上。所惡於前，毋以先後；所惡於後，毋以從前。所要於右，毋以交於左；所惡於左，毋以交於右。此之謂絜矩之道。」絜矩之道也就是「己所不欲，勿施於人」的恕道。⑲上下、前後、左右，都是相對並列的關係，所以必須以己心度他心，將他心比己心，才能彼此獨立相安。人與人的關係，基本上是多元並列的，除了少數特定的關係可以適用隸屬原則，一般而言，都是相互關聯，而不是相互管制，所以都應該用並列原則作爲彼此相處的基準。這一個趨向，在儒家是贊同的，因爲儒家本來就有一個絜矩之道。

(2)取向之不同

首先是「家族取向」與「社會取向」之不同。

數千年來，五倫的精神可以說是家族取向。家爲國之本，國爲天下之本，這個道理並不錯。而家族在中國歷史上所作的正面貢獻，更是不可抹煞。但是家族取向的倫理，使得社會的功能因爲「沾親帶故」的牽連而受到限制，使得社會的組織結構也不容易向多元性方面充分發展，因而社會的功能也沒有達到客觀化的境地。

梁漱溟先生曾指出中國社會是「倫理本位，職業殊途」。這表示家族倫理並不妨礙職

⑲ 絜矩之道，見《大學》傳之第十章，釋治國平天下。「己所不欲，勿施於人」乃孔子之言，見《論語・衛靈公》。

業（行業）的分途發展。不過，家族倫理下的職業分途，和近代產業革命以後產業經濟的多元發展，還是不相同的。簡單而言之，一個是主觀性的親情結合，一個是客觀性的產業組織。由主觀性轉爲客觀性，又必然會關聯到人際關係的調整，這就是所謂「群己關係」。

五倫之中當然也含有群己關係，個人與家庭、個人與社會、個人與國家，都是己與群的關係。傳統的倫理也講求捨己從公、奉公守法、淑世濟群、保國衛民的道理。但基本上還是家族取向，爲的是光宗耀祖，光大門楣，這是主觀性的精神，是不夠的。所以，在今天提出群己關係來加以重視，確有必要。而家族取向的倫理，也應有一步轉化，轉爲社會取向以建立群己關係的客觀規範。

其次，是「道德取向」與「法律取向」之不同。

古人重視人品，重視立身之道，所以普遍地顯示道德的取向。現代人重視工作效果，重視權益保障，所以大體是法律的取向。這二者之間當然有差異，但不一定有矛盾。

德以立「品」，它主要的關心是做人的問題。法以制「度」，法制法度的建立，基本上是做事的問題。古人處理事情，比較重視人的因素，往往某某人一句話，就可以取信於大眾，這就是所謂重然諾。現代人處理事情，只就事論事，要求文字保證，所以重視契約。這兩種不同的態度，只是取向不同所形成的差異。老社會的人也並不完全忽視文字契約，所謂「白紙黑字，寫得清清楚楚，你總不能賴吧」。這句話明顯指出，文字保證比語言承諾更具有明確的實效。

據此可知，道德取向與法律取向，二者之間並無不可調適的矛盾。也不能說「人心不古，世風日下」，便認爲道德沒有用了，要靠法律來制裁。話不能這樣講。眞正的原因，是現代社會中人與人的交往相處，比老社會更爲複雜，而人的利害關係也不像以前那麼單純，常常會有許多變動的因素參雜進來，而形成許多牽連和糾纏，所以必須作更多的防範，必須尋求更客觀的依據和憑證。這是環境造成的變化，而不是人心人性有了什麼改變。事實上，在崇尚法律的現代社會，人也同樣有道德的觀念，而且也仍然表現道德的情操。現代人的行爲表現，許多都不是由於法律的規定，而是出於道德的動機而做出來。因此，法律的取向和儒家道德取向的倫理，並沒有本質性的衝突，是可以隨應時宜而加以調整的。

以上的討論，可以歸結爲二個主要的意思。第一，是現代社會人際關係的新趨向，在儒家看來，不但可被容許，而且應予贊同。第二，是指出原則的差異和取向的不同，是由於古今社會形態變化而產生的差異。以儒家「順時變革，因事制宜」的道理來看，這種差異和不同，本就是理所必然勢所必至的事情。而儒家的「時中」精神，也正應在此時此地作具體之表現。

3.倫理問題的二個關節

據前文的比對反思，可以看出儒家倫理的問題，有二個重大的關節。

第一個關節是「公德」和「私德」的問題

三十多年前。有一位美國朋友在臺北報紙上發表短文。說中國人很有人情味，但缺乏公德心。一時之間，引起廣泛的回應。其中有人說，中國人之所以缺乏公德心，是因爲儒家不講公德。請問，這樣說，對嗎？儒家自古有「見義勇爲」、「急公好義」的明訓。至於「顧己自便」、「假公濟私」，乃是世人的陋習，並不是儒家教導的。所以中國人缺乏公德心，乃是國人之恥，應該人人切己自反，豈可把責任推給儒家。

至於私德方面，也即和社會公眾不相關聯的生活行爲，西方人認爲要尊重別人的隱私，不可干涉他人的私生活。這個意思儒家可以理解。所以自古也有「隱惡揚善」的話。揚善是積極地「與人爲善」，而隱惡則是爲人留餘地，使他有改過自新的機會。所以儒家對私德的要求雖然很嚴格，但當某人在私德上有了過失，卻也能以一種寬諒之心相待，爲他留下自新之路。我認爲這是一個很好的態度。（今人乃以爲「隱惡」即是包庇罪惡，當然是疏淺的誤解。）

儒家未曾劃分公德和私德，但儒家很重視公私的界限。陸象山就說過，義利之辨就是公私之辨。可見儒家並非只注重私德而忽視公德。照儒家的道理，人可以舍己奉公，而絕不容許假公濟私。至於國人缺乏公德心，我認爲這不是一個倫理思想的問題，而是生活習慣的問題。現代化的生活習慣如何養成呢？新加坡是採取重罰政策，一二年的功夫就能立竿見影，卓著成效。雖然重罰不能成就道德，但卻有助於不良習慣的改正。我認爲加強國民倫理道德教育是治本，處罰違反公德的行爲是治標，治本治標，雙管齊下，應該是最爲可行之道。

第二個關節是「權利」和「義務」的問題

權利和義務，是隨著「公民」這個名稱而來的新觀念。在傳統的中國文化裡，一直沒有出現「公民」的觀念。因此，儒家的倫理思想，也沒有講到「權利」和「義務」這二個名詞。儒家倫理比較重視情理和道義，它是社會規約的性質。社會規約以情理爲先，所以要求人情通達，要求合乎道理。我們常聽到二句話，一句是說「你這個人太不通人情」，一句是說「天地間那有這個道理」。這裡所謂人情，不同於平常所說的「講人情」，講人情乃是循私，而此所謂人情，則是情理之意。古人有言「王道不外乎人情」。聖王之道，一定通達人情，一定合乎情理。一個人情不通達的社會，一個違背情理的社會，必將成爲不能透氣的社會。這是中國人最不喜歡的。

而權利、義務，則不關乎情理，它屬於另一層。這是以法爲準的硬性規定。有些權利不可拋棄，不可讓度。譬如基本人權裡面的人身自由，就是不可拋棄的。古代的人可以賣身爲奴，因爲那是出於他的自願。但現代的法律不准許人賣身爲奴。你說我願意做奴隸，我自願拋棄人身自由。但法律規定人身自由是不可拋棄的，法律不能給你做奴隸的自由。同時，權利也是不可讓度的，譬如選舉，妳不能把投票權讓給別人來行使，這是法所不許的。在義務方面，也有硬性的規定，規定妳不可逃避，不可代替。譬如納稅義務是不可逃避的，而服兵役的義務不但不可逃避，而且不可代替。

由此可知，權利義務是以法爲準的硬性規定，而現代社會的人際關係，又幾乎都和權利義務有直接間接的關聯。然則，以情理爲先的儒家倫理，能否接受「權利、義務」的觀念？「情理爲先」與「以法爲準」又將如何融通？這是儒家必須面對的問題。

依據當代儒家學者的反省，認爲民主建國的完成，乃是儒家第三期的時代使命。既然肯定民主政治的價值，當然可以接受權利義務的觀念。這一點不成問題。至於第二個問題，則是「情、理、法」如何融通兼顧的問題。這個問題會有困難，但並非不可解決。儒家本是「以禮爲綱，以法爲用」⑳，孟子也有「道揆、法守」的話㉑。而自古以來，也常常「天理、國法、人情」三者同時並舉。如果我們了解人情不是指循私，而是意指情理，則情理法的融通兼顧是可能的。

當然，原則上可能，而事實上仍將會有牴觸。這時候，就必須分辨「本末輕重，先後緩急」，以作最妥善的裁決和處理。只要做到盡心而心安，也就可以算是情理法兼顧。如果說，某些事情無論如何考慮都不能做到三者兼顧，那就是人間社會的限制，是無可奈何的。而這種缺憾，也是任何文化系統與任何宗教所無法解決的，因此，不能要求儒家來單獨負責。

三、儒家倫理應有的推進

1.一個假託的故事：瞽瞍殺人

桃應問曰：「舜爲天子，皋陶爲士，瞽瞍殺人，則如之何？」

孟子曰：「執之而已矣。」

---

⑳ 參蔡仁厚：《儒學的常與變》（臺北：東大圖書公司），頁一四一〈儒法異同平議：以禮與法爲中心〉。

㉑ 《孟子・離婁上》第一章。

「然則舜不禁與？」曰：「夫舜焉得而禁之？夫有所受也。」

「然則舜如之何？」曰：「舜視棄天下，猶棄敝屣也。竊負而逃，遵海濱而處，終身訢然，樂而忘天下。」（孟子・盡心上）

桃應是孟子弟子，他提出的是一個假託的故事，並非歷史事實。他設想：舜雖愛其父，但不可因私害公而爲父脫罪；皐陶公正執法，但又不能或不便刑殺天子的父親；事在兩難，所以請教孟子。

孟子三問三答。第一答，是肯定司法官有拘捕任何罪犯之權。第二答，是認爲天子也不可以干涉司法權。第三答，則顯示出一個基本的肯斷，孟子認爲舜必將拋棄天子的名位，而暗中背負他的父親逃到政令所不及的海邊，隱居起來，終身享受天倫之樂。

這個故事雖是假託的，但我們仍可以從義理上作三點說明：

第一、父子是天倫，無可改變；天子則是後天的名位，有可變性。

第二、舜先棄天子之位，而後竊負其父，並非憑藉天子之權位以濟其救父之私。

第三、大舜不假借天子之權而克盡人子之孝，皐陶不枉曲國家之法而克守臣子之義。

但這裡還留下一個問題，就是對那個被殺的人如何交代呢？孟子沒有說明。孟子爲什麼不作說明？因爲事實上瞽瞍並沒有殺人，所以桃應也沒有再問。但桃應如果再問，孟子將如何回答呢？我想，孟子會這樣回答：這件事，最後的責任是落在皐陶身上。皐陶是司法官，他可以發佈通緝令，一方面搜捕殺人犯（瞽瞍），一方面搜捕劫獄犯（舜）。如被逮捕，對瞽瞍當然科以應得之罪；至於舜，他也一定甘心接受國法制裁而毫無怨言。如果有人再問，舜明知竊負罪犯是不法的行爲，爲什麼還要去做呢？曰：事實上並沒有這回事，而是孟子順著那個假設去想，認爲舜作爲一個兒子，他不能眼看著父親被捕之後「受審、判刑、處死」，這樣他無法心安。但卻又別無良策。在如此情形之下，舜心中只想到父親，自己的一切就顧不得了。

說到這裡，我們可以看出，孟子的回答，正是著眼「瞽瞍是舜的父親」來設想，所以認爲舜只有棄天子之位竊負其父而逃。（以平民身分竊負其父而逃，當然仍爲法所不許，但在情理上則有可憫恕之處。）而我們現代的人則多半順著「瞽瞍是殺人犯」這個假設去想，是一種知性的態度，所以只著重客觀的公平原則。如果就公平原則來考慮，這裡是含有一個問題：是即儒家倫理的著重面，似乎偏於「孝」，而「恕道」這一面的比重不足以和孝道取得平衡的地位。當恕道和孝道形成牴觸的時候，儒家通常是先保住孝道，而委屈恕道。㉒像這個假設的故事，就是一個例證。

對於這個問題，儒家能不能提出答辯呢？可以。他可以用「本末輕重，先後緩急」的道理來答辯，認爲「孝」是先天倫理，「恕道」是後天倫理，而先天倫理自然有它的優先性，所以二者形成衝突時，當然應該保住先天倫理的孝道。儒家這個答辯是可以成立的。不過，我們也應考慮一下：儒家的倫理思想能不能就此而再作一步推進？

㉒ 按：這個意思，傅偉勳教授首先提到，見其所著《現代美國行爲及社會科學：哲學》（臺北：學生書局）。

2.倫理與法律的配合與互補

所謂推進一步，其實也就是「兩面如何兼顧」的問題。剛才我們是用孝道和恕道這二個名詞，現在可以換一組詞語，而說為「親情倫理」和「社會倫理」如何兼顧和如何協調的問題。

想要顧到主觀的親情，就不免委屈客觀的公平原則。反之，伸張了公平原則，就很難顧到親情。譬如鄭成功以反清復明為己任，當他聽到自己父親鄭芝龍投靠滿清的時候，他一定非常痛若而感到為難。最後，他作了一個莊嚴的決斷，寫信給父親，表示從今以後，父子恩斷義絕。為了伸張民族大義，而斷絕父子天倫的恩情，這就叫做「大義滅親」。所以我們非常崇敬國姓爺延平郡王。但在鄭成功自己，乃是遭逢人倫大變，他內心的愴痛，誰能彌補他呢？這就是所謂「忠孝不能兩全」，是人世間的大缺憾。沈葆楨所寫的延平郡王祠的對聯，就有一句說是「缺憾還諸天地」。㉓人間的缺憾，在人間消解不了，只好還諸天地。

說到這裡，我們似乎已接觸到問題的關鍵了。鄭芝龍投靠外敵，乃是通天之罪，所以鄭成功「大義滅親」。而瞽瞍殺人雖然也是大罪，但舜卻不能因為父親殺了人就和他斷絕父

㉓ 沈葆楨，為臺南延平郡王祠撰聯云：「開萬古得未曾有之奇，洪荒留此山川，作遺民世界；極一生無可如何之遇，缺憾還諸天地，是創格完人。」此聯知人論世，寄慨遙深，崇賢思古，悲惋蒼茫。情文詞筆，均佳。

子關係，所以仍然設法去救他父親。舜和鄭成功的所作所爲，都是義理之當然，並沒有犯倫理上的錯誤。而二人所留下的問題及其身受的遺憾，已經不能在倫理學的範圍內得到解決。所以一個留給法律處理，一個則只能歸之於天、歸之於命。

其實，法律也只能對倫理盡一種補助的作用。而倫理問題上的無奈，法律也處理不了。我們在此說「歸之於天、歸之於命」，也並不曾貶低倫理與法律的價值。事實上，除了「天理」和「上帝」可達絕對圓滿之外，人世間都是「事」的層次。凡是事，都只能相對的妥適，不可能有絕對的完美。因此，文化學術的反思，也只能做到「盡心焉耳矣」。至於現實層上的種種問題，本就是層出不窮的。唯有靠世世代代的人盡心盡力，分工合作，才能獲致漸次的解決。

一九九八年七月　《東海哲學研究集刊》第五輯

貳、從禮的常與變說到文化理想的永恆性

前言

本文只說常理，並無新義。我自覺地將生命安頓在儒家的道理裡面，也有半個世紀了。我沒有在儒家學術裡面發現什麼精奇玄妙的東西。它只是平平常常，方方正正，它只是反己體察，不安不忍。所以到最後「萬法歸一」，也一定是歸到仁義本心上。它落實於生活言行與政教事業，也依然可以歸結到禮記書中「禮以義起」「禮時為大」❶這二句話來申述，來實踐。修己治人的規矩與典制，都是「禮」（法），都可以依「義」（理）而興作創制，都可

---

❶ 按，「禮以義起」，語見《禮記·禮運》。「禮、時為大」，《禮記·禮器》。

以順「時」(宜)而因、革、損、益。這裡有經有權，有常有變；寂感動靜，開拓變化，無所不可，無所不宜。所以我死心塌地要做儒家之徒。做不做得成，我不敢說。但在這世紀之交，我要正式宣說自己的志願，以作他年之檢證。

下面就是我提出的一篇很平很常，而也很眞很實的文字。讓我們的身心，再隨文履歷一番。

一、時中大聖，方爲圓聖

孟子以聖人爲「人倫之至」❷，又指出聖人的類型有四：❸

伯夷，聖之「清」者也。

伊尹，聖之「任」者也。

柳下惠，聖之「和」者也。

孔子，聖之「時」者也。

依孟子的說明，伯夷、伊尹、柳下惠，三個人在處世出仕的態度上有所不同：(1)伯夷「非其君不事，非其民不使，治則進，亂則退」。他對君與民皆有所選擇，不合他的標準，

❷《孟子・離婁上》第二章。

❸《孟子・萬章下》第一章。

便拒之而不受。他對出仕的時世也有所選擇，治世能行道，故仕進；亂世不能行道，故隱退。孟子以「清」字表顯伯夷之風，並說「聞伯夷之風者，頑夫廉，懦夫有立志」。⑵伊尹以「天民之先覺者」自居，他要「以此道覺此民」，所以「治亦進、亂亦進」，他是「自任以天下之重」的人。天下有任何人不能蒙受堯舜般的政教惠澤，伊尹都覺得是自己的責任。因此孟子以「任」字來表顯他的精神。⑶柳下惠「不羞汙君，不辭小官」，仕進則盡心盡力，一切依正道而行。罷黜免官時無所怨尤，生活困頓時也不憂不愁。同時，他與無知無禮的鄉野之人也能處得情誼款洽，「由由然不忍去也」。孟子以「和」字表顯柳下惠之風，並說「聞柳下惠之風者」，胸襟狹隘之人也會變得寬宏能容，性情刻薄之人也能變得很敦厚。⑷孔子「可以處而處，可以仕而仕，可以速而速，可以久而久」，處、仕、速、久，各順時宜，各當其可。孟子以「時」字表顯孔子，並說「孔子之謂集大成」。成，本是音樂名詞。樂有八音，若獨奏一音，則其一音自為始終，而為一小成。合眾小成而為一大成。孔子集眾聖之長以成己身之德，故孟子稱之為「集大成」。

> 集大成也者，金聲而玉振之也。金聲也者，始條理也；玉振之也者，終條理也。始條理者，智之事也，終條理者，聖之事也。智，譬則巧也；聖，譬則力也。由射於百步之外也：其至，爾力也。其中，非爾力也。（乃爾巧也。）❹

❹ 同註❸。又，本節所引文，皆出此章。

這一段話，是以音樂爲喻，以論聖智聖德之完成。朱註：「金，鐘屬；聲，宣也。玉，磬屬；振，收也。」條理，猶言脈絡，指音樂之節奏而言。智，謂智之所及；聖，謂德之所就。孟子這段話的意思，大致如此：所謂集大成，就像奏樂之時，先敲金鐘以發聲，最後擊玉磬以收音。金鐘發聲，是音樂節奏的開始；玉磬收音，是音樂節奏的完成。譬如爲學做人，開啓學問的門徑（始條理），是智之所及的事；而完成人品的修養（終條理），則是德之所就的事（聖，即是成德之人）。孟子又以射箭的「巧、力」，發明「聖、智」二字之義。射到百步之遠，是力；射中日標，則是巧。伯夷、伊尹、柳下惠，力足夠而巧不足，故雖至乎聖而卻未足以及乎時中。孔子巧與力俱全，聖與智兼備，故能得其時中，而爲「聖之時者」。古之聖人，各有所成，而唯時中之聖（孔子），方得圓滿，而可稱之爲「圓聖」。

二、「仁、義、禮」：孔子學術之綱領

孔子之學，博大精深。若要簡約舉述他的學術綱領，唯有「仁、義、禮」三字足以當之。

孔子身當春秋後期，春秋時代最有代表性的觀念是「禮」。禮的功能，首在建立政治社會之秩序。而人之所以要有生活秩序（大而至於典法制度，小而至於生活儀節），則是由於人之要求正當合理，以期表現生活意義和成就人文價值。由此可知，傳統、信仰、習俗等，並不足以作爲禮的基礎，唯有人要求正當合理的這個「正當合理性」（義），才是禮的基礎。孔

子有言：「君子義以爲質，禮以行之。」❺君子的實質在義不在禮，「義」這個實質，通過禮而踐行於外，所以禮是義的表現，義便是禮的實質或基礎。

禮的本義是生活秩序，一切秩序的具體內容（禮文儀節），皆可依正當合理性而予以制訂、改變，這個「理」即是孔子所說的「義」。孔子提出「義」觀念，使禮的基礎歸於自覺，在理論的進程上乃是「攝禮歸義」。但這只是第一步。孔子對於禮的價值之規定，還有比義更深一層的「仁」。

蓋人之所以要求正當合理，是由於人立公心。公心不立，則必蔽於私意，溺於私欲；公心既立，自能循乎理而盡其分。立公心是仁，循理分是義。據此可知，「仁」是義的基礎，「義」是仁的客觀表現。義之依於仁，猶如禮之依於義。孔子所謂「克己復禮爲仁」❻，正顯示禮與仁之關係。克己即是去私，復禮即是循理。人能不徇私而歸於禮，即可依其求正當合理的意志方向，以進行實踐活動（循理而行）；此時，公而無私的仁心乃自然顯現。故曰「克己復禮爲仁」。

綜上所述，禮以義爲實質，義又以仁爲基礎。三者相循而溯其本源，即可推進一步說：仁是禮的基礎，禮是仁的表現。此之謂「攝禮歸仁」。❼因此，孔子又說：

❺ 語見《論語．衛靈公》。
❻ 語見《論語．顏淵》。
❼ 按，「攝禮歸義」、「攝禮歸仁」二詞，首見於勞思光：《中國哲學史》（臺北：三民版），第一冊，頁五八。此確屬合乎歷史事實與義理關節之詮解，故也借取爲說。

人而不仁，如禮何？❽

禮者仁之表，仁者禮之基。不仁之人既不能立公心，自然發不出要求正當合理的意識，因而也建立不起禮的秩序。因為秩序性（禮）依於正當合理性（義），而要求正當合理又依於人之公心（仁）。以是，人而不仁不義，必不能守禮行禮。這「仁義禮」三者，乃成為孔子學術之基本綱領。

三、禮的義律與時宜

禮有常有變，有經有權。禮的義律（理序、律則），是禮之常，是不可變的「經」。禮的時宜（時地事宜），是禮之變，是因應時勢的「權」。以下試分為兩小節加以說明。

1. 義律是禮之常（經也）：禮以義起

生活的規矩，行為的儀節，都只是禮的形式。形式是末，不是本，所以可以調整改變。但禮無分大小，總應求其合理合宜。而合理合宜即是所謂義。禮文儀節的調整改變，必須以

❽《論語．八佾》。

「義」爲準據，才能合乎事理之宜。

禮記有一句話說：「禮，可以義起。」起，是興作創制的意思。由此可知，禮的制作，必須合乎義律，必須以「義」爲準據。因爲禮的目標，是要使人表現行爲的意義和成就人文的價值。價值的準據，才是制作禮的義律。

義，是事理之當然和人事之所當爲。當然的理和當爲的事，內中含有生活的理序和行爲的律則，這也正是儒家所說的「義」。有了義作爲禮的準據，人就能主動自發地依循「事理之當然」，以爲其「人事之所當爲」。所以循理而行，也就是由義而行。義，即是禮的不變的義律常則。所以任何時代的「禮」，都可以依於「義」來興作創制。

2.時宜是禮之變（權也）：禮、時為大

禮的形成，從典制規範上看，一方面是出於朝廷政府的創制，一方面則是由於約定而俗成。前者屬於禮制，後者屬於禮俗。由於歷史的演變，禮的時效也會隨之而改變，適宜於古者未必適宜於今。所以，禮必須「因、革、損、益」以順時宜。禮記說「禮，時爲大」。這是一句最能把握禮教精神的達旨之言。凡是不切時用，不合時宜的禮，必將爲歷史的潮流「浪淘盡」。這是理所應然，勢所必至之事。（因此，所謂會「吃人」的「禮教」，決非儒聖的禮樂教化。）

孔子說：「殷因於夏禮，所損益可知也。周因於殷禮，所損益可知也。其或繼周者，

雖百世可知也。」[9]後代因襲前代之禮，也損益前代之禮。禮之中不可變的理（義律），自當因襲承續。其不切時宜的部分，則必損而去之；原先欠缺而爲今世所需的，尤須應時增益而加以創制。有了因革損益此一原則的運用，「禮」就可以因「時」制宜以顯示它的「時效性」；也可以因地因事而制宜，以顯示它的「實效性」。儒家的「禮」之所以能夠貫串百代，日新又新，而永爲社會之綱常，自非偶然。（今後，新的禮樂教化如何創制？雖一時無從說起。但念念想著「以義起」「時爲大」，便遲早可以一步一步做出來。）

四、仁義本心何以不安不忍

孔子講的「仁」，孟子講的「本心、良心、四端之心」，都是實體性的道德的本心。是「天所與我」「我固有之」、「人皆有之」的。[10]愛親敬長的良知良能，是「不慮而知，不學而能」[11]的先天本然之善，故朱註引程子曰：「良知良能，皆無所由。乃出於天，不係於人。」這是內在於生命之中的先天的善根。它絕不是假設，而是實有的善。

孟子又指出人心有所同然。「心之所同然者，何也？謂理也義也。聖人先得我心之同

---

[9] 《論語・爲政》。

[10] 按，此三詞語，皆見《孟子・告子上》第六、十五兩章。

[11] 語見《孟子・盡心上》第十六章。

然耳。故理義之悅我心，猶芻豢之悅我口。」⑫心悅理義，實亦涵著心即理義。聖人之所以爲聖人，並非稟性與人有異，而是聖人先得我心之所同然。人能存養擴充這同然之心，便也能隨時興起希聖希賢之志，而表現出善言善行。

人的同然之心，是活潑潑的道德心靈，它隨時在醒覺狀態中，隨時在具體感應中。它感是、感非、感善、感惡。凡有不是、不善，它必不安，它必不忍。孔子從「不安」指點仁義之心，孟子從「不忍」指點仁義之心，都是最具體最親切的指證。孔子之言，見於他答宰我問三年之喪：「君子之居喪也，食旨不甘，聞樂不樂，居處不安。故不爲也（謂居喪之時，不「食夫稻，衣夫錦」）。今汝安，則爲之。宰我出，子曰：予（宰我名予）之不仁也。……」⑬

孔子言仁、論仁、答問仁之言甚多，而此處以心之安不安作指點，是要人隨時反求於心，自覺省察。這裡的確是是非的分界點，是善惡分判的緊要關頭。有所感，有所覺，則必有所不安。無所感，無所覺，則必麻木不仁。

對這仁義之心，孟子又從「不忍」作指點：

> 人皆有不忍人之心……所以謂人皆有不忍人之心者：今人乍見孺子將入於井，皆有怵惕惻隱之心。非所以內（納）交於孺子之父母也，非所以要譽於鄉黨朋友也，非惡

⑫ 語見《孟子·告子下》第七章。

⑬ 《論語·陽貨》。

其聲而然也。⑭

不忍亦即不安。孔子從不安指點仁，孟子從不忍指點仁，其義一也。對於他人之受苦痛、受飢寒、受委屈，或者見到他人面臨生死危難之時，人都會流露不安不忍之心。此不安不忍之心，實即仁心，亦即人先天本有的善性。孟子所謂怵惕惻隱之心，即是驚駭恐懼、悲憫不忍之心。當人們忽然之間看見一個剛剛會走路的小孩即將掉入水井，這時候任何人都會陡然受驚，即時呈露悲憫不忍之心而衝過去抱救小孩。孟子舉此例證以指點人人皆有仁心善性，可謂最具體，最眞切。在此，有一個意思不可忽略。「乍見」二字，是表示這時候的「心」，是在沒有受到「欲望裹脅」的情形之下而當體呈露的。這是本心的直接呈現，是眞心的自然流露。所以去抱救那個即將入井的小孩——

第一、既不是想要藉此與小孩的父母攀交情；

第二、也不是想要得到鄰里親朋的讚譽；

第三、更不是擔心假若不救小孩就會使自己受到見死不救的惡名聲。

總之，不是爲了任何利害的考慮或欲望的驅使，而完全是「眞心呈露，隨感而應」，完全是

⑭《孟子・公孫丑》第六章。

「良心之直接呈現，天理之自然流行」。在此，根本不需要向外去尋求一個什麼理由。孟子直接就此人人皆有的怵惕惻隱之心（不安不忍之心），來指證性善，眞可說是「直截簡易」之至。

說到這裡，可以回歸本節標題「仁義之心何以不安不忍」？答案是如此：仁義之心，乃是活靈之體，也是寂感眞幾。它隨時感，隨時應。它不但感是感非，感善感惡，也感吉凶禍福、利害得失。它安於是，安於善，安於吉、福、利、得；安則能忍（容忍、接受），此時之心，安和安泰，容受嘉善。反之，它不安於非，不安於惡，不安於凶、禍、害、失；不安則不忍（不能容忍，不能接受），此時之心，既不安，也不忍，於是便憤悱不容已地「是其是而非其非，好其善而惡其惡」。接下來更由好善而爲善，由惡惡而去惡。好惡既得其正，天地間一切「眞、美、善」的價值，也遂一一得其護持，得其成全矣。

五、文化理想乃人類永恆的嚮往

二十世紀的新儒家，常常提到「文化理想」這個詞語。三十年代，新儒家第二代的唐君毅先生，更曾連合友人辦了一個雜誌，名叫「理想與文化」。意思很清楚，講文化不屬於事務性的工作，必須有理想的嚮往。而理想也不能掛空地講，而必須落實於文化。簡言之，沒有文化就沒有理想，沒有理想也不可能有文化。儒家被定性爲「道德的理想主義」，也是同樣的原因，同樣的理由。道德不是教條，而是本乎道德意識永不間斷的善的要求，善的要求也即理想性的要求。道德必須是理想的，理想也必須落實於道德。不合乎道德的理想，乃是非理性的妄想，失去理想的道德，也必然是僵化的道德教條。

而眞正說來，文化理想並不限於一時一地一事，它是普遍的，也是永恆的。所以本節標題，認定「文化理想」乃是「人類永恆的嚮往」。沒有理想就沒有嚮往，而理想之所以爲理想，卻正是由於它不易實現，甚至根本難以充分實現。因此，下面這句話是不容否認的：

理想，乃是一個永遠的未實現。

因爲未實現，所以才要求實現它。猶如《周易》六十四卦，終於「未濟」。既然未濟，便應該求其濟，所以接下來才有自強不息，才有永恆的努力。理想雖未實現，但它永遠是我所嚮往的。一日不實現，便一日嚮往它，一生一世不實現，便一生一世嚮往它。這個嚮往是永恆的。何以說嚮往是永恆的？因爲它是理性顯發的嚮往。而理性的嚮往當然永恆不變。因此，第二句話便是：

理想，乃是理性永恆的嚮往。

永恆的嚮往，涵著永恆的奮鬥，而永恆的的奮鬥，更涵著無限的信念，無盡的莊嚴。

二十世紀的中華文化，如所周知是處於極爲衰微的狀態。從五四全盤西化到文化大革命這一大段破壞傳統摧殘傳統的過程，是人類文化史上前所未有的大翻騰。中華民族經歷了如此嚴重的大風暴大劫難，而終能起死回生，更是人類史上空前的盛事！由此可知，儒家講「文化理想」，並非徒託空言，而是眞正有此實理，而又能顯發爲實事的。「前程無限極，理境相續開」。作爲中華文化主流的儒家，其慧命有如「鳶飛魚躍」，是永遠鮮活的。而當代新儒家在二十世紀後半所做出來的貢獻⑮，更可視爲人類文化思想史上一大奇蹟。

六、結語：我們追隨「聖之時者」

古今遞變，前後相隨。在長遠的歷史大流裡，中華民族經歷了多次大開大合的演變，而二十世紀尤其屢經顚風巨浪，是眞正「歷劫」而「重生」。然則，二十一世紀以後的華夏子孫將追隨誰呢？我們的回答是：

追隨「聖之時者」。

我們不能追隨天才，天才是不可學的。我們也不能追隨英雄，英雄生命飛揚跋扈，守

⑮ 按，當代新儒家的貢獻，可以從各方面去說。筆者嘗歸爲五點：1.闡明三教，2.開立三統，3.暢通慧命，4.融攝西學，5.疏導新路。見蔡仁厚：《孔子的生命境界：儒學的反思與開展》（臺北：學生版），卷中，第伍文〈當代新儒家的回顧與前瞻〉，頁一八七—二〇九。

不住理性原則。我們只應追隨秉持理性原則的聖賢。但聖賢人物中，有聖之狂者（任者），有聖之狷者（清者），還有和光同塵的聖之和者。孟子已然表明，他不學伊尹，不學伯夷，不學柳下惠，而說：「乃所願，則學孔子也。」⑯學孔子的什麼？學孔子的「時中」之道。孟子又有「必歸於儒」⑰的話，歸於儒並非歸於作爲學派之一的儒家，而是歸於儒家之道。什麼道？當然是「時中」大道。

胡適之氏，曾經告誡青年不可被人牽著鼻子走。這本是一句好話，要人獨立自主。但在大喊「打倒孔家店」的時候說這句話，結果就可想而知了。更何況五四之時，青年人一窩蜂地崇拜胡大博士，於是冰雪聰明的年輕人，都不願意被孔老夫子牽鼻子，可是卻又詭譎地被胡大博士牽了鼻子而不自知，那時候的青年人竟是如此可愛又復可憐，也是殊爲可怪之事。

如今，我們不想又蹈覆轍，而該清醒一下，要眞正不爲某某「權威」所震懾，不爲某某「先知」所眩惑，不爲一時的「新潮」所掀動……，只老老實實地「唯理是從」、「義之與比」。只眞眞正正地順應時宜、地宜、事宜。於是，我們「必歸於儒」，我們「追隨孔子」。但我們大中至正，無所偏取。因爲我們追隨的是「聖之時者」，是「時中」之道。寫到這裡，耳際又響起九年前當代數學大師陳省身教授八十歲生日在南港所說的話：

---

⑯ 同註❸。

⑰ 語見《孟子・盡心下》第二十六章。

我們還是信孔子，現在對岸大陸的人也要信孔子。信孔子，正是追隨聖之時者。所以，我願意把這句話，轉獻給二十一世紀的中華兒女。望乞嘉納。

二〇〇〇年 江西《南昌大學學報》人文社會科學版

參、人文與科技之異質相通

一、提振「報本返始」的生活方式

當我們說「源遠流長」時，大家會認爲這是一句好話。可是當你提到「報本返始」時，人家就會覺得你這個人很守舊。其實，正因爲源遠流長，所以才要報本返始；人們既對「源遠流長」有好感，爲什麼卻又不喜歡「報本返始」這句話呢？在此，我要提醒一個意思：所謂報本返始。決不是所謂守舊，而是要從根提振我們的生命。

1. 生命的三個本始

生命的本始，可以從儒家的「三祭」之禮看出來。祭祀本是宗教的儀式，而儒家則把祭祀看做是「禮」，是人文活動的一種方式。所謂三祭，是祭天地、祭祖先、祭聖賢。這三種祭祀活動，都是爲了報本返始。天地是宇宙生命的本始，祖先是個體（族類）生命的本始，聖賢是文化生命的本始。面對生命的三大本始來行禮致祭，就是要使我們的生命通向天地、通向祖先、通向聖賢，以開顯生命的價值，提升生命的境界。可見傳統的三祭之禮具有很大很強的教化功能。可是，現今新式的公寓住宅，裡面只有客廳，而沒有堂屋，也就是說，現代家庭裡面沒有祖先的位置。它只顧生活的利便，而欠缺文化的教養，這是一個很重大的問題。

2.「天地聖親師」的安立及其意義

老社會的家庭，或者有祠堂，有家廟，至少家家戶戶都有祖先的神案，或者安立了「天地君親師」的牌位。辛亥革命之後，沒有皇帝了，我們可以改「君」字爲「聖」字。「天地聖親師」，裡面有天地、有祖先、有聖賢。有人問，聖與師是否重複了？其實並不重複。聖，指聖賢（廣義而言，也概括忠孝節義）。師，則指各行各業的行師以及個人自己的業師。這樣一來，「天地聖親師」的牌位，就可以通用於各行業、各階層了。

在新式住宅還沒有設計出堂屋之前，我的做法就是選擇飯廳的正壁，安置「天地聖親師」的神位（紅紙書寫或木雕神主牌，皆可），再擺上一個香爐，一對燭臺，就可以上香行禮了。在牌位兩旁，我又配了一副對聯：天生地養，盛德廣大；聖道師教，親恩綿長。這樣，全家大小，都可以和天地、祖先、聖賢，相感相親；使只供居住的家，轉化爲與祖先同在，與天地聖賢同在的安身立命之所；使我們的家人、子弟、兒孫，隨時都可以獲得天地生德的流注，獲得祖先恩澤的滋潤，獲得聖賢慧命的啓發。總之，使家裡的每一個人，都能經由「人文化成」而成爲有文化教養的人。

二、人文精神的重建

1.儒、道、墨、法的對比

儒、道、墨、法，是晚周諸子中的四大家。而晚周諸子的共同願望，就是要挽救衰微的禮樂文化。總持地說，四家的終極目的，都是想要「以質救文」。但由於思想方向之各異，成效也大爲不同。到最後，只有儒家孔子的仁教，能夠發揚人文精神，完成文化使命。其他三家，皆未能貫徹初衷。在此，可以用表式做一對比。

道家「自然無爲，致虛守靜」：超人文
墨家「質樸自苦，非樂非儒」：次人文
法家「以法爲教，以吏爲師」：反人文

→

儒家「仁義之德，禮樂之教」合內外之道以化成天下：人文道家的智慧很高，他們歸於主體，做「致虛守靜」的工夫。對於外面世界的一切，包括禮樂、仁義……都看做人爲造作的東西，不合「自然、無爲」之道。雖然道家不否定人文價值，卻也並不積極地來成就人文價值，他們的態度是消極的（不肯定、也不否定），但境界很高，故謂之「超人文」。墨家則太過質樸，以自苦爲極。非樂（當然也非斥貴族的禮教）、非儒，由於全面非斥儒家學術的內涵，結果人文世界只好走向荒涼。道家越過了，而墨家有所不足，故謂之「次人文」。法家「以法爲教，以吏爲師」，從人文的立場看，法家當然是反動的。任何一個文化系統，都是以經典常道爲教，以聖賢（菩薩、神、佛）爲師。而法家卻以「法」爲教，以「吏」爲師，自必形成對人文世界的摧殘傷害（焚書坑儒）。而自古至今，也只有二十世紀的「以馬列爲教，向幹部學習」的共產黨可以比肩。（據此而言，中共的文化大革命，也似乎是歷史註定的劫運：觀念的災害，人文的浩劫。）古今唯二，再無第三例證。（天理也不容有第三例證。）

儒家面對周文衰弊，要求以質救文。周公「先得我心之同然」而制禮作樂，有質（同然之心）有文（禮樂文化）。但到春秋之時，貴族生命開始腐化墮落，這時的禮樂文化已經失去生命眞誠的貫注了。所以孔子說：

人而不仁，如禮何？人而不仁，如樂何？

沒有仁義作爲「質」，禮樂便成爲「虛文」。此時不但「文勝質」，甚至有文而無質。

這樣，文化當然趨於衰微。所以孔子要以仁義之質來支持並充實禮樂之文。然後，「文質彬彬」的禮樂文化（文武周公之業）才有希望恢復而重放光明。

從歷史現實上看，孔子並沒有直接成功；但從文化理想、文化精神上看，則孔子已爲中國文化開發了長江大河，永遠源泉滾滾，「不廢江河萬古流」。孔子當然是成功的，而且是人類歷史上最成功的人。（今後，中國文化與人類文化的發展，也仍將是孔子仁教的推進和開擴。由孔子之仁通向全幅價值世界的眞、善、美，乃是相順的發展，絲毫沒有相逆衝突的地方。）

2.人品、人格、人倫、人道與人文

「人品、人格、人倫、人道、人文」這幾個詞語，可以概括中國文化的全部內涵。而人權與自由，也實涵蘊其中而可以引生發展出來。

(1)、人品、人格：狂、狷、中行與鄉原

儒家講成聖成賢，而孔子孟子卻對狂狷性格特加看重。這是很特別，而又極爲有理的。「狂者」顯發理想，積極有爲；「狷者」持守原則，有所不爲。兩者皆是有其性情的豪傑之士，所以都可以裁成而使之入道。「中行」是天資稟賦特別優厚的人，故能自然順適地成爲聖賢人格。而「鄉原」則是「同乎流俗，合乎污世」的人。他「居之似忠信，行之似廉潔，眾皆悅之，自以爲是，而不可與入堯舜之道，故曰德之賊也。」（孟子、盡心下）孔子孟子皆

對鄉原深惡痛絕，因爲鄉原既「似是而非」，卻又「自以爲是」。這種人不但他自己沒有希望進入道德之門，而且會混淆是非、麻痺人心，是人世間最沒有意思、最不可喜的一種「異類」。

(2)人倫：倫理關係中的常道

儒家建立的五倫，是最基本的人倫關係。其中「父子、君臣」是縱向度的，是上下隸屬的關係。「夫婦、兄弟、朋友」是橫向度的，是左右聯結的關係。這五種關係，縱橫交錯而形成人倫世界的綱維網。如果有人問在五倫之中那一種關係最爲根本？我想一般的回答，都會說是父子。因爲父子是天倫，是五倫關係中的主軸。這個回答沒有錯。不過，如果我們進一步探究五倫關係的構成，我們將會發現，夫婦才是五倫的基始。周易序卦傳曾經說到：「有夫婦然後有父子，有父子然後有君臣，有君臣然後有上下，有上下然後禮義有所錯（措）。」中庸也說：「君子之道，造端乎夫婦。」所以，夫婦才是人倫之大始。尤其在家庭倫理之中，夫婦一倫更是居於中心的地位。

夫婦之道是倫常之道。常，就是不變。夫婦之倫是不可以輕易改變的。男女一旦結爲夫婦，就表示「乾坤定矣」，就應該在倫常之道中「白頭偕老」、「天長地久」。所以「夫婦之道」和「男女之愛」是有不同的。西方人以男女之愛作爲婚姻的基礎，中國人則以倫常之道來完成婚姻的意義。因此，夫婦關係必須是倫常關係，不能只停在男女關係的層次。

(3)人道：把人當人看，直道而行（有理走遍天下）

「把人當人看」，是一句很普通的話，但這句話的意義卻是非常莊嚴。如果不把人當人看，而當作物來看，人就只是迷途的羔羊，只是階級的工具，只是什麼什麼的動物。西方宗教把人看做是原罪之身，有待上帝降恩來拯救（人不能自救）。馬列看人只承認人有階級性，人只是階級鬥爭的工具。而西方世界說到人時，也都是說人是這一類或那一類的動物，譬如人是會笑的動物，是會用工具的動物，是社會的動物，是政治的動物……最好的一句是「人是理性的動物」，但仍然是「動物」，不過有理性而已。我們覺得很奇怪，西方人為什麼不強調「人是人」這句話呢？

如果直接肯定人就是人，則人之異於禽獸（動物）就立即顯示出來。這時，人就可以用人道（直道）作為行事的準則，不必像西方人那樣總是把人拉回到動物世界中去研究人類如何如何。中國人聰明正直（聰明正直之謂神），故能說出「有理走遍天下」這句話。我們可以說，中國人都是人道主義者，而在西方則只能東尋西找地列舉出某人某人具有人道主義的精神。這種文化精神之不同，難道不值得炎黃子孫反思省察！

(4)人文：天理、國法、人情之融通

平常中國人講話，都說「情理法」，情擺在最先。現在有人主張應該改講「法理情」，把法提到前面來。大家好像只注重形式上的順序，而不講求實質上的道理。如果這樣的話，

無論「情」字在先，或者「法」字在先，都未必好。人可以問，爲什麼「理」卻只能居於第二呢？可見排名先後的調整並不能解決問題。而事實上，我們民間另有一句習慣性的講法，就是「天理、國法、人情」。法也好，情也好，都不能違背天理。所以天理當先，國法、人情，次之。

傳統的民間社會，以農民爲主。農民大半不識字，可以說沒有知識。但不識字的農民卻很有教養。他們「懂道理、守規矩、通人情」，無論立身處世，待人接物，都比知識分子更有眞心誠意。他們敬重讀書人，但卻比讀書人更純樸，更平實，更正直。這就是人文教養。他們懂道理，不是來自知識，而是本乎天理良心來衡定是非，分辨善惡。他們守規矩，也不是尊重權威，而是覺得做人做事本當如此，不可亂了尺寸。他們通人情，更不是循私護短，而是將心比己，所以常能爲別人設想。這種人文教養是來自家庭倫常的所謂家教，來自社會的風俗教化。在那樣的生活環境裡，人人安分守己，事事循規蹈矩。天理、國法、人情，自自然然融通而爲一。這樣，才是人文教養，才是人文精神的具體落實。由此可見，周易所謂「以人文化成天下」，這句話已經在中國歷史文化中，得到普遍的體現。

3.人權與自由

(1)萬物一體與對列之局

儒家思想最核心的觀念是「仁」。仁者「不獨親其親，不獨子其子」，也要親人之親，子人之子。孔子要求「老者安之，少者懷之，朋友信之」。孟子也說「親親而仁民，仁民而愛物」。後來的儒者，像程明道、王陽明，便直接說出「仁者與天地萬物爲一體」的話。萬物一體是從精神心靈的感通來說，是對精神懷抱很親切的一種描述。受民族文化薰陶的華人，不但對動物植物有情，對自然山水有情，就是對沒有生命的泥土石塊器皿家具，也有一份愛惜之心。這就是「與萬物感通而爲一體」的仁者情懷。

西方文化是「心物相對」「主客對列」，他們的文化成果，主要有三大項：⑴神與人相對的「宗教」。（人信仰、祈禱，神降恩、赦罪；人與神保持善意的緊張關係。）⑵運用概念來分解對象和規定對象的「科學知識」。⑶通過階級集團向外爭取自由人權，而逐漸形成的「民主政治」。

今天，中華民族正需要從自己的文化生命裡面，自覺地轉出「對列之局」，一方面開出知識之學，以發展科技；一方面採取民主的政治體制，完成民主建國。在這裡，便又關聯到「主體自由」的問題。

⑵主體自由與人權

講文化，講思想，不能只是列舉式地開「人權清單」，而應該歸到主體上來講自由，這才是和人格精神文化價值密切相關的、創造性的主體自由。人類表現主體自由有三種型態：第一是「道德的主體自由」，使人成爲道德的（人格的）存在。第二是「藝術性的主體自由」，使人成爲（廣義的）藝術的存在，這種類型的人品（如天才、英雄、豪俠、才士、高人、逸士之流）表現才性之美，表現浪漫精神（與表現理性精神的聖賢人物有所不同）。第三是「政治的、思想的主體自由」。政治的主體與思想的主體，是同一型態（分解的對列）的不同表現。由前者而發展出民主政治，由後者而發展出科學知識。

中國文化充分地發展了「道德的、藝術的主體自由」，西方文化充分地發展了「政治的、思想的主體自由」。中國文化傳統中沒有出現「公民」這個觀念，公民是「權利義務的主體」，使人成爲政治的存在。民主政治便是落在政治的主體自由上來講的，順此而有「人權」的觀念。

今後，中國文化心靈中的「知性主體」（思想主體），以及「政治主體」（權利義務主體）都必須透顯出來起作用，才能使中國文化也能發展出科學和民主。分而言之，中國文化心靈中的知性主體必須從德性主體的籠罩之下，透顯出來以獨立起用，使它在「主客對列」（心物相對）的格局之下進行認知活動，把認知的內容條理化系統化便成爲科學報告、系統知識。這樣，中國文化自然就可以發展出科學知識來。同時，中國文化心靈中的政治主體也要從仁政王道的籠罩之下，以權利義務主體（公民）的身分落實於體制（如三權分立的制度），這樣，人權自由才能獲得客觀的保障，民主政治才能發展完成。

數十年來，大家習慣於說「西方科學」「西方民主」，其實，這種講法是有問題的。我們已經知道，科學是客觀的知識，民主是客觀的政治制度，二者都是人類理性的表現和創造。西方能，東方也能。以往沒有，今後可以有。雖然各國的國情（文化傳統、歷史背景、風俗習慣、宗教信仰……）有所差異，但基本的體制以及本乎體制而建立的法治，則關乎民主的本質，萬萬不可欠缺。

(3) 基本人權的保障與恕道

各國憲法的基本人權，各有規定。而亞洲第一個民主國家是一九一二年成立的中華民國。從民元約法、五五憲草，再到八年抗日戰爭勝利之後的立憲、行憲，由張君勱先生（當代新儒家的代表人物之一）主稿頒佈的中華民國憲法，就有「基本人權」的規定。而第四條「保障人身自由」，尤其進步而詳盡（共計二百二十餘言）。第九條到十四條規定一般人民不受軍事審判，人民有「居住、遷徙」之自由，有「言論、講學、著作、出版」之自由，有「祕密通訊」之自由，有「信仰宗教」之自由，有「集會、結社」之自由。第十五條到十八條，規定人民之「生存權、工作權」應予保障，人民有「請願、訴願、訴訟」之權，有「選舉、罷免、創制、複決」之權，有「應考試服公職」之權。第十九條到二十一條，規定人民有「依法律納稅」之義務，有「依法律服兵役」之義務，有「受國民教育之權利與義務」。第二十二條到二十四條，規定人民之其他自由，接受憲法之保障。又說，以上各條之自由，不得以法律限制之。公務員違法侵害人民權益，應負刑事及民事責任，人民並得依法律向國家請求賠償。

以上是就我手邊的資料，把中華民國憲法裡面有關保障人民權益的基本規定，簡要地敘述一下，好用來證明本乎儒家的倫理原則和人道精神，來設計基本人權，可以比西方國家更詳實，更合理。這一點，連西化派的領袖胡適先生，也不能不承認。（新儒家主稿的憲法，使得西化派也佩服稱讚，這就表示，肯定基本人權乃是全民族的共識，無可爭議。）

人權問題，一方面要持守普遍共同的原則，一方面也要顧到各國家各地區的實際狀況。西方人服膺他們的所謂的金律：「己所欲，施於人」。所以常常「強人同己」而形成強迫推銷。而儒家的恕道，一方面是「己所不欲，勿施於人」，常能以己心度他心，將他心比己心，絕不強迫推銷，絕不強人同己。而另一方面，儒家又能「己欲立而立人，己欲達而達人」，能「老吾老以及人之老，幼吾幼以及人之幼」。如果依據這樣的道理來推展人權運動，一定可以爲世界人類造福。同時還可以形成東西南北之人都願意接受的約定：凡是不合國情，不合民之所欲的人權規定，都不應該強施於人。同理，某國家地區如有違反人權原則、不合人權標準的措施，也應鄭重自我檢討，並接受國際法定機構的宣導監督。果能如此，則不同社會的人權要求和人權保障，就有可能因地制宜，促其實現。

三、科技之本與科技之用

清末張之洞「中學爲體，西學爲用」的主張，因爲話太簡單，別人可以憑自己的想法做各種不同的臆測，所以眾說紛紜，莫衷一是。甚至，還引出相反的「西學爲體，中學爲用」的說法。這大概是中國讀書人做八股文章的積習太深，總喜歡咬文嚼字，望文生義。而「體」「用」二字，用起來也是團團亂轉的。結果總不免是知者自知，不知者永不能知。有關這類體用的說法，我無意參加攪和。我只想指出一點，在不同的文化脈絡之中，各有其體，各有其用。字同句同而意常有不同。依於此意，我們可以就科技之學來進行一些釐清和說明。

1.科技之本的省察

就人類文化的創造而言，「心」的功能作用是無與倫比的。

心可以上達以合天德，此時，心與形上實體（道體、性體、天理本體）合一。正宗儒家所講的「心」，便正是實體性的道德的本心。道德的本心不只是道德主體，也同時是道德實體，是「心、性、理、道」通合爲一的。儒者既以這種意義的道德本心（德性主體）爲核心，來展開學問的講論，其主旨自必落在成德成人格上，此即所謂「內聖」之學，屬於西哲所謂「終極關懷」。至於「現實關懷」一面，也是順著「不安、不忍、憤悱、不容已」的道德心情，自自然然而感受到、關懷到，所以儒家的政治活動與政教方面的典章制度，都是以道德關懷爲主線而做成。而近代意義的科學知識與民主政治，則一直未能從中國傳統文化中直接主動地發展出來。

但「心」之所以爲心，不可能只有「上達」，它同時也必須「下開」以成就知識。只要歷史的運會與時代的機緣成熟了，它（心）自然會順著具體的感受，轉向「下開」方面以顯發它的功能作用。下開的型態是「主客對列」，心與物形成對列之局，主觀面的心認知客觀面的物（之性質、數量、關係）以成就知識，科學即由此而開出。

據此可知，作爲「知性主體」的認知心，才是科學知識的「本」。而從中華民族的文化生命裡開發科學知識，其中並沒有「相逆衝突」的觀念和事實。問題只在如何自覺地調整文化心靈表現的型態。歸總而言，如何從道德心的「與萬物爲一體」，轉而爲認知心的「與物成爲主客對列」之型態，這就是今天中國文化演變發展的重大關鍵。

2. 科技之用的根據及其敷施發用

道德心是價值之本，認知心是科技之本。禮樂教化的根據在道德心，而科技之用的根據則在認知心（知性主體）。這一個簡單的釐清，是當代新儒家重大的貢獻之一。它破解了五四以來西化諸人的誤解，也可以消解「中學爲體，西學爲用」的疑團與困惑。（簡而言之，每一個文化系統都有體有用，西方文化也自有其體用：知性爲體，科技爲用。但站在中華民族的立場，傳統文化的「本」（道統）永遠是「體」，而以科學民主爲基本內容的文化（學統、政統），對於中國數千年的文化大統而言，則理所當然地是置於「用」的地位。只要大家不再隨意拉扯，這個意思自可形成共識。）今天中國既然需要科學知識，就必須從民族文化心靈中透顯「知性主體」（科技之本）。知性能透顯出來以獨立起用，中國就能自本自根地發展出科學，否則，科學便無法出得來。

中國的文化傳統，一直以道德心爲主綱。而儒家的講論，更是以「常理常道」爲主。但儒家的立場，不只是守常，它也要求應變。儒家很清楚，「理、道」雖然恆常不變，但「表現理道」的方式（含典章制度、風俗儀節等），則必須「隨事而變通，因時而制宜」。這樣，才能「日新又新」以得「時中」。

在「安身立命」，這方面，以儒家為主的中國文化，本來就有大中至正、周至明達的基本道理和實踐規路。就此而言，儒家與佛教、印度教、基督教、回教，屬於同一層次，而各自成型，各有勝義。對於這些大教，無須較長論短，而應彼此相互尊重，增進了解。如能秉持孔子「和而不同」的精神，做到「雖不同而能和」，就算是人類之福，也是文化會通初步的圓滿。

但在現實層的事宜上面，各大文化系統之間就有較大的差異，甚至不無矛盾衝突之點。在這些點上，大家應該先把心靈打開，不存成見，虛心比對，然後經由觀摩學習而截長補短。如能做到「道並行而不相悖」的地步，也就庶幾乎「可」了。

中華民族雖然具有高度的科學心智，數千年來也成就了許多實用性的知識和技術（如英人李約瑟《中國科學文明史》之所述），但畢竟沒有從文化心靈之中凸顯知性主體以開出「知識之學」。也就是說，中國人雖然用他們的聰明靈巧，發明了許多知識原理和實用技術，但中華民族的文化心靈，卻一直未曾以「主客對列、心物相對」的形態（方式）來展現認知活動，以開出知識性的學問。因此，有關「開物成務」和「利用厚生」的知識條件，實在有所不足。今後必須自覺地作一步調整，才能使文化心靈中的知性主體，從德性主體的籠罩之下透顯出來，再隨順事理時宜而充分地「敷施發用」。

3. 文化生命相順的發展

從哲學思想上作考察，儒家的傳統也本有知性主體的透顯。先秦時期的荀子和南宋時期的朱子，這二大家所講的「心」，都屬於知性層的認知心。因此，從儒家思想中透顯知性主體以成就科學知識，實也有其現成的觀念線索作爲根據，而這一步演進也應該是相順的發展。

如果人問：儒家傳統裡既然有知性主體的透顯，爲什麼二千年中卻未能發展出科學來？我們的回答主要有三點意思。

首先，我們必須了解，文化心靈表現的形態，各有專向，各有偏重。中國文化心靈的表現是以德性爲主綱，以成德成價值爲本。所以，雖然荀子朱子所講的「心」是知性主體的認知心，但荀子朱子講學的重點，仍然是內聖成德與仁政王道的價值實踐。他們所積極關懷的不是知識問題，而是道德價值的問題。

其次，在中國千百年的歷史中，凡是遇上知識技術上的問題，以中國人的靈巧和勤力，大概都可以隨時隨宜而加以處理，即使遇到較爲困難的問題，天下也常有奇才異能之士來負責解決。所以歷來儒者講學，都是以生命爲中心來講求安身立命和淑世濟民的道理，而並沒有直接落在知識問題上來研討講究。因此，知性主體一直未曾從德性主體的籠罩之下透顯出來以獨立起用。因此沒有開出知識之學的傳統。但以往沒有開出，今後可以開出。這裡根本不存在本質性的困難。

再次，中國在科技上的落後，也不過是這二三百年的事情。西方近世的科技發展，要到十八世紀才顯示巨大的威勢。而三百年前，西方的科學知識與實用技術，也並不比中國強。在鄭成功的時代，中國還能在很多方面領先於西方。所以，我們不必因爲這二、三百年的落後，便把自己的文化傳統一筆抹煞。只要時機到來，條件成熟，中國文化自然可以發展出科學知識。

二十世紀的中國，幾幾乎爲西方強勢的文化所衝垮，中國一再步步後退，一步步受挫，而也一步一步醒覺。先是近半世紀以來當代新儒家全面性的大反省、大覺悟。而最近十年的大陸學界，也因爲文革浩劫結束，自然而然地回歸中華文化，回歸孔孟儒家。而所謂現代化，也漸能脫開中共「四化」的教條模式，而注視當代新儒家通過理性反省的諸多判析。從文化心靈的大趨向看來，人文與科技相對反的矛盾衝突，也已經轉向「存異求同」的路上來了。（知識界如能進而認取「理一分殊」以及「直貫」（創造）與「曲通」（認知）的調酌配合，中華文化的開新之路，便可以漸漸步入坦途。）

四、結語：人文與科技之異質與相通

如上所述，人文要求「理、道」的提振弘揚，科技則求取「物、事」的落實成就。兩者性質不同，層次不同，而同屬文化價值的基本內容。所以人文與科技是異質而相通的。人文精神與人文理想，古今同在，在此可以說「返本」，而且也「必須返本」。返本不是復古，更不是開歷史的倒車，而是要回歸「以仁爲中心」的文化傳統，暢通「以仁爲本根」的文化生命。我們如果不能重新開發「源頭活水」，中華文化的「滾滾江流」將有枯竭乾涸之虞。當代新儒家之所以倡說「返本開新」，正是要糾正五四以來的謬誤，以暢通民族文化生命的坦途。據此而言，可作二點說明：

第一、開新是要拓展新的文化道路。使「眞、善、美」交融會通，同時予以成就。這一個原則性的說明，非常重要。有了這個原則，便可以避免宗教上的排他主義，以及學術上的「唯理智」「唯科學」之偏執。而「道德宗教、文學藝術、民主科學」，也因而可以同時成爲文化價值中的重要內容。

第二、開新是要開發新的文化內容。五四救國運動之同時，又有所謂新文化運動，其內容歸結爲「民主」與「科學」。但一個國家民族，不能僅僅重視「政治、知識」，而且民主的實踐和科學的發展，都必須以「公益」爲目標，以完成人文世界中事業與價值之多元並立。文化的內容，是多層次、多方面的。大小、高下、剛柔、動靜……皆須一一成就，這才是易傳乾象所謂「乾道變化，各正性命」的道理。

文化的開新，當然是中華民族自己的事，不能靠外國人替我們去完成。所以新的文化道路與文化內容，都必須回歸於民族文化生命的根源處，才能開得出來。天地間不可能有「無本之新」。沒有本根，何來枝、葉、花、果？凡是從外面拾掇而來的，都是和自己生命不相干的。不是「根生土長」的東西，決不可能長久。西方的近代文明，以「民主、科學」爲主綱。這是文化中間層的東西，西方先有了，我們也要有，以前沒有，現在我們決定要有。但這不能從別人手中拿過來，每一個民族都必須自己去成就，你成就它，它才是你自己的，才能成爲民族文化的新內容。否則，便只是「稗販」而已。稗販而來的東西，既不是自己生產的，也不是自己創造的，當然更說不上是文化開新了。

【附識】

本文討論人文與科技之異質相通，以及民族文化生命之返本開新。全文皆直接順就文化問題與文化心靈表現之型態而立論。無須加作注釋，特此說明。

一九九九年八月　亞太綜合研究（社會人文）論文集

肆、現代儒學與二十一世紀

儒家有二千五百年的傳統，是人類世界中綿衍最長久，影響最廣遠，道理最平正，精神最開擴的大學派。在終極關懷（安身立命，內聖成德）一面，儒家的仁教，可與世界上幾個大教比並相匹。在現實關懷（政經社會，外王事功）一面，儒家雖然未曾充分實現它自己所倡導的「天下爲公，世界大同」的理想，但在十八世紀以前，也並沒有任何一個文化系統比儒家做得更好。而近半個世紀以來，當代新儒家自我反省之深透，自我批判之嚴格，自我期許之堅卓，也遠非其他宗教或學派所能望其項背。然則，儒家心靈之開放而不封閉，儒家生命之鮮活而不僵化，儒家義理之有經有權，有常有變，實已毫無疑義。

我一直關心中國文化，關心儒家學術，所以數十年來本乎一己學知之所得，心不容已地發爲議論，撰爲文字，除了專著《孔孟荀哲學》、《墨家哲學》、《宋明理學》、《王陽明哲學》等書之外，論文講錄，亦每隔數年便類編成冊，交付出版。如《新儒家的精神方向》、《儒家思想的現代意義》、《儒學的常與變》、《中國哲學的反省與新生》以及《孔子的生命境界：儒學的反思與開展》等。我這些論著，雖未必對儒學的發展有多大貢獻，但總是我貫注精誠而留下的一份紀錄。

一、儒家學術性格之省察

儒家有久遠的傳統，當然有它的義理規模、思想體系、理論主張。但儒家的學術，實在是常理常道的性格。它既不同於「一家之言」的諸子百家，也不同於分門別類的專門知識。二千多年來，儒家所積極講論的，一直以常理常道為主。孔子講「仁」，孟子講「心性」，《中庸》《易傳》講「天道性命」，《大學》講「誠意慎獨」，以及程明道講「天理」，王陽明講「良知」，既不是專為某一階級、某一地區而說，也不是專對某種族、某國家而言，而是對整個人間社會乃至整個萬物世界而講說。所以儒家所著重講論的，並不是一套特殊的理論主張，而是有普遍性和永恆性的常理常道。

儒家當然也了解，「理、道」雖恆常不變，但「表現理道」的方式（含典章制度、風俗儀節等），則必須「隨事而變通，因時而制宜」。該繼承的當然因襲下來，該變革的自應革而去之，多餘的必須酌予減損，不足者理當隨時增益。有了「因革損益」這一個隨宜變應之道，儒家就具備了「守常以應變」的思想和智慧，而可以「日新又新」，相續發展。

多年前，我曾將儒家思想的基本旨趣，約為八端：

1.「人性本善」的道德動源（善出於性，理由心發）。
2.「天人合德」的超越企向（下學上達，與天合德）。
3.「孝弟仁愛」的倫理思想（敦親睦族，仁民愛物）。
4.「情理交融」的生活規範（以禮為綱，以法為用）。

5.「生於憂患，死於安樂」的人生智慧（以理逆勢，以理造勢）。
6.「因革損益，日新又新」的歷史原則（守常應變，與時俱進）。
7.「修齊治平，以民為本」的政治哲學（好民所好，惡民所惡）。
8.「內聖外王，天下為公」的文化理想（己立立人，世界大同）。

據此八端，可以看出儒家學術的基本觀念及其具有代表性的思想，都可以作為「人類生活的基本原則」和「人類文化的共同基礎」。

二十世紀以來，儒家倫理的形式架構，雖因時代社會之轉型而顯示散塌之象，但從原理原則看，儒家倫理仍然具有很大的適應力，亦可以顯發順時變應的文化功能。近代的工商文明雖然起自歐美，但近數十年來，東亞地帶工商企業的蓬勃發展，不但使歐美感受到強勁的競爭力，而且迫使西方學者來探究此一地帶新興經濟的精神因素。他們發現，工業東亞（自日本、南韓到臺灣、香港、新加坡），都屬於儒家文化地帶，因而認為儒家的倫理，乃是此一地帶經濟發展的精神動源。

儒家倫理教人「勤勞、敬業、互信、和諧、合作」，同時講求「日新又新，隨時求進」，並採取中庸的和平改革，反對激進的「暴烈手段」。這些倫理的原則，都有助於「政治的穩定，社會的和諧，企業的發展，經濟的繁榮」。同時，儒家素來重視「教育事業」，而教育的普及，又可直接有助於「人才的培養」、「知識的進步」以及「科技的運用」。西方學者能理解到儒家倫理是東亞經濟發展的精神因素，不能不說是有識之言。

當然，東亞經濟的發展，還有「政治體制」「社會結構」「法律制度」等的因素（此中含有西方文化之影響），而儒家倫理只是其精神的動力。所以，我們並不認爲單靠儒家倫理即足以創造經濟繁榮；而只是指出，受過儒家倫理薰陶的人民，在自由開放的社會裡，很容易表現出一種大體相同的品質，當這種品質融入到現代企業，它就會在默默中產生轉化，將傳統社會的「教化功能」轉化爲現代社會的「企業精神」。

二、現代儒學順傳統而推進

儒學的義理系統，在先秦時期便已奠定了基本模型，到宋明時期的理學，雖然受到佛老的刺激，也採用了一些二氏的名相詞語，但無論本體論、工夫論，都是順承先秦儒而調適上遂，理學家有關心性義理的講論和工夫實踐的指點，基本上都是順承先秦儒而來，實與佛老無涉。（即使「靜坐法」，也只是一種助緣。而理學家的靜坐，也與道家之打坐、佛家之坐禪，意趣、目的，皆不同。）

當代新儒家對於儒家的大傳統，不但有所承續，也有開拓，有推進。先秦儒家講內聖成德，也講「利用厚生」（尚書），講「開物成務」（周易），當代新儒乃順應時代之要求，通過反省批判而倡導「新外王」（吸納民主科學爲外王之新內容）。對於宋明儒學義理之開展與系統之分化，也已作了極爲中肯相應的講述，有關心性義理、本體工夫的闡釋，可說已經達到前所未有的明徹。由於「新外王」的開發，也補救了宋明儒「內聖強而外王弱」的遺憾。另外，對於理學家「闢佛老」的立場和苦心，雖然也能理解而加以肯定。但當代的新儒家則只「辨」佛老而不再「闢」佛老，對於儒、釋、道三教的義理系統，皆能一視同仁，進行全面的詮釋和表述。這是當代新儒家較之宋明儒更為開擴的精神表現。

當代新儒家比之五四時代的中國知識分子，也有很大的推進。五四時代的人，對西方文化一知半解，對中國文化更是隔閡無知而心存厭棄而仇視傳統，所以高喊「打倒孔家店」而主張「全盤西化」。經過大半個世紀的深切反省，當代新儒家看出「科學、民主」是近代西方的輝煌成就。而這二項成就又都是人類理性的表現。儒家「尊理性」，當然肯定科學和民主的價值。而且，從中國重德性的文化心靈中開顯知性以發展科學，並沒有思想觀念上的阻礙。從「民本、民貴」的思想落實於制度以完成「民主體制」的政治建國，也是順理成章的事，並沒有本質性的困難。所以，從中國文化（或儒家）的系統中發展出科學、民主，正是文化生命的充實開擴，也是儒家外王事功之學的新的開展。

同時，近十多年來，當代新儒家所提揭的文化理想，也已漸次獲得中國大陸日益增多的知識分子的認同，而馬列唯物意識形態之糟蹋孔子、摧殘中國文化生命，乃是一項歷史性的大過罪。好在當前中國的文化風向，基本上是回歸孔子，肯定儒家。而如何使之更落實、更深入、更中肯、更契合，就必須念茲在茲，繼續努力了。

三、二十一世紀的儒學

在這跨世紀的時際，我們應可作一預言：儒家的智慧方向，將可成為人類文化思想的主流。何以故？簡而言之是因爲儒家有一個「時中」之道。(1)時中的「中」，是不變的常道，大中至正，不偏不倚，而又無過無不及。這樣的道理，當然是天下的大本，永恆的眞理。(2)時中的「時」，是應變的原則。《禮記‧禮器》云：「禮，時爲大」。典章制度，生活規範，都是禮。禮以「時」爲大，表示儒家之禮，並非一成不變，而可以應時而作，隨宜調整。(3)時中之道雖是常道，但卻不是固定的。固定的中道，是死中，不是時中。只有順應時宜，日新又新，才能隨宜變應以得時中。有了時中之道，便能守常以應變，萬古而常新。

1.三統三綱領的貫徹完成

二十一世紀的儒學，仍將前有所承，後有所開。首先，文化傳統中的「道統」(以儒聖之道爲代表的民族文化之統)，必須延續光大。這是承先、繼往。其次，以希臘傳統爲代表的知識之學，是「學統」之所在(中國以往所說的學統，實指聖賢之學，聖賢之學應該歸屬於道統。所以牟先生主張，「學統」二字，應指知識之學，可以讓與希臘傳統使用)。儒家除了光大道統之外，還須反求諸己以疏通文化慧命，由德性主體開顯知性，發展科學以自本自根地開出學統。復次，政治方面也有所謂「政統」，這是就人類歷史上的政治形態而說。無論東方西方，都經歷了「貴族政治」、「君主專制政治」這兩種政治形態。而十八世紀以來，西方漸次建立「民主政治」的形態，中國也從辛亥革命開始而走到這一步，可惜到現在尚未全面成功。

道統、學統、政統，可以概括人類文化的主要內容，每一個民族都必須自我實踐而具備之。而儒家所講的內聖外王，恰好可以概括三統，道統屬內聖成德之教，學統、政統則屬於外王事功。因此，二十一世紀的儒學，也仍須繼續貫徹，以完成下列三大綱的文化使命。

第一、光大內聖成德之教，以重開「生命的學問」。（這是人人都必須正視的安身立命的問題。）

第二、開出法制化的政道，以完成民主建國的大業。（這是各個民族共同的要求和莊嚴的奮鬥。）

第三、調整民族文化心靈的表現形態，以開出知識之學。（這是儒家外王學要求「開物成務」「利用厚生」所必須具備的知識條件和技術條件。）

這「三統」「三綱領」的文化使命，如果在二十一世紀仍然無法充分完成，就應該持續努力，以期達到圓滿成功。

2. 追隨「聖之時」以學習孔子的智慧

孔子是「聖之時者」，他「以人爲本，以生命爲中心」的智慧方向，是人類永恆的南針。茲舉三端以明其旨：

(1)天人合一（本天道以立人道，立人德以合天德）

依儒家義理，天道與人道，天德與人德，是相互回應的。所謂「天人合一」就是從這裡說。而「天道性命相貫通」，也正是儒家哲學最基本的義理骨幹。生生之仁，不息之誠，無私之公，乃是天道人道、天德人德共同的內涵。基於這一系義理而展開實踐，自可使人生與宇宙相通、道德與宗教相通，以獲致生命心靈的大貞定與大安頓。因此，從根本處、原則處來看，儒家哲學所顯發的精神方向和文化理想，實在最爲平正通達，也最爲高明深遠，而可以適合於全人類來共同努力，求其實現。

(2)仁智雙彰（以仁為體，以智為用）

仁，可以通內外。智，足以周萬物（周，謂周遍、遍及）。無論就個人之成德或文化之功能而言，「仁智雙彰」的模型，都是最優越的。

首先，由仁的感潤通化，而成己、成人、成物，這是從「體」上顯發出來的最爲普遍的善意，它可以感通於人類，通化於萬物，而達於「民胞、物與」的境界。其次，由智的明覺朗照，而知人明理，而開物成務，而利用厚生，這都是「智周於物」而顯示的大用。而且，由於以仁爲體、爲本，智之「用」也可以導入道德的規範，以完成價值性的要求。所以，儒家仁智雙彰的哲學模型，也是人類哲學所可以共同採取的，至少可以提供其他哲學系統作爲觀摩反省的借鏡。

(3)心知之用（與物無對，上達以合天德；與物為對，下開以成知識）

心，可分爲「道德心」、「認知心」來加以講述，也可以總合爲「心知」這個觀念來作說明。人類的心知，可以上達，也可以下開。心知的上達之路，是通過良知明覺以成就聖德，以臻於天人合德的境界。在上達這方面，心知的表現是「與物無對」，是消融了主客對待，而與天地萬物爲一體的。而心知的下開之路，則是通過良知的「自我坎陷」轉而爲認知心，使心知之明「與物爲對」，而形成主客對列之局；以主觀面的「能知」來認知客觀面的「所知」，如此則可以成就科學知識。這下開一面，便是今後儒家所必須面對而且必須完成的時代使命。

最後，筆者再簡單提幾點意思，作爲對人類進入二十一世紀的鄭重贈言。

第一、在「個人修身」方面，我們要學習「智、仁、勇」。所謂智者不惑，仁者不憂，勇者不懼。如何來做呢？孔子說：「好學近乎智，力行近乎仁，知恥近乎勇」。

第二、在「家庭倫理」方面，我們要學習「孝、弟、慈」。對父母孝順，對兄弟友弟，對子女慈愛。人的生活不能離開人倫綱常，所以明儒羅近溪說：「家家戶戶，皆靠孝弟慈過日子也。」

第三、在「社會教化」方面，我們要記取孔子的指點：「興於詩，立於禮，成於樂」。社會上的男女老幼，如果都能受到「詩教、禮教、樂教」的薰陶，就能興發情志，貞定生命，陶冶性情，而成爲一個健全的人品。

此外，像「學不厭，教不倦」，「發憤忘食，樂以忘憂」這種永遠上進的精神。像「和而不同」，不強人同於己，也不苟同於人；既尊重對方，亦自守自信的原則。像「成人之美，不成人之惡」，這種與人爲善、愛人以德的立身處世的態度。這等等隨手拈來的嘉言懿訓，在在都是我們應該學習記取的。十年前，數學大師陳省身博士在他八十大壽的壽宴上說：

我們還是信孔子。

現在對岸大陸的人也要信孔子。

輕輕一言，何等順適自然，何等眞樸實在！好，就讓我們衷心追隨「聖之時者」的孔子吧。

一九九九年十一月　漢城中央大學文學院學術會議論文
二〇〇〇年一月　中國文化月刊二三八期發表

伍、孔子智慧與二十一世紀

一、對孔子之道的整體省察與基本了解

1. 孔子、五經、常道

中國文化通過夏商周三代的蘊蓄發展，而凝成華夏文化的原初形態，是即二帝三王所代表的「道之本統」。再經過孔子的點醒開發，轉王者禮樂爲成德之教，使中國文化達到第一階段的圓成。孟子所謂「孔子之謂集大成」❶，這句話是具有眞實意義的。所以，孔子以前，是中國文化的「源」，孔子以後，便是中國文化的「流」。二千五百年來，中國文化的開合發展，都與孔子之道息息相關。

孔子之道，無論你指稱它爲仁道、中道、或聖道、儒道，它總是一個生生之道（不是不仁之道、死亡之道）。天道生生，仁道也生生。宇宙萬物生生不息，人文價值（眞、美、善）也生

❶ 語見《孟子．萬章下》。

生不息。一個生生不息的道，是日新又新，相續不絕的。所以，孔子之道雖有隱顯，卻永無斷滅。

孔子以前的文獻是「五經」，這是中華文化的原典。先秦諸子出來，各自著書立說，不再珍惜這套原典，唯獨孔子把這民族文化的家業繼承下來，於是五經乃專屬於儒家，再加上儒家人物的持續努力，便自然形成它在中國文化中的主流地位。

何謂「主流」，不只是從諸子百家齊頭並列中脫穎而出，而是因爲他繼承了民族文化的大統，所以成爲主流。代表這文化大統的文獻根據在「五經」。經者，常也。常理常道是立國的常經大法。在《漢書·藝文志》裡，六經和論語，著錄在「六藝略」，諸子百家，著錄在「諸子略」，「經」和「子」的身分地位，有如根幹和枝葉，不可相提並論。儒家本乎五經而開發的，並非私己之見，而正是常理常道。常理常道是恆久不變的理，是人所當行的道（路）。所以儒家學術不同於一般的專門知識，而是人們日常生活的軌道和依據。離開了常理常道，人就不能表現生活的意義，不能成就人生的價值。而孔子所講的「仁」，孟子所講的「怵惕惻隱之心」（本心、不忍之心），正就是這常理常道最內在的根核。

由此可知，儒家一方面繼承民族文化的傳統，一方面又能開發常理常道。它既是諸子百家之一，同時又代表民族文化之統（道統）。由於儒家具有雙重身分，所以其地位高於諸子百家。尊儒，不只是尊諸子百家之一的那個儒家，而是尊儒家所承續光大的民族文化之統。儒家在中國文化中的「主位性」，從孔子整理六經開始，就已經確定了。再經過歷代儒者的護持與弘揚，更使得這文化的主位性和儒家緊密合一而不可分。這是歷史形成的事實，不是任何人所能強調出來的。

2.從先秦到兩漢

在先秦諸子中，甲、道家以「致虛守靜」爲修證工夫，其目的是要恢復自在的心境，求得心靈的自由，以達於逍遙無待，獨與天地精神相往來的境界。他們只重視個體性的精神自由，對於社會的禮樂教化、國家的政治事務，則輕忽而不加重視。乙、墨家提倡「兼愛」「非攻」，重視社會正義、國際和平，嚮往一個愛無差等的社會；但卻忽視禮樂教化以及國家的價值和責任。至於個體生命獨立的地位，也爲墨家所疏忽；尤其在墨者集團嚴格的紀律之下，個體性的價值很難得到伸展和實現。丙、法家特重「君國」之利，在他們眼裡，人只是一個耕和戰的工具，至於人品、節操、才學、藝能，則一概加以貶抑甚至抹煞❷。對於社會的倫理道德禮樂教化，也採取敵視的態度，而主張「以法爲教，以吏爲師」❸。可見法家只重國家，而輕忽個人和社會。總之，道墨法三家皆有所偏，他們雖然各有所得，也各有所失。結果，只有丁、儒家才是大中至正，無所偏失。無論個人方面的人格、品節、思想、才

❷ 參《韓非子．五蠹篇》。

❸ 按、韓非、李斯，皆有是言。不以五經爲教，而以法令爲教；不以聖賢爲師，而以官吏爲師。此即法家之價值取向。

藝；社會方面的人倫常道、禮樂教化、公益事業；國家方面的建國創制、設官分職、以及保民養民的政治措施；這三方面同時兼顧並重，一一予以成全。

結束戰國時代的是秦朝，秦始皇的政治是法家主張的變本加厲，正所謂「大敗天下之民」❹的苛暴之政。暴秦過去之後，是漢朝。由於秦政苛虐暴烈，加上楚漢相爭，天下元氣大傷，於是「清靜無爲，與民休養生息」的黃老之術應運而生。但等到休養生息夠了，社會日漸繁榮，地方封建勢力日漸膨脹，政治經濟，風俗教化，以及匈奴外患問題，越來越嚴重。在這種情形之下，清靜無爲的黃老之術沒有用了。大勢所趨，一定是順著學者思想家們「反法歸儒」的方向走。而這個含有文化意義的時代使命，要靠漢武帝來完成。

漢武帝面對三重建國的問題。第一是國防建國，主要是解決匈奴的問題。第二第三是政治建國和文化建國，在當時叫做「復古更化」（恢復三代古制，革除苛法暴政，重開禮樂文化）。這是一個「政治」和「教化」雙管齊下的運動，在基本的精神方向上，可以歸結爲三點：

(1)尊理性、尊禮義：這是針對黃老之術的不足而發。

(2)任德教，不任刑罰：這是針對法家的煩苛而發。

(3)以學術指導政治：此即所謂「通經致用」，是儒家精神。

據此可知，漢代的知識分子至少做到了三件大事：(1)在歷史文化的問題上，他們延續了民族文化的傳統。(2)在化民成俗的問題上，他們建立了倫常生活的軌道。(3)在創制建國的

❹ 按、此乃西漢賈誼之語，見〈過秦論〉。

問題上，他們以學術指導國家政治，使政治有了理想和原則。

但漢代的文化成就也有二點重大的不足：第一、是西漢學者通過「五德終始」的觀念，來實現「賢者爲君」的理想，結果卻由王莽來收場，這是歷史的不幸。而這個不幸的結局是由於漢朝人只想到要由賢者來作天子，只知道以「天道、聖人之道」來規範皇帝，而沒有採取「立法」的步驟，以客觀的法制來限制君權的膨脹。結果，東漢的好皇帝：漢光武，反而成爲中國二千年「君主專制」政治形態的完成者。第二、漢代的經學，在思想義理方面無所發揮。像孔子的「仁」，孟子的「性善」，漢代人都欠缺相應的了解；同時他們又認爲「聖人」是天生的，不可學而至，這嚴重地違反「人皆可以爲堯舜」的儒家傳統。結果，在人生的方向理想和生命的實踐途徑上，無法滿足人的要求。結果是儒學衰而玄學起，造成魏晉時期道家思想的流行。

3.從魏晉到宋明

魏晉人有聰明而沒有眞性情，有美感而沒有道德感。他們的生命情調所表現的「美的欣趣」，轉出了「智悟境界」，使道家玄理得到很高的發揚，同時也把佛教的般若學的思想接引進來。從此，佛教思想正式進入中國的文化心靈。

但佛教是印度來的，是從外介入的「非中國的」異質文化。就中華民族的內心來說，是不願受化於佛教的，但佛教有很高的智慧，能吸引你，你怎麼辦呢？中國人所採取的回應，可以從兩方面說：一方面是守住二條路線，一是朝廷政治上的典章制度，二是家庭倫理和社會的禮樂教化。另一方面是屬於思想層面的問題，也就是對佛教的吸收與消化。大量翻譯佛經，是吸收的階段。吸收的工夫深了，理解也開了，於是便有了「判教」和「開宗」，這是由吸收而進到消化了。一千多年前的中國人，能夠吸收而且消化一個外來的大教（大的文化系統），這在人類文化史上是獨一無二的。這表示中華民族「文化生命非常浩瀚深厚，文化心靈非常明敏高超」。而一個心智不衰的民族，當然會有光明的前途。所以隋唐佛教的鼎盛時期過去之後，北宋時期的儒學復興運動，就成爲歷史發展中的必然。

從北宋到明末，前後有六百多年。宋明儒學的復興，有二大意義：

一是復活了先秦儒家的形上智慧

孔子講仁，孟子講心性，《中庸》、《易傳》講天道誠體，都蘊含著「天道性命相貫通」的義理。這是一種非常平正而又極其高明的形上智慧，是別的文化系統所沒有的。但秦漢以後，先是陰陽家的攪亂，又加上象數之學的穿鑿附會，儒聖的慧命遂因之沉晦。接下來是玄學盛行，佛教傳入。雖然道家講玄理而顯發的「無」的智慧，佛教講緣起性空而顯發的「空」的智慧，也很玄深高妙，然而佛老二家開顯的「道」，畢竟不是儒聖「本天道爲用」❺的生生之道。

❺按、此乃北宋張橫渠之語，見《正蒙》。

儒家之學，一方面上達天德，一方面下開人文。這樣，就可以處理佛老二家所無法處理的「道德動源」和「文化傳統」的問題。從北宋諸儒由《中庸》《易傳》講天道誠體，回歸於《論語》《孟子》講仁與心性，再發展到陸象山的心學、王陽明的良知之學，正表示儒家形上智慧的復活，和道德意識的充分發揚。

二是重新暢通了民族文化生命的大流

道家雖是中國土生土長的學派，但只是旁枝，不是主幹。佛教是印度來的，不是中國文化本身發出的慧命。所以佛老二家，都不足以代表中華民族文化生命之大流。到了宋明儒學出現，才完成二件大事：第一件是恢復道統，重新顯立孔子的地位，把思想的領導權，從佛教手裡拿回來。第二件是他們以民間講學的方式，掀起了一個全面的而且持續六百年之久的文化思想運動，造成中國哲學史上一個光輝的時代。由於他們的精誠努力，使魏晉以來歧出的文化生命，終於導歸主流，而恢復了中華民族文化生命的正大光暢。

不過，宋明儒者雖然明白內聖外王是相通的，也能持守仁政王道的原則，並能要求修德愛民以「利用、厚生」。但他們的成就和貢獻，主要是在內聖成德之教，而外王事功之學則未能充分開創出來。不過這步「內聖強而外王弱」的欠缺，其實也不能單是責備理學家，因爲這是全民族的責任，基本上它是「文化生命表現形態」的問題。這個意思，將於後文提出說明。

4. 三百年來孔教中國的衰落

明末清初（十七世紀）以前，中西文化互有短長，差距並不明顯。但十八世紀以後，歐洲有孟德斯鳩著《法意》、盧梭著《民約論》，康德更有三大批判（講文化中的眞、美、善）之完成。而這個時候的中國知識分子，卻停止了思想活動，而埋頭伏案，大抄其書，抄成七大套四庫全書。在西歐，是顯示思想的開發；在中國，則是思想的封閉枯萎。一個突飛猛進，一個停滯落後；一升一降，中西差距就越來越大了。

大明淪亡之際，顧亭林、黃梨洲、王船山三大儒痛切反省民族文化生命的方向和途徑，而自覺地要求由內聖開出外王事功。這一步反省是非常中肯的。可惜滿清入主以後，大漢民族遭受雙重打擊：一是民族生命受挫折（漢族喪失天下），二是文化生命受歪曲（學術轉爲考據）。在如此情形之下，三大儒的思想方向無法伸展，加上文字獄的壓制，讀書人不能用心了，而且漸漸不會用思想了。後來，洪楊亂平，而有自強運動，有維新變法，有辛亥革命，有五四運動，隨即轉爲新文化運動而提出「民主」和「科學」二個鮮明的口號。可是，當時的知識分子實對民主科學欠缺眞切的理解，以爲民主是西方的生活方式，科學是西方的新知識，中國既然要民主、要科學，就得把自己的傳統文化徹底打倒，以便全盤西化。這種甘心做跟班的心態，哪裡像堂堂華夏子孫的精神器識！在如此昏昧喪心的情形之下，二十世紀的中國乃一直處於噩夢困境之中，而民族文化生命也一直鬱結而不開朗，阻滯而不通暢。這到底是個什麼性質的問題呢？這個「世紀大困惑」，到二十世紀的後半，才逐步明朗起來，而最近十多年來，兩岸的文化共識，也漸漸地顯出眉目。

大家終於明白，中華民族的問題，不只是政治問題，不只是社會問題，不只是經濟問題，本質上它是一個文化問題，而且是全面性的文化問題。歸總而言之，可以列爲三個綱領：

5. 當前文化問題三綱領

第一個綱領，是內聖成德之教的承續與光大

任何一個文化系統，都有它的「安身立命」之道。這個安身立命之道，包括日常生活的軌道和精神生活的途徑，同時也決定生命的方向和文化的理想。在印度，在西方，在回教世界，安身立命之道是由他們的宗教來提供；而在中國，則由孔子的仁教（內聖成德之教）來承擔這份責任。

這安身立命的內聖成德之教，是中國之所以爲中國、中國文化之所以爲中國文化的本質所在。雖然如今它仍在衰微之中，但當前中國人在生活行爲上所表現的良好品質，主要還是靠這個根基深厚的常道在支撐。在不自覺的狀態中，人人卻都自然而然地有所表現，這就叫做「百姓日用而不知」、「習焉而不察」。但文化必須自覺地實踐，安身立命更是每一個人從生到死，隨時隨地都要表現的生活方式。中華民族既不能爲外來的文化宗教所化，就必然地要來承續光大自己的文化大統。而作爲一個知識分子，更必須立時激發文化意識，使文

化心靈豁然醒覺，進而順應時宜，調整表現的方式，使內聖成德之教的眞理，能在現時代充分地落實踐行。

除了內聖成德之教，還有外王事功一面。這一面不是「承續」的問題，而必須有新的「開創」。所謂「現代化」，也正是從外王事功這一面說。其中含有兩個問題，一是政治形態的問題，一是知識之學的問題，是即當代中國文化問題中的第二綱和第三綱。

第二個綱領，是完成民主政體的建國大業

以前講外王，主要就是「仁政、王道」。聖王在位，推行仁政王道，當然很好。但事實上哪來那麼多的聖王呢？皇帝權力那麼大，你單單講「民爲貴，君爲輕」是沒有用的。儒家主張天下爲公，但事實上，三代以下數千年來都是天下爲家，天下爲私。儒家認爲只有賢者可以爲君，所以主張禪讓，但他做了皇帝，就是不肯讓位，你怎麼辦呢？於是儒家又主張革命，但湯武革命的結果，還是世襲家天下。秦漢以來更是打天下，以武力奪取政權，益發不合乎儒家的道理了。

中國傳統政治中的宰相制度，是很好的，但那只是治權的行使。至於政權的轉移，卻始終沒有一個法制化的軌道。這是屬於安排政權的體制，這個體制就是民主政治的架構。民主政治這一種政體，可以消解中國傳統政治的三大困局：一個是改朝換代、治亂相循的問題，一個是君位繼承、宮廷鬥爭的問題，一個是宰相地位、受制於君的問題。再歸結一下，就是「政權轉移」和「治權運用」的問題。只要實行民主憲政，無論是政權的轉移或是治權的運

用，都有「憲法」作爲依據。憲法就是一個體制，是一個政治運行的軌道。

民主政治，不只是保障人權而已。而且是實現各種價值的基礎。而以往所謂「民爲本、民爲貴」的觀念，以及人性的發揚，人品的尊重，人格的完成，和人道精神的維護，都必須在民主體制的政治形態之中，才更能獲得充分的發展和實現。所以，站在儒家或中國文化的立場，必然肯定民主政體。中國必須完成民主建國的大業，才有客觀的憑藉（不只是主觀的意願）來實現〈禮運大同篇〉的理想，如此乃能超越西方的民主政治，爲後世建立新型範。

第三個綱領，是開出知識之學，發展科學技術

中國文化心靈的表現形態，偏重「德性」一面，而「知性」一面則未能充分彰顯。所以自古以來中國雖有很多科技發明，也表現了很高的科學心智，但卻沒有發展出知識性的科學傳統來。因此，我們必須自覺地調整文化心靈的表現形態，使中華民族不只是靠聰明來發明科技，而必須依據知識理論來發展科技。在第一階段，我們當然要學習西方的科學知識和技術；但我們不能永遠停留在「學習西方」的階段，而必須自本自根從自己的文化心靈和文化土壤裡面產生科學。這樣，我們才能由「迎頭趕上」，進而「並駕齊驅」，再進到「領先超前」。

然則，以儒家爲主流的中國文化，可不可能產生科學呢？我們認爲，答案是肯定的。中國傳統的學問雖然是順著「道德心」而發展，但在中國的學術思想中也同樣有講論「認知心」的端緒，像荀子和朱子所講的心，就是認知心（不是道德心）。而朱子「即物窮理」的格

物論，也透露主智主義的傾向；只要作一步轉化，就可以成爲「從中國文化心靈中開出知識之學」的現成的線索❻。至於正宗儒家所講的道德心（良知）當然也肯定知識的價值，只因爲中國的老社會是一個自給自足、和諧安定的農業社會，對於知識技術的需要並不迫切，而中國人的聰明又足以解決農業社會器械方面的問題，所以欠缺充分的機緣以開出知識性的學問傳統。

但今天的客觀情勢不同了。良知心體在現時代的具體感應中，自然會感受到科學技術對當代中國的迫切需要。所以作爲「德性主體」的良知，必將自覺地轉而爲「知性主體」，以主客對列的格局，展現認知的活動以成就知識。這只是文化心靈「表現形態」的調整轉換的問題，在思想理念上絕無困難。至於落實到現實的層面，當然必須經過一段長時間的努力，而知識分子尤其應該先做三件事：⑴要自覺地培養「純知識」的興趣；⑵要確立「重視學理而不計較實用」的求知態度；⑶要學習「主客對列」的思考方式。這樣，就可以從文化心靈中透顯知性主體，開出知識之學，以建立純知識的學理。有了學理作根據，就可以提供「開物成務」的具體知識和實用技術，以滿足「利民之用，厚民之生」的要求❼。

❻ 參蔡仁厚：《儒家心性之學論要》（臺北：文津版），頁一二三——一二七，論荀朱思想之時代意義一節。

❼ 按、「開物成務」語見《周易・繫辭傳上》，「正德、利用、厚生」語見《尚書・大禹謨》。

二、孔子智慧對二十一世紀的正面影響

1. 智慧方向三大端

孔子「以人爲本，以生命爲中心」而顯發的智慧方向，可以約爲三大端：

第一、天人合一（本天道以立人道，立人德以合天德）

依儒家哲學的義理，天道與人道，天德與人德，是相互回應的。所謂「天人合一」，就是從這裡說。而「天道性命相貫通」，也正是儒家哲學最基本的義理骨幹。生生之仁，不息之誠，無私之公，乃是天道人道、天德人德共同的內涵。基於這一系義理而展開實踐，自可使人生與宇宙相通、道德與宗教相通，以獲致生命心靈的大貞定與大安頓。因此，從根本處、原則處來看，儒家哲學所顯發的精神方向和文化理想，實在最爲平正通達，也最爲高明深遠，而可以適合於全人類來共同努力，求其實現。

第二、仁智雙彰（以仁為體，以智為用）

仁，可以通內外。智、足以周萬物（周，謂周遍、遍及）。無論就個人之成德或文化之功能而言，「仁智雙彰」的模型，都是最優越的。

首先，由仁的感潤通化，而成己、成人、成物，這是從「體」上顯發出來的最爲普遍

的善意，它可感通於人類，通化於萬物，而達於「民胞、物與」的境界。其次，由智的明覺朗照，而知人明理，而開物成務，而利用厚生，這都是「智周於物」而顯示的大用。而且，由於以仁爲體、爲本，智之「用」也可以導入道德的規範，以完成價值性的要求。所以，儒家仁智雙彰的哲學模型，也是人類哲學所可以共同採取的。至少可以提供其他哲學系統作爲觀摩反省的借鏡。

第三、心知之用（與物無對，上達以合天德；與物為對，下開以成知識）

心，可以分爲「道德心」、「認知心」來加以講述，也可以總合爲「心知」這個觀念來作說明。人類的心知，可以「上達」，也可以「下開」。心知的上達之路，是通過良知明覺以成就聖德，以臻於天人合德的境界。在上達這方面，心知的表現是「與物無對」，是消融了主客對待，而與天地萬物爲一體的。而心知的下開之路，則是通過良知的「自我坎陷」轉而爲認知心，使心知之明「與物爲對」，而形成主客對列之局；以主觀面的「能知」，來認知客觀面的「所知」，如此則可以成就科學知識。這下開一面，便是今天中國文化必須面對而且必須完成的時代使命。

就哲學的本性而言，既沒有古今之異，也沒有新舊之分，應該是超越時代的。中國傳統哲學中的許多基本概念，都具有獨立自足的意義，而且是無可取代的（如儒家的仁恕、時中，道家的無、佛教的空等等）。只要運用現代的語言加以詮釋，就可以豁醒它的意涵，繼續顯發它的效用。

2. 基本旨趣八句話

一九八六年八月，我應邀赴日本東京出席東方思想前瞻年會，在會上我曾揭示儒家思想的基本旨趣，約為八句話以見其概：❽

(1)人性本善的「道德動源」。
(2)天人合德的「超越企向」。
(3)孝弟仁愛的「倫理思想」。
(4)情理交融的「生活規範」。
(5)生於憂患、死於安樂的「人生智慧」。
(6)因革損益、日新又新的「歷史原則」。
(7)修齊治平、以民為本的「政治哲學」。
(8)內聖外王、天下為公的「文化理想」。

這裡所指說的，並不是幾個通泛的觀念，而是在中國的歷史上，在傳統的社會裡，有過長時間的實踐徵驗，有過全面性的功能表現，證明這八句話所含的道理，確實可以作為「人類生活的基本原理」和「人類文化的共同基礎」。不但二十一世紀可以有效，今後一千年、

❽ 參蔡仁厚：《儒家思想的現代意義》，頁一六五—一八〇〈儒家思想對人類前景所能提供的貢獻〉。

二千年，也將可以顯發它的意義和表現它的功能。

第一句肯定人有本善之性，自然也就能擴充爲善的言行。此一道德動源之開發，正足以使康德所講的自律道德當下落實。第二句，天人合德，可以使人從塵凡中振拔而上達天德，以提升人類生命之意義。第三句，孝弟仁愛乃是人類之常性，不容間斷。第四句，情理交融的生活，才算是人的生活常態，也才足以顯立生活的規範。第五句，指出憂患意識可以使人通徹生死的道理，進而顯發人生的智慧。第六句，指出人類歷史的演進，必須因襲好的、革除不好的，減損多餘的、增益不足的；如此乃能日新其德，開發新生命。第七句，指出政治不應限於權力之爭逐，而應該以民爲本，以順成修己治人的目標。第八句，指出文化之理想，在於推己及人，內外交修，以達致世界大同，天下爲公。

3. 群己、仁恕與安和

西方文化處理群與己的關係，主要是從權利上著眼，所謂「群己權界」，正是要明確劃分權利義務的界限，以建立群己關係的規範。而在儒家，則是順「推己及人、推己及物」的思路來想。是即所謂仁恕之道。儒家「以仁爲體，以恕爲用」。仁的基本特性是感通潤物，而恕則是由內向外感通的通道。

孔子答子貢，曾以「己所不欲，勿施於人」來闡釋恕道❾。答仲弓問仁，亦同樣有「己所不欲，勿施於人」之言❿。而答子貢問仁之時，又曰：「夫仁者，己欲立而立人，己欲達而達人。能近取譬，可謂仁之方也矣。」⓫據此可知，恕道的要義乃是「推己」：將己心之仁，向外推擴以及於人、及於物，以達到「人己相通，物我相通」之境。

西方有所謂「己所欲，施於人」之金律。有人以爲，這個金律比孔子「己所不欲，勿施於人」的恕道更好，更能顯示積極救世的精神。其實，這是一知半解的說法。第一、他不明白孔子所講的恕道，除了消極義的「己所不欲，勿施於人」，還另有積極義的「己立立人，己達達人」。第二、他不了解金律之所謂「己所欲，施於人」，很容易爲人類帶來極大的災害。

譬如西方宗教所表現的「狂熱」，便正是「以自己之所欲」而「強施於他人」；就其初心而言，雖然是一番好意（希望他人也能得上帝之恩寵而贖罪得救），而結果卻無可避免地干涉了他人的信仰自由。同時，基督徒又判別人之所信爲異端，而加以貶視，加以排斥，於是乃有酷烈地迫害異教徒之慘事。如今，宗教迫害之事雖已革除，但近世以來，西方人挾其強勢的軍事政治經濟力量，直接間接對東方（尤其是中國）強迫推銷西方的生活理念與生活方式，

❾《論語．衛靈公》：「子貢問：有一言而可以終身行之者乎？子曰：其恕乎！己所不欲，勿施於人。

❿語見《論語．顏淵》。

⓫語見《論語．雍也》。

其背後的精神，也仍然是「己所欲，施於人」。這正是「強人從己」、「強人所難」。嚴重地違背了儒家的「恕道」。

由此可知，世界安和的實現，不能靠西方的金律而獲得，而必須有待於儒家恕道精神的充分發揚。今天的人類，仍然生活在一個「相礙相斥」，而不能「相通相安」的國際情境之中。如果人類能夠學習儒家「將他心比己心，以己心度他心」的恕道精神，在「尊重他人」（己所不欲，勿施於人）的基礎上，進而「關懷他人」（己欲立而立人，己欲達而達人），隨時隨事都能設身處地為他人想一想；如此，則世界的紛擾衝突將可大為減少，而人類也才有希望真正和平相處，相安相生，而進於大同之域。

4. 回歸理性以得時中

通觀人類歷史之禍害，皆因違逆理性而造成。人類本有理性，但又常因感性生命之各種欲求（飽暖之欲、男女之欲、權力之欲……）與各種利益（私己之利、族群之利、名利、財利、權利……），而激起生命中非理性的衝動爭逐，於是人類世界總是接二連三地發生大大小小的戰爭，而戰爭的慘烈，與僻執非理性的程度成正比。所謂「非理性的僻執」有的顯而易見，有的積非成是，反而不易分辨。譬如種族衝突而引發的戰爭，以及因宗教信仰不同而引發的戰爭，雙方人馬都視之為聖戰，堅持執著，寸步不讓。結果是強者勝，弱者敗，勝者掠奪屠殺，敗者慘遭毀滅。而此中又含藏一種英雄主義與英雄崇拜來文飾人類的殘暴，這當然也是非理性的。

上述之事，在中國歷史上也同樣發生過。但作爲中國文化主流的儒家，早有世界大同、天下爲公的思想，而在「尊王、攘夷」的號召之下，又有「興滅國、繼絕世」[12]的教言和作爲。不但二帝三王，就是春秋五霸之首的齊桓公，也能信從管仲的輔佐，而「不以兵車」[13]，遂行公道。同時，種族界限也能由血統而推進到以文明與野蠻爲分野，所以說「諸侯用夷禮，則夷狄之；夷狄進於中國，則中國之。」[14]這樣的文化精神，當然是受了孔子智慧的啓導。但簡淺地說，這也不過是人類理性精神平和正常的表現而已。儒聖之道，「極高明而道中庸」[15]，這正是理性的本色，無有恢詭譎怪，無有精妙奇特，無有幽邈玄微，一切歸於平，歸於和，歸於正，歸於常。只此便是大道平平，履道坦坦。豈不佳好！

再者，孔子是時中大聖，所以在世界各大文化系統之中，唯獨儒家聖賢，能眞正免於教條主義，而「唯理是從，義之與比」[16]。西方之學，喜好張己之說，標榜主義，故常帶來「觀念之災害」。唯獨儒聖以「當位、安立」爲心，宇宙萬物，人間百姓，皆使之各當其位，

[12] 語見《論語・堯曰》。

[13] 《論語・憲問》：「桓公九合諸侯，不以兵車，管仲之力也。如其仁，如其仁。」

[14] 按、此乃唐代韓愈之語，表示儒家「夷夏之辨」，並非只以血統爲準。諸夏之諸侯如果不守禮義之道而採行夷狄禮俗，則視之爲夷狄，不與同中國。而夷狄之邦能嚮往文明，採行中國之禮義，則視同國人，絕無種族偏見。

[15] 語見《中庸》第二十七章。

[16] 語見《論語・里仁》。

各得其所，各適其性，各遂其生。而且因襲其當因者，革除其當革者，減損其當損者，增益其當益者。因「時、地、人、事」之宜，各當其可，以得其中。《禮記・禮器篇》有云：「禮，時爲大」。禮是一切典制規範之總稱。一切事物，皆使之合乎時宜，則聖之時者（孔子）的智慧，豈特有益於二十一世紀，縱是二百一十世紀，也仍然是這個時中大道。道的表現，雖然有時顯，有時隱，但大道本身，永無斷滅，萬古常新，豈不庥哉！

臨了，筆者願本誠心，鄭重致意：人間社會之事，千千萬；應事接物之理，歸於一。理一而分殊。故人類世界之福祉，非一二人所能造就；必須東西南北之人，異地而同心，分工而合作，乃能如意遂願。

二〇〇〇年六月　編入北京《國際儒學研究》第十輯
二〇〇〇年六月　編入國際儒聯《孔子二五五〇年國際儒學論文集》上册

丙編　朱子與陸王

壹、朱子的心論與心性工夫

——兼論即物窮理的時代意義

一、心性之學的落點

儒家之學，是生命的學問。人類生命的活動，可以從三個層面來看，一是感性的層面，二是知性的層面，三是德性的層面。然則，儒家的心性之學，是落在哪一層上說？

第一、不落於感性層

依儒家看，人的意欲活動與氣稟之不同，皆須加以對治。對意欲說節制，對氣質說變化。節制，是要使意欲活動納入軌道，以免放縱氾濫。變化，是要化掉氣質中的偏與雜，使生命變得中正合理而無所偏，變得清明純一而無所夾雜。

第二、也不落於知性層

儒家之學，不屬於知識系統，而是行爲系統的學問。因此，知識性的論證和概念的思辯，皆未充分透顯。雖然依於當代新儒家的反省，認爲知識之學的開出，乃是中國文化的一大重點，也是儒家德性之學所當含蘊的一步內在的要求。不過，傳統的心性之學，並不落於知性層。

第三、心性之學是落在德性層上

儒家講心，是實體性的道德的本心；其言性，也是「性出於天」而肯定德性之善。自古以來，雖然有告子所謂「生之謂性」（以氣言性）一路的說法，而正宗儒家則一貫地信守「以理言性」的立場。所以儒家是落在德性層上以成立心性之學。

【附按】：本文引用古籍文獻，皆屬學者習見之語，故不煩再作註記。欲知其詳者，請參閱拙著《孔孟荀哲學》、《宋明理學》、《王陽明哲學》、《中國哲學史大綱》等書。

二、心與性的關係

儒家發展到宋明，實以心性之學爲中心。而心與性的關係，很明顯地已展現爲三種類型。

1.同質同層的關係（心性是一）

陸象山和王陽明承孟子而發展，其學只是「一心之朗現，一心之申展，一心之遍潤」（牟宗三先生語）。⑴所謂「一心之朗現」，實際上是「心、性、理」一起朗現。所以象山有「滿心而發，無非斯理」之言。⑵所謂「一心之申展」，是向客觀面與超越面而申展，自孟子以來便是如此。故擴充四端之心與不忍之心，即可以推爲不忍人之政（仁政王道）。而盡其心者，即可以知性、知天。⑶所謂「一心之遍潤」，是說道德本心的感通潤澤，不僅遍及人間，亦周遍於萬物，所以能「聯屬家國天下而爲一身」、「與天地萬物爲一體」。

孟子陸王所講的心性之學，乃順孔子之「仁」而作申述，就仁的主觀義而言，是「心」；就仁的客觀義而言，是「性」；就仁的絕對義而言，是「理」（天理）。所以孔子言仁的實義，亦是「心、性、理」通而爲一的。陸王既不離性而講心，亦不離理而講心。故性是理，心亦是理。在陸王，「性即理」與「心即理」是同時成立的。

2.異質異層的關係（心性為二）

朱子順程伊川而完成的心性思想：性是理，屬形而上；心是氣，屬形而下。心與性二者，異質異層。朱子曾說：

> 性，猶太極也。心，猶陰陽也。太極只在陰陽之中，非能離陰陽也。然至論，太極自是太極，陰陽自是陰陽。惟性與心亦然。

性是理，故猶如太極。心是氣，故猶如陰陽。性與心的關係，猶如太極與陰陽。二者不相離，而亦不相雜，所以必須說「太極自是太極，陰陽自是陰陽」，方是「至論」。至論者，究竟之謂。因此，究竟而言，性自是性，心自是心。性是形上之理，心是形下之氣。結果是，心與性分而爲二，心與理亦分而爲二。王陽明說朱子「析心與理而爲二」，的確是朱子系統的本來面目。（理在心外，故必須即物以窮理。）

3.形著的關係（以心著性）

依牟宗三先生《心體與性體》第二冊的疏解，南宋初年的胡五峰與明末的劉蕺山，代表「以心著性」的系統。性是客觀性原則，是自性原則。心是主觀性原則，是形著原則。「形著」二字，是本於中庸所謂誠則形，形則著，著則明、動、變、化而說。形著，即彰顯彰著之意。「以心著性」的間架，雖由胡五峰開出，但「心能盡性」之義，張子正蒙早已言之。心能盡性，亦即盡心以成性之意。「成性」二字，首見於正蒙與經學理窟氣質章。心之所以能盡性、成性，是因爲心的靈覺妙用，自主自律，即足以形著性之實，性之實全在心處見，故盡心即是盡性，即是成性。而胡五峰的形著義、成性義，正是上承張子「心能盡性」之義而來。

明末劉蕺山反省王學末流之弊，由心宗之意體（意根誠體），浸澈於性宗之性體，認為「性體即從心體看出」，而「性之所以為上，而心其形之者歟！」「形之」之形，即是「形著」之形，心與性乃是形著的關係。蕺山認為心能形著性，明顯地是「以心著性」的思路，與胡五峰不謀而合。（心形著性之後，則心與性融而為一，二者亦是同質同層。）

三、朱子的心論

平常講朱子，都只講述他的性理學，而少有單獨講述朱子的心論者。錢穆先生在《朱子新學案》書中，曾將朱子論心的文獻，條列為「論心與理」、「論心與性」、「論人心與道心」、「論識心」、「論放心」，以及「泛論心地工夫」與「論心雜掇」等目而加以解說。就學術考辨與文獻資料之類聚而言，此確有貢獻。但學者如想掌握朱子論心以及其心性工夫的思想脈絡，進而明瞭朱子心性論的義理分際，則仍將分別經過一番分疏判定，才能得到明確的了解。

朱子不同意陸象山「心即理」之說，是由於系統的不同，而並非故意示異。根本上，朱子只承認「性」是理，而「心」則屬於氣。這是概念層上本質性的分判，即使錢穆先生認為「朱子之學，徹頭徹尾乃是一項圓密宏大的心學」，但他也不能不承認「朱子分說理氣，性屬理，心屬氣」。就義理系統的概念斷定而言，朱子自己所掌握的分際，實在非常清楚。

他說：「心者，氣之精爽。」又說：「所覺者，心之理也；能覺者，氣之靈也。」問：「靈處是心，抑是性？」曰：「靈處只是心，不是性，性只是理。」「精爽」二字，出自左傳昭公七年：「用物精多則魂魄強，是以有精爽至於神明。」疏云：「精，亦神也。爽，亦明也。」左傳的原意，是指說鄭國大夫子產解說人死後而爲鬼神這件事。而朱子則借此二字以言「心」。精是粗之反，爽是昧之反。氣之「粗者、昧者」聚而成物形，而氣之「精者、爽者」，則顯發心的知覺靈明之用。第二條指出，心之「理」是「所覺」，氣之「靈」，是「能覺」；能知能覺，正是心的基本作用。所以第三條問到「靈處」是心，或是性？朱子的回答很清楚，「靈處只是心，不是性」。

朱子又說：「心官至靈，藏往知來。」又說：「心，須兼廣大流行底意看，又須兼生意看。」這二條是指說心氣之靈的氣化不息，所以「心官」能「藏往知來」。次條就「心」字言「生」，是落在實然之氣上，就氣之陰陽動靜而言。可知朱子就「氣之靈、氣之精爽」而說的心，乃是實然的心氣之心。

簡括朱子之意，心是氣之靈，能知覺，有動靜；而其所以知覺、所以動靜的所以然之理，則是性。因此，心不是性，也不是理。如此論心，自非孟子的本心義。不過，講本心，也無須否認氣之靈的心或知覺的認知心。二者只是不同質，不同層（一爲德性層，一爲知性層），卻並非矛盾對立。但孟子義的本心，不可以「氣」論，也不可以「知覺、認知」論。若就孟子陸王一系的道德心而說知覺，其知乃德性之知，其覺乃良知明覺。（與認知心的知覺不同。）

四、心性情三分：心統性情

性是理，心是氣之靈，情是氣之發（或是氣之變），此之謂「心性情三分」。心性情分而為三，其實是從程伊川而來。語類卷五有云：

> 問心性情之辨，（朱子）曰：「程子（伊川）云，心譬如穀種，其中具生之理是性，陽氣發動是情。推而論之，物物皆然。」

如果用表式列出來，便可以明顯地看出這段話乃是「心性情三分」的格局：

心（譬如穀種）{ 其所以生之理——性；陽氣實際發處——情 } 心性情三分

伊川所謂「譬如穀種」的心，正是實然的心，這是就整全的實然的穀種而總特地說。這種意義的心，當然不是應然的道德心，而是實然的心氣之心。情，是陽氣實際發動處；性，則是心（氣）之所以發的理。至於這「心性情」三者之間的關係，朱子是借張子正蒙書中的話，來表示自己的意思。語類卷五有云：

> 橫渠心統性情之言，此話大有功……蓋心是包得那性情。
>
> 性是未動，情是已動，心包得已動未動。蓋心之未動則爲性，已動則爲情，所以心統性情也。
>
> 性以理言，情乃發用處，心則管攝性情者也。
>
> 心，統攝性情者也，非儱侗與性情爲一物而不可分也。

這四則皆言「心統性情」。性是未動（未發），情是已動（已發），心則統攝未發之性與已發之情。換言之，心性情雖三分，但無論靜時未發之性，與動時已發之情，總是爲心所統攝（包、管攝，意皆同於統攝）。

語類同卷又一條云：

> 性情心，惟孟子橫渠說得好。仁是性，惻隱是情，須從心上發出來。心，統性情者也。

此條將孟子橫渠並提，其實未必相干。朱子只是順自己的想法而如此說而已。句中謂性與情「須從心上發出來」，這個「發」字實有歧義。就「情」而言，自可說情從心上發出來。但就「性」而言，則不能說性是從心上發出來，而只能說「性」是因心知之統攝而彰顯出來。可見所謂性從心上發出來，只是虛說的發；情從心發，才是實說的發。因此，朱子所說的「心統性情」也應該如此分疏，「心統性」與「心統情」不可混同視之，必須分別作解。

第一、心統「性」，是認知地統攝性而含具彰顯之。（所以，朱子講涵養，是「涵養於未發」，把心涵養得「鏡明水止」，則可達於「心靜」而「理明」。心靜，則能復其虛靈知覺以明理。而所謂「理明」，即表示性（理）因心知之攝具而彰顯出來。此時，心即統貫於未發之性。）

第二、心統「情」，是行動地統攝情而敷施之、發用之。（情，是從心上發出來，此時，心即統貫於已發之情。情因事（如好惡、喜怒、哀樂）而發，所以朱子講「察識於已發」。通過察識而使情之敷施發用各得其正，而中節合理。）

五、心性工夫：靜養動察，居敬窮理

朱子的心性工夫，筆者曾有專文加以論述（朱子的工夫論，編入拙著《中國哲學的反省與新生》頁一二七—一五一）。今只簡要地作一綜述。

凡講工夫，都必須落在「心」上說。依朱子，心雖不是理，而屬於氣；但在他系統中的「心」並不因此就不重要。性是理，地位自然尊高。但朱子所講論的「偏義的性理」（割離了「心、神、寂感」的「只是理」的性理），只是靜態的實有，形式的標準，性理本身並不能有所作為。因為它「只存有而不活動」（不活動，是指那只是理的性理，不能妙運氣化生生不息）。朱子自己亦說：

以意度之，此氣是依傍這理行；及氣之聚，則理亦在焉。蓋氣則能凝結造作，理卻無情意、無計度、無造作。（語類、卷一）

理是靜的，所以朱子說它無有「情意」，無有「計度」，無有「造作」。如此而說的性理，的確是無能、無力的，能與力，都在氣那裡。在這種情形之下，道德實踐的活動中心，自然就落在心氣（心、情）一邊，而性理也必須憑藉心氣來顯現。因此，朱子又有「氣強而理弱」的話（見語類卷四）。但無論如何，工夫總要進行，而且必須落在屬於氣的「心、情」上來做，這就是朱子所謂的「涵養、察識」。

「涵養」（存養）是對「心」而言。其實，孟子和程明道也講存養工夫。在孟子，是存養本心性體；在明道，是識仁之後，存養本心仁體。而朱子所說的涵養，卻不是涵養本心性體，而是以肅整莊敬之心，汰濾私意雜念，使心氣之心達到如鏡之明，如水之止，然後「心靜」則「理明」。理（性）爲心知攝具於心，於是心的活動乃有理則可以依循，而可以順性如理而合道。這步工夫是在「靜時」做，靜時是指無事時，也即意念未動、思慮未萌之時，是即所謂「涵養於未發」。

而「察識」（省察）則是對「情」而言，情，是心氣之發（或心氣之變），情之發未必中節合理，所以必須加以察識。所謂察識，是以涵養敬心而顯現的「心知之明」，來察識已發的情變（好惡喜怒哀樂之情），並導化其偏離，使之發而中節合理。這步工夫是在「動時」做，動時即有事時，從意念發動，便是有事；是即所謂「察識於已發」。

無論靜時動時，無論未發已發，皆須有敬以貫之。這就是所謂「居敬」的工夫。朱子答張欽夫（南軒）書云：

> 是以君子之於敬，亦無動靜語默而不用其力焉。未發之前，是敬也固已立於存養之實；已發之際，是敬也又常行於省察之間。（文集卷三十之末）

所謂未發之前，敬立於存養之實；已發之際，敬行於省察之間。這是表示，無論靜時的涵養，或動時的察識，都必須有敬以貫之。此之謂「靜養動察，敬貫動靜」。

情（心氣）之發，必將涉及對象，所以順「察識於已發」而推進一步，便是「致知格物以窮理」。朱子在《大學章句》格物補傳有云：

> 人心之靈莫不有知，而天下之物莫不有理。

朱子根據「心知之明」對「事物之理」的格範，將天下事物平置為「然」與「所以然」。「然」指實然存在的事物，「所以然」指遍在於事物的普遍之理。所謂「即物而窮其理」，就是以心知之明，去窮究事物之理，通過「心知之明」與「在物之理」的認知攝取的關係，乃形成大學格物補傳所謂「即凡天下之物，莫不因其已知之理而益窮之」的泛認知主義的格物論。

依於泛認知主義的態度，朱子將仁體、性體，以至於道體、太極，也同樣平置爲普遍的理，也同時是在「即物窮理」的方式下，成爲心知之明所認知的對象。於是乎，那作爲「理」的道體、性體、仁體，遂永爲客、爲所，而不能反身爲主、爲能。（依朱子此一思理，虛靈知覺的心知，才是主觀面的能）。在這種情形之下，從孟子以來的那個立體直貫、而能起現道德創造的、實體性的「心體」，也就無從說起了。結果，「心」與「理」也析而爲二而非一（依朱子系統而說的心理合一，是通過即物窮理、攝理歸心而達到的合一，那是二者合一，而不是心理本一）。基於這種「主智主義的道德形上學」（以知識的進路講道德），乃是康德所說的「他律道德」。這是朱子性理學（心性之學）的性格所決定的。

在此我們可以再引朱子文集卷五十八答徐子融第三書之言：

> 心，則知覺之在人而具此理者也。

心有「知覺」，故能認知而攝具此理。由這句話，可以確定朱子所謂「心具眾理」、「心具萬理」，乃是認知地具。由心知之明（知覺）認知理，涵攝理，而後理具於心。這樣講的心具理，自是後天（工夫）的「當具」（因爲心不具理，則無由成善成德，故心應當具理），而不是先天的「本具」。在朱子，「心」與「性」異質而異層（性是形上之理，心屬形下之氣；心有善有惡，性無不善），所以「心具」與「性具」是不同的。

1. 性即理也，性之具理乃是先天的「本具」。

2.心之具理，則有待於涵養心知之明，乃能認知地具，涵攝地具，所以是後天的「當具」。（如果承認「心即理」，則心之具理也可以是先天的本具。如孟子陸王便是。）

若進而再問，朱子的「即物窮理」，對於當前中國文化發展科學知識，是否可以有所助益？此即下一節要說明的問題。

六、即物窮理的時代意義

自孔子以來，儒家之學便一貫地以「仁智雙彰」爲模型。但就內聖之學的本質而言，自當以「成德」爲中心，所以其基本義旨乃是「攝智歸仁，以仁養智」。而這裡所說的「智」，乃是德性之知所顯發的德性明智，與知性的知識之知不同。儒家的學術心靈，固以德性主體爲主綱，知性主體則未能獲得充分而獨立的發展；因此，儒家也沒有開出知識性的學問傳統。

中國傳統的學術思想，當然也有知性心靈的表現。譬如名家所表現的邏輯心靈，和墨辯所討論的知識問題。但名家那種琦辭詭辯的方式並不能平正而充分地透顯知性主體，而墨辯所表現的主要是實測之知，那種質樸實用的態度也不足以透露清明的理智以開出名數知識之學。因此，從中國文化心靈中透顯知性主體，仍須求之於中國文化的主流——儒家，而荀子與朱子，即其選也。

朱子論性與荀子相反，而論心則正相類同，都是彰顯知性主體。在儒家以德性主體（道德本心）爲主綱的重仁系統中，荀朱二家重智的思想性格，的確顯示出另一個重大的學術路向。值得學界注意，並加重視。

朱子系統中的「即物窮理」，其窮究的方式雖是橫列的、認知的，但由於它的主題仍然是道德實踐，所以並不具備積極的知識意義。因爲，窮究存在之理，乃是哲學的態度；必須窮究存在事物的曲折之相（事物內部的性質、數量、關係等等），才是科學的態度。朱子自是性理學家，而不是科學家。但朱子的理氣之分，卻也含有「可以引出科學知識」的思想依據：

1.就「理」上建立的，是哲學、道德學。

2.就「氣」上建立的，則是積極的知識（科學）。

前者是朱子的本行，後者則是在他「道問學」的過程中，順帶出來的。當然，朱子對於知識也具有濃厚的興趣，如語類卷一卷三論天地、鬼神，便都是就「存在之然」而作討論。由氣的造作營爲來說明自然界的形成，雖還沒有達到科學的階段，但討論氣的造作營爲，其性質是屬於物理的，在基本原則處也是科學的，當然可以向科學走。在朱子的「道問學」與「即物窮理」中，的確隱含著「純知識面」的眞精神，並非只是空泛的讀書。而朱子的大弟子蔡元定，尤其具有這種純知識的興趣，而且很能表現這方面的才智。雖然只是屬於「老式的、前科學的」，但卻不能不說是科學家的心靈。

因此，如果順朱子「即物窮理」的方式轉進一步：(1)由窮究存在之理，轉而爲窮究存在事物本身的曲折之相；(2)由哲學、道德學的即物窮理，轉而爲科學的即物窮理；這樣，就可以順通而開出「知識之學」。而朱子所說的「心」，也正是知性層的認知心。在今天，中國文化必須推進一步，以自本自根地開出科學知識，則朱子的心論及其重智的傾向，正好是一個現成的思想線索。這也正是朱子心性思想的時代意義。

二〇〇〇年十月　福建武夷山朱子逝世八百年學術會議論文

貳、朱子性理系統形成的關鍵與過程

一、性理薰習的初階

朱子（西元一一三〇至一二〇〇）祖籍徽州婺源，其父官於閩，寓於閩，故朱子生於閩，亦長於閩、卒於閩，後世稱其學曰「閩學」。❶朱子之父名松，號韋齋，從學於羅豫章，故朱子對性理之學薰習甚早。十四歲時，父卒（四十七歲），遺命朱子從學於崇安之劉子翬屏山、劉勉之白水、胡憲籍溪。三人自是儒家，但又近禪好佛。故朱子自謂，十九歲考進士之文，主要是將所得於禪的一些意思發爲議論，考官被他的文章說動了，故得中。

二十四歲，朱子赴任同安主簿，路過南平，以後進禮拜訪李延平（朱子父親之同門友），住二旬餘。朱子提問題、發議論時，大抵順禪的脈絡以爲說，而延平全不首肯。所以這次見

❶ 按、史稱宋代性理學爲「濂、洛、關、閩」，閩即指朱子學派。然朱子之學，直承程伊川，而並不承續楊龜山、羅豫章、李延平之慧命。故我曾提議：朱子之學，直稱「朱子學」即可，「閩學」之名，宜當歸還楊、羅、李三儒（皆閩籍）。三人之學，皆從中庸「觀未發之中」入，此乃明道先生所授，有獨立之意義，非朱子所可概括。

面，朱子執禮恭而心實未服。唯事後回思，又覺延平所說，也很有道理，故二十九歲任滿回崇安，乃彎路步行至南平，住一月許。延平對朱子之好學與爲學之勁力，極爲稱讚。三十一歲，朱子正式師事延平，住數月。三十三歲，又偕同延平之次子（時任建安主簿）返南平，住數月。三十四歲夏秋，延平之子官江西信州，迎養延平，延平路過崇安，朱子迎見之，住三數日。十月，延平出信州赴福州，未半月，病卒。❷

據此簡單之敘述，可知朱子二十歲以前，對於儒家學術的學習是一般性的，甚且浮泛而不切。見延平後，賴延平之點撥開啓，乃能步步回轉，歸宗於儒。但延平卒後，朱子失其所依，又茫然莫知向方。因爲朱子雖然很敬重延平，但並沒有順延平「觀未發之中」的路往前進，而他自己又一時無法開出新路。經過二三年的恍惚，到三十七歲，乃正式參究中和問題。

二、性理系統始於參究中和

中和問題，原自《中庸》首章：

> 天命之謂性，率性之謂道，修道之謂教。道也者，不可須臾離也，可離非道也。是

❷ 上文所述朱子之經歷，參高令印：《朱熹事蹟考》，上海人民出版社，一九八七年十月。

> 故君子戒慎乎其所不睹，恐懼乎其所不聞。莫見乎隱，莫顯乎微，故君子必慎其獨也。喜怒哀樂之未發，謂之中；發而皆中節，謂之和。中也者，天下之大本也；和也者，天下之達道也。致中和，天地位焉，萬物育焉。

《中庸》講「致中和」，是由「天命之謂性」、「道也者不可須臾離」、「莫見乎隱、莫顯乎微，故君子必愼其獨」一路說下來。因此，所謂「致中和」，乃是順承「從性體言獨體」而推進一步的、更爲具體的表示。然則，作爲天下之「大本」的「中」，畢竟是指何而言？

甲、如果不是在通於天命的那個性體之外另有一個大本，則這個「中」便是指目「天命之謂性」的那個性體而言。

乙、如果「中」是就喜怒哀樂之情未發時、情之潛隱未分的渾融狀態而言，則它仍然屬於情，而不足以爲天下之大本。（假使視此爲大本，便無異承認在通於天命的那個性體之外，另有一個大本。但此一講法，不合中庸原意。）

據此，《中庸》所謂大本之中，應該是一個本體宇宙論的創生直貫之實體，它就是作爲「天下之大本」的「中體、性體、誠體」，而通貫儒家心性之學的思理而言，它亦得名之爲「心體」。如果以這個「中體」主宰調適吾人之情，而使情之發皆能中節合度，這就是「和」。和，是中體達於用而在用中行，所以在「中也者，天下之大本也」之後，緊接著便說「和也者，天下之達道也」。中體呈現，和用暢達，是之謂「致中和」。中與和這兩個原則，可使天地定位（大中至正），萬物化育（生生不息）。

如果對於中體做如此的契悟，則既可以根據《論語》之仁與《孟子》之本心來會通《中庸》以講「中和」；亦可以由《中庸》之中和而會歸於《論語》、《孟子》。如此講中和問題，自然可以逕直平易而暢達。但朱子參究中和問題，卻顯得糾結而迂曲。

首先，朱子並不順承延平「觀未發之中」（默坐澄心，體認天理）的路。延平上承楊龜山、羅豫章二代之教，是靜復以見體，屬於超越的逆覺體證。❸而朱子三十七歲開始參究中和，主要是和張南軒（名栻，字欽夫）相互討論。朱子與張欽夫之四封書信❹，依年譜，皆列於三十七歲下❺，故論及朱子參究中和問題，一般也定在三十七歲。朱子四十歲中和論定之後（說見下文），視此四封書信為不成熟之舊說，並自作註記，以示鄭重。統括而言，此中和舊說四書的要旨，主要是：

1.將「良心發見」之發，與喜怒哀樂已發未發之發，混而為一。

---

❸ 按、「超越的逆覺體證」，是牟宗三先生的用詞。逆覺，猶言反省自覺，亦即反身而誠，以體證本體。超越，意即隔離，採靜坐之方式暫時隔離現實生活，期能體證本體；再回歸生活以使本體隨事起用。此即延平所講的「默坐澄心，冰解凍釋，理融於事」的工夫進路。

❹ 中和舊說四書，分別編錄於《朱文公文集》卷三十、三十二。牟宗三先生《心體與性體》第三冊第二章之一、二兩節有詳細之疏解與評析，請參閱。

❺ 據錢穆先生《朱子新學案》第二冊「朱子論未發與已發」一節，論及此四書，認為皆當在三十九歲時。朱子三十八歲赴長沙訪南軒，此四封書信究竟在訪南軒之前，抑在訪南軒之後，一時未易論定。然無論在前或在後，皆屬中和舊說，故不影響本文對朱子中和舊說與新說之義理衡斷。

2.因而對孟子四端之心，與中庸喜怒哀樂之情，亦形成混擾。

3.於是對孟子之本心，亦體悟不足。（須知實體性的本心，與中體、性體、天命流行之體，最後必是一，而非朱子所理解的心性情三分。）

4.因而亦表示朱子對《中庸》之中體、性體、天命流行之體，實亦未有相應之契悟。

5.最後，必函著對仁體之體悟亦有不足。（故當張南軒函告他應以「求仁」爲急時，朱子卻說「自覺殊無立腳下工夫處」，見舊說第四書）

凡此，皆表示朱子此時對於「體」上的工夫不透不切。至於朱子何以必然地轉折而走向新說之路？牟先生在《心體與性體》書中有詳審之疏理，認爲此中決定性的過轉之關鍵，唯在程伊川一句話：「凡言心者皆指已發而言」。朱子四十歲之〈已發未發說〉以及〈與湖南諸公論中和第一書〉，曾明白表示：舊說各書之所以認「心爲已發，性爲未發」，乃因信取伊川之語而然。朱子從三十七歲起三數年間，雖已講到「致察於良心之發見」爲「做工夫的本領」，但因他將良心之發與喜怒哀樂之發相混，便使得朱子：(1)既不去切實體會此義所以成立之根據；(2)不去切實體會孟子之「本心、求放心、先立其大」諸義；(3)不去切實體會程明道「須先識仁」之義；(4)不去正視謝上蔡以覺訓仁以及胡五峰「須先識仁之體」之義；(5)再進而亦不去切實體會「天命流行之體」之義，(6)不去切實體會周濂溪之誠體、神體、寂感眞幾，以會通太極；(7)不去切實體會明道「只心便是天，盡之便知性，知性便知天，當處便認取，更不可外求」之一本論；而只膠著於程伊川「凡言心者皆指已發而言」此一不諦之語，以求其所謂中和之旨。

伊川這一句「未當」之言（伊川後來亦自認此言未當），竟在朱子生命中形成一道牆壁（牟宗三先生語），使他不能悟入「致察於良心發見」一路之深遠義理，因而也不能眞切於此一「做工夫的本領」之警策處；因此，當他一旦發現以「已發爲心，未發爲性」有所不妥時，便連帶地將「致察於良心發見」一路之義理，也一併抛棄，而作了一個大的轉向，此後便順著伊川學的綱領（心性情三分）而前進，這就是朱子過轉到中和新說的關鍵所在。

三、中和新說之發端與論定：性理學的架構

朱子四十歲之春，與門人蔡元定言未發之旨，問辯之際，忽然自疑，於是急轉直下，而有中和新說之一說二書。一說是〈已發未發說〉，二書是〈與湖南諸公論中和第一書〉以及〈答張欽夫書〉。與湖南諸公書之內容同於〈已發未發說〉。未發說當是原稿（故有書函口氣），到寄發之時，辭句稍有改易，故比較簡潔明當。而「答張欽夫書」則尤爲成熟之作，故牟先生謂可標爲「中和新說書」。而構成此新說義理間架的基本綱領，歸結起來，亦不過二大端：

1.心性情三分，心統性情。

2.靜養動察，敬貫動靜。

而朱子後來的發展，即以此中和新說爲根據。牟先生並指出，朱子系統中的義理，實

無超出此新說綱領之外者。❻

此中和新說書之大旨，可以分說如下：

第一、以心爲主而論中和：⑴「中」是心之所以爲體、而寂然不動者也。由「中」字見性之渾然。⑵「和」是心之所以爲用，感而遂通者也。由「和」字見情之中節。⑶後來，朱子又依此而說「心統性情」（借取張橫渠語以說己意）。通貫於未發，即其寂然不動而統貫乎性（心統性，是認知地統攝關聯）；通貫於已發，即其感而遂通而統貫乎情（心統情，是行動地敷施發用）。

第二、心與仁之關係：⑴「人有是心，而或不仁，則無以著此心之妙」。故須由仁道之顯現，以著此心之妙。⑵「人雖欲仁，而或不敬，則無以致求仁之功」。故須由敬的工夫，來顯現仁道（仁理）。⑶又說「仁乃心之道」，心不即是仁，心之道才是仁。「敬乃心之貞」，心氣之貞定凝聚，必須通過敬的工夫。（如此講敬，乃是後天工夫意義的敬，屬伊川義；而不是明道義的先天誠敬之體的敬。）

第三、敬貫動靜：⑴敬「立於存養之實」，故靜時（不應事時）應涵養敬心，以求近合未發之中。⑵敬亦「行乎省察之間」，故動時（應事接物之時）應察識情變，以期達於中節之和。⑶綜起來說，是即所謂「靜養動察，敬貫動靜」。通過存養察識之功，乃能中以導和，和以存中，而周流貫徹之心，也可以達於「無一息之不仁」的境地。

❻ 參牟宗三：《心體與性體》，第三冊第二章第六節。

新說書的後段，乃對張南軒的答辯，是即所謂「先涵養、後察識」或「先察識、後涵養」的問題。朱子依於靜養動察之義，認爲必須以靜時之涵養工夫爲本，使心如「鏡明水止」以達於「心靜理明」。故主張「先涵養後察識」。南軒則認爲，必須先察識良心端倪之發，而後施以存養之功。所以主張「先察識後涵養」。其實，兩家所爭的關鍵，並不在「先、後」二字，而在二人所說的「察識、涵養」，意指各不相同。南軒本於程明道「學者須先識仁」以及其師胡五峰「須先識仁之體」之意，主張「先察識」（先識仁體）而「後涵養」（存養仁心、本心）。南軒所說，完全依據明道〈識仁篇〉「學者須先識仁，識得此理，以誠敬存之而已」的思路而來。而朱子卻正好捨明道而採取伊川之路，將仁與心分開（仁是性理，心則屬於氣），故主張先涵養心氣之靈，使心知之明足以明理，然後乃能察識情變，以期喜怒哀樂之發能夠中節。二人所說，各有理據，只因系統路數不同，故工夫先後之序也相異。（世人不究義理之實，只注目於「先、後」二個字，所以總說不明白。）

中和新說論定之後，朱子性理學的架構，基本上已經建立。但系統的周洽完成，則有待於「仁說」的論辯。

四、「仁說」的論辯：性理學的完成

中和問題本就是心性問題，而心性問題又以「仁」爲根核。朱子四十歲成立中和新說，再經三數年之浸潤與議論，乃又展開關於「仁說」的論辯。這兩步論辯，代表朱子思想奮鬥建立的過程。而一般皆忽而不講。如王懋竑的《朱子年譜》，亦只錄中和討論的文獻，而有關仁說的論辯，則完全闕略。可見數百年來對於朱子學的理解，並未盡其底蘊。牟先生在《心體與性體》第三冊，曾以二百八十多頁的篇幅，對這長達十年（即朱子三十七歲至四十六歲）的論辯內容詳加疏導，義最賅備而精當。

朱子了解《論語》之仁，開始也想以二程之所說爲綱領。但他對明道的綱領始終湊泊不上，故終於捨明道而從伊川。他依據伊川「仁性愛情」之說，將仁體支解爲心性情三分、理氣二分，而以「心之德，愛之理」的方式說「仁」。他四十三歲作〈克齋記〉，隨後又作〈仁說〉。❼

朱子〈仁說〉一文，前大半爲正面之申論，後小半則辯駁楊龜山與謝上蔡。此文之大旨可綜爲下列各點：

第一、天地之心，由「氣化流行以生物」而見。於是，心只成氣化之自然義（而非本心呈用之自然）。人之心，由「動靜語默而理寓其中以成德」而見。然而，理不寓於心則不能成德，而統貫諸德者方謂之「仁」。

第二、仁不是愛，而是愛之理，愛的所以然之理；仁不是心，而是心之德，心所當具

❼ 按、〈克齋記〉（見文集卷七十七），從克己復禮以申論仁之義旨與求仁之要。此記作於壬辰年，朱子四十三歲。〈仁說〉編在文集卷六十七，作於何年，不可確考。但據朱子與張南軒論辯仁說之書信曾提及克齋記，可知〈仁說〉作於〈克齋記〉之後。

備之德。❽人常默識仁理以引發心氣之凝聚向上，久而久之，實然的心氣便能現實地（實踐地）攝具此理，以成為人自身之德（理轉成德）。

第三、不以愛之發（情）名仁，而以愛之理（性）名仁。惻隱等四端，是愛之發，是情；其所以發之理（性），乃是「仁」。這是將精誠惻怛之本心仁體，支解而為「心性情三分」，性為形上之理，心與情屬形下之氣。所謂「仁是愛之理」，是表示然與所以然的關聯。所謂「仁是心之德」，是表示心知之靜攝的關聯。至於「心統性情」，則表示統攝的關聯。但須知心之攝具理，乃「後天」的關聯，而非「先天」的本具。

第四、仁只是理，與氣成二分；仁只是性，與心、情為三分。故仁是形上的「有」，而不是具體的「在」。⑴若依程明道〈識仁篇〉之義，則仁是理、是道，依理、道之存有而說仁是形上的有；仁亦同時是心、是覺，依心、覺之活動義而說仁是具體的在。故明道義的仁，是「即有即在」的。（兩即字，猶今語「同時是」，仁同時是有，又同時是在。）楊龜山承明道「渾然與物同體」說仁，謝上蔡承明道「痲木不仁」（仁則不痲木）的指喻，而以「覺」（不痲木）訓「仁」。覺則能層層感通而與萬物為一體，故楊謝二人的講法，其義一也。⑵今依朱子，則仁是性、是理，是形上的「有」，但仁不是心，不是情，不是具體的「在」。於是，仁成為「有而不在」（普遍而不具體，超越而不內在）。依朱子「仁是心之德、愛之理」的界定，「理」須通過心知之明的靜涵而後具，「德」須通過心氣之攝具此理而後成，故「仁」之理並非內

❽《朱子語類》卷二十有云：「愛非仁，愛之理是仁；心非仁，心之德是仁」。

在本具。此一講法，顯然不合孔孟原義。

總括朱子言「仁」之意，可以歸結爲：「仁者，愛的所以然之理，而爲心所當具之德」。這句話含有：(1)仁不是心，而是心之德；不是愛(情)，而是愛之理。此即「心性情三分」。(2)仁是理、是性，屬形而上；心、情則是氣，屬形而下。此即「理氣二分」。(3)心知之明靜攝仁理(理寓於心)，則此理乃能引發心氣之凝聚向上，而顯現爲中節合度之行。此即所謂「理生氣」(生，非產生義，乃引生、引發義)。依朱子性理系統的義理，可知他所完成的，是一個「他律道德」的系統。

五、以〈大學〉爲定本的工夫進路

朱子經過中和參究與仁說論辯之後，便落於〈大學〉以建立他的學問綱領與義理規模。在朱子之前，對於〈大學〉之成篇，沒有人確實指認是出於何人之手。朱子則認定〈大學〉一文乃儒家道統之所繫。事實上，「大學的作者問題，是無從解決的」，朱子之所以「認定大學是出於曾子」，乃是「以整個道統傳承的線索，爲其立說的根據」。❾

朱子既以〈大學〉乃曾子承述孔子之說而作，於是更就原文分判「經」「傳」，而認爲經一章，蓋孔子之言，而曾子述之；其傳十章，則曾子之意，而門人記之。依據此一認定，

❾ 見徐復觀：《中國人性論史》(商務版)，頁二六六。

他便以畢生的心力，從事大學章句之重訂工作。他以爲舊本頗有錯簡，於是「因程子所定，而更考經文，別爲序次。」❿依朱子之重訂，計分經一章，傳十章；而以傳之前四章統論綱領指趣，後六章細論條目工夫。其中影響最大的是他所增撰的「格物致知補傳」。茲先錄傳文於此，以便說明。

> 所謂致知在格物者，言欲致吾之知，在即物而窮其理也。蓋人心之靈，莫不有知，而天下之物，莫不有理；惟於理有未窮，故其知有不盡也。是以大學始教，必使學者即凡天下之物，莫不因其已知之理而益窮之，以求至乎其極。至於用力之久，而一旦豁然貫通焉，則眾物之表裡精粗無不到，而吾心之全體大用無不明矣。此謂物格，此謂知之至也。

此補傳以「即物而窮其理」爲「格物」之義，實與朱子對「物」字的解釋直接相關。大學「物有本末，事有終始」二語，本相對成文，各有所指。物有本末，指意、心、身、家、國、天下而言；事有終始，指誠、正、修、齊、治、平而言。而朱子上沿鄭玄「物，猶事也」之註，以「事」訓「物」，於是事物不分，一滾而說，而所謂「事物」，乃成爲一抽象而不具體的空泛之詞。事與物既已各失其所指，則天地間萬事萬物之眾，將如何一一而「格」？除了循

❿見朱子：《大學章句》。現與論語集註、孟子集註、中庸章句合編爲《四書集註》。

事物之「理」而窮究之，似乎更無他道。順著這個思路想下來，則朱子所謂「天下之物，莫不有理」，「必使學者即凡天下之物，莫不因其已知之理而益窮之，以求至乎其極」等語，也就順理成章了。明乎此，乃知朱子補傳之作，實是以他自己之思想為根據的。

關於朱子心性實踐的工夫進路，可以簡括為二句：「靜養動察，居敬窮理」，也可說成三句：「靜養動察，敬貫動靜，格物窮理」。而比較完整的說明，則可以分為五點：⓫

1. 靜時涵養（對心而言）：鏡明水止，心靜理明。
2. 動時察識（對情而言）：察識情變，使之中節。
3. 敬貫動靜：敬，立乎存養之實，亦行乎省察之間。
4. 即物窮理：「心知之明」與「事物之理」的攝取關係。
5. 心理合一：心攝具理，理寓於心以成德。

前三點，上文第三、四兩節有所說明。第四點即物窮理，則正是格物補傳之中心義旨。所謂「人心之靈莫不有知，而天下之物莫不有理」，這一個心知對物理的思想格範，把天下事物一律平置為「然」與「所以然」。「然」是指實然存在的事物，「所以然」是指遍在於事物的普遍的理。「即物而窮其理」，就是以心知之明去窮究事物之理。朱子依於泛認知主義的態度，將仁體、性體，以至道體、太極，也同樣平置為普遍的理。而這普遍的理也同時在「即物窮理」的方式之下，成為心知之明所認知的對象。心認知了理，隨即肯定理而攝理

⓫ 參蔡仁厚：《中國哲學的反省與新生》（正中版），頁一三七——一五一〈朱子的工夫論〉。

歸心。朱子所謂「心具眾理」、「心具萬理」，正是在心知之明的認知作用中把「理」帶進來。故朱子有云：「心，則知覺之在人而具此理也。」⓬由這句話，更可確定朱子所謂心之「具理」，乃是認知地具。由心知之明（知覺）認知理、涵攝理，而後理具於心。這樣講的心具理，實只是後天（工夫）的「當具」（因爲心不具理，則無由成德，無由成善，故心應當具理），而不是先天的「本具」。因此，朱子系統的工夫實踐，最後雖然也要「心理合一」（心攝具理，理寓於心以成德），但卻無法承認「心即理」。心即理，是表示心之具理是先天本具。而本具理的心，必須是實體性的道德的本心。如此，便是孟子陸王系統的義理。

朱陸異同，雖然一向爲人所重視，但卻又往往流於門戶之爭，實在沒有必要。辨析思想上的異同，應該是爲了學術之公，而不是爲了門戶之私。而真正說來，儒家內聖成德之教，本來就有兩個基型，一是「心性是一」，孟子陸王可爲代表；一是「心性爲二」，荀子、程伊川、朱子可爲代表。前者是康德所謂「自律道德」的系統，後者是「他律道德」的系統。儒家兼容自律與他律二個系統，而又能「和而不同」（雖不同而能和），實在非常理性，非常可貴。這種精神，值得別的文化系統來取資切磋。

六、朱子心性思想的時代意義

朱子系統中的「即物窮理」，是順著「察識於已發」而推進一步。因爲已發之情必有

⓬《朱文公文集》卷五十八〈答徐子融第三書〉。

所對（對此而喜怒，對彼而哀樂等等），所對者即是「物」（廣義的物，應包括一切對象性的人、事、物）。物，必有其所以如此存在的所以然之理，故必須加以窮究，使之攝具於心。如此而後，心氣的活動才有準則可循而能順性如理，以成就善的價值。意即，使一切事的表現與物的存在，皆達於眞實化而得以成爲善的表現，成爲有意義的存在。所以，朱子系統中的「即物窮理」，也仍然是屬於道德實踐的工夫問題。在此，那個「普遍的理」（存在之理、實現之理）不只是就一般事物而言，同時也該括了「即是理」的性體、仁體、道體、太極。在即物窮理的方式之下，連同仁體等也被平置爲「心知之明」所認知的對象。⓭

於是，那作爲「理」的道體、性體、仁體，皆被堆置而爲「客」爲「所」，而不能反身爲「主」爲「能」（依朱子的思理，虛靈知覺的心知，才是即物窮理中的主、能）。如此一來，從孟子以來儒家正宗所講的那個立體直貫而能起道德創造作用的「實體性的至善心體」，也就無從說起了。結果，「心」與「理」當然析而爲二（至於通過工夫而達到的心理合一，只是兩層合一，不是本一、眞一）。基於這種「主智主義的道德形上學」（牟先生判朱子之語）而表現的道德，必爲他律道德。唯有作爲道德創造之源的「心性理是一」的理道，於穆不已地自覺自發、自主自律、自定方向、自發命令，純亦不已地表現道德行爲，這才是自律道德。儒家傳統之大流

⓭ 按、依朱子，仁是性，性是理，理遍在於萬物，枯槁之物亦皆有性（理）。故朱子又有「統體一太極，物物一太極」之說（有如月印萬川，前句猶天上之月，後句猶萬川之月）。而太極即是理，即是道，理道遍在於物，故皆平置爲心知之所對，爲「即物窮理」之對象。

是自律道德，故他律道德不能取代自律道德的正宗地位。不過，在儒家的王國裡，既有自律道德系統爲主綱，又有他律道德系統相輔助，倒也可以使儒家學術的豐富性、包容性，達於更爲弘博的程度。

朱子的「即物窮理」，其窮究的方式雖然是橫列的、認知的，但由於他的主題仍然是道德實踐，所以並不具備積極的知識意義。因爲，窮究存在之理乃是哲學的態度；必須窮究存在事物的曲折之相（即事物本身的性質、數量、關係等等），才是科學的態度。朱子自是性理學家，而不是科學家。但朱子的理氣之分，卻也含有「可以引出科學知識」的思想根據：

就「理」上建立的，是哲學、道德學。

就「氣」上建立的，則是積極的知識（科學）。

前者是朱子的本行，後者則是他「道問學」的過程中、順帶出來的。當然，朱子對於知識也有很濃的興趣，如像語類卷二卷三論天地、鬼神，都是就「存在之然」而作討論。由氣的造作營爲來說明自然界的情形，雖然還沒有達到科學的階段，但討論氣的造作營爲，其性質是屬於物理的，在基本原則處也是科學的，當然可以向科學走。

在朱子的「道問學」與「即物窮理」中，的確隱含著「純知識面」的眞精神，並非只是空泛的讀書。而朱子的大弟子蔡元定，尤其具有這種純知識的興趣，而且很能表現這方面的才智。雖然只是屬於「老式的、前科學的」，但卻不能不說是科學的心靈。因此，順朱子

「即物窮理」的方式轉進一步：

(1)由窮究存在之理，轉而爲窮究存在事物本身的曲折之相；

(2)由哲學、道德學的即物窮理，轉而爲科學的即物窮理；

這樣，是可以順通而開出「知識之學」的。而且，朱子所講的「心」，也正是知性層的認知心。在今天，中國文化不只是「繼往」，還必須「開來」，除了政治上務必完成民主政體的建國大業，在「開物成務」「利用厚生」的要求下，中國文化尤其必須推進一步，以自本自根地開出科學知識（不只是學習西方，更不能只是移花接木）。在此，朱子（還有荀子）的心論及其重智的傾向，正好是一個現成的思想線索。這也就是朱子心性思想的時代意義之所在。

二〇〇〇年十二月　中國哲學會紀念朱子逝世八百年學術會議論文

參、從人文教化看朱子的成就與影響

一、楔子：從當代新儒的缺憾說起

當代新儒家以「返本開新」自期許。這是一句很確實的話。二十世紀的中國知識分子，新派多忘本，而新儒家不忘本，並且要返本尋根、正本清源。舊派怕革新，而新儒家則支持革新，並且要開創新機、開出新路。

當代新儒家的學術貢獻，可以約爲五點：⑴闡揚內聖心性之學，使儒釋道三教的義理系統，煥然復明於世。⑵本於內聖之學以豁醒外王大義，疏導中國文化中政道事功與科學之問題，以開展外王之宏規。⑶抉發中國哲學思想中所涵蘊的問題，使「中國有沒有哲學？什麼是中國的哲學？中西哲學的特質是什麼？」這三個「國人的世紀困惑」得以解消。❶⑷打通中國哲學史上大開大合演進發展的關節脈絡，爲今後「中國哲學史」的撰寫工作，創造了有利而且穩妥的條件。⑸疏通中西哲學會通的道路。從「時代性」與「學術性」兩方面而作出

❶ 參蔡仁厚：《孔子的生命境界：儒學的反思與開展》，臺北、學生書局，一九九八年四月，頁一五〇——一五二。

全面的考量和精確的衡定。❷

據上述五點，可知當代新儒家在學術思想方面確有卓越的貢獻。但在教化方面，則由於政治社會之轉形與學校教育之變革，形成儒家在理論與實踐之間的重大落差。儘管當代新儒的第一代，對於鄉村建設之倡導，政黨政治之踐行，風教倫常之重視，皆能精誠貫徹，但客觀地看，不但成效不彰，而且難以著力。而第二代第三代的新儒，則基本上都是教授、學者，偶而有人從政 也不過「盡心焉耳矣」。近年又推動「兒童讀經」，獲得兩岸三地與南洋美加各地華人社會的廣泛回應。但兒童蓄積聖賢的智慧體，從吸收消化到發酵起作用，恐怕還得二三十年。至於設置「天地聖親師」三祭牌位的重申與呼籲❸，本是一項極有教化意義而又簡易可行之佳事，但限於居住的環境與感受之不同，恐怕一時之間也難望普遍採行。

據此，我們對於當代（二十世紀）的新儒家，實可提出這樣的評介：

在學術思想上，致力於返本以開新；

在教化功能上，則仍然衰微而不振。

什麼時候，新儒家的學術思想，才能落實於社會風教，通貫於政治運作，融釋於日常生活？

❷ 同註❶，頁一五五—一五七。

❸ 同註❶，頁三五—三八〈生命的本始：天地、祖先、聖賢〉。

老實說，沒有人能做出答案。然而，每一個人卻又可以確信，基於「人同此心，心同此理」的同然嚮往，儒家的常理常道終必自然而然地發竅於「耳、目、口、鼻、身」，經由「視、聽、言、動」而顯發於個己行爲和群體生活，以展示爲多姿多采的實踐。

文化理想的落實，方面很多，而最根本的還是教養的問題。分而言之，有所謂家庭教育，學校教育，社會教育，會起來都屬於文化教養。而當前中國（無分臺灣、香港、大陸）的種種問題，本質上也仍然是文化教養的問題。

於是，我們對於「朱子型」的儒者，乃油然生起思慕之情。（更何況今年又正是朱子逝世八百周年。）

二、朱子的二大成就

我們講性理學，一定會面對朱陸異同以及陽明評論朱子的問題。二十世紀末葉，儒家剝極而復，無論先秦或宋明的儒家思想，都在全面關注、全程疏導之中而漸漸顯出眞相實義。當代新儒家不再拘於門戶之見，而能通貫古今融會中西來看問題。現在我們可以明確指出，儒家的心性之學，雖然內容繁富，而又實可約爲兩大基型。一爲心即性、性即心，心性是一。二爲性乃形上之理，心屬形下之氣，心性爲二。❹

❹ 按：「心性是一」與「心性爲二」兩個系統的疏解與衡定，請參閱蔡仁厚〈韓儒田艮齋的心性論〉，一九九九年十二月，臺北、《鵝湖學誌》第二十三期頁五—十，論「儒家心性論的兩個基型」。

「心性是一」的系統，含有四個主要論點：(1)心是實體性的道德本心。(2)本心即理，心同理同。(3)心性天（理）通而爲一，即心即性即理。(4)仁是心，亦是性，亦是理，亦是道。而「心性爲二」的系統，也含有四個主要論點：(1)心是虛壹靜的「大清明」，是氣之靈、氣之精爽。(2)性是理（只是理）：性體、性理、性分（不說性覺、性能）。(3)心性情三分（理氣二分）：心統性情。(4)仁是性、是理、是道——但仁不是心（而是心之德）。

先秦的孔孟與宋明的陸王（其實，程明道與周濂溪、張橫渠以及胡五峰、劉蕺山，亦皆屬之），是康德所謂「自律道德」之系統（仁義之理，內在於心，故自主自律）。程伊川與朱子（亦可上通荀子）則是康德所謂「他律道德」的系統（仁義之理，並不內在於心，故道德律則在心氣之外的「道體、性體」處，必須通過涵養、察識、居敬、窮理，然後攝理歸心，心與理才通合而爲一。必須如此，道德實踐乃可達於順適，而成就善，成就德。）朱子繼承伊川的思路，在儒家正宗大流之外，完成一個新的「他律道德」的系統，實在非常偉大。

朱子和陸王的差異，只是系統的不同，並沒有對或錯的問題，甚至也不必作優劣的分判。因爲客觀地看，「自律」、「他律」都是道德學的系統。二者並行而不悖，可以「和而不同」（雖不同而能和）。

所以，我們同時承認朱子的二大成就：

1.他是儒家他律道德系統的集大成者。

2.亦是儒家人文教化功能的大實踐者。

第一點，近年來學界已漸漸形成共識，第二點，則須稍較詳細來加以說明。試分三大

類項，分別概述如下。❺

第一類項，教學與書院

所有的理學家，幾乎都是終身教學，也多半曾在書院從事講學的活動，而朱子則是其中最為特出的典型。中國歷史上有所謂四大書院：白鹿洞書院、岳麓書院、石鼓書院、睢陽書院。前二者都經朱子復建或修建，所以也特為著名。

白鹿洞書院位於江西廬山。自東晉以來，廬山便已成為高僧與文人薈萃之地。唐代李渤兄弟，偕隱白鹿洞。之後，屢有學人文士結伴來此隱居讀書。五代十國之時，南唐李後主之祖（西元九三七至九四二在位）開始設立白鹿洞學館，置田以給諸生，學子大集，乃以國子監九經李善道為洞主，掌其教授。北宋之時，猶有學徒數十百人，宋太宗曾詔賜九經印本，地方官又漸次擴建學館書堂。後經兵亂，屋宇不存。到南宋孝宗紹熙六年（一一七九）朱子知南康軍（位階同太守），因行視阪塘水利而至廬山，訪得白鹿洞遺址，乃奏報朝廷，全力復建白鹿洞書院，並請頒賜九經注疏，又置學田以贍養學者，其規模遂為「海內書院第一」（潘耒「遊廬山記」中語）。是時，陸象山來訪，朱子特請象山升講席，講論語「君子喻於義，小人

---

❺ 本節述及朱子相關之遺蹟遺事，多取材於廈門大學高令印教授所著《朱子事蹟考》一書，一九八七年十月，上海人民出版社。

喻於利」一章，發揮義利之辨，朱子與學徒深受感動，特請象山筆之於書，刻石立碑，是即所謂〈白鹿洞書院講義〉。而象山此一講義，遂與朱子所撰之〈白鹿洞書院學規〉，並垂不朽。

岳麓書院，在湖南長沙（現為湖南大學校址），創建於北宋太宗時，南宋初，因戰亂毀損大半，孝宗乾道元年（一一六五），湖南安撫使劉珙復建，並請張南軒主持教學。一一六七年八月，朱子自閩專程來訪南軒，並在岳麓書院講學，又手書「忠孝廉節」四個大字於講堂，後經刻石，至今猶存。一一九四年，朱子任湖南安撫使，知潭州（長沙），又再作修建，且將〈白鹿洞書院學規〉亦頒為「岳麓書院學規」。當其盛時，學徒千餘人，食田數十頃。故諺曰「道林三百眾，書院一千徒」云云。

由於朱子樹立書院講學之風範，所以從朱子生前到身後，數百年來留下的書院書堂，遍及各地，而閩中尤其比比皆是。今只舉列名稱若干，以見其概。

(一)朱子誕生之地，福建尤溪有「南溪書院」，合祀朱子及其父韋齋（曾任尤溪縣尉）。院中有「半畝方塘」、「活水亭」、「天光雲影亭」。康熙時，御賜「文山毓哲」匾額。

(二)朱子八歲至十四歲居建甌，有畫卦亭（朱子八歲與群兒嬉戲時，獨端坐以指畫沙，視之，八卦也）。朱子卒後二十七年，邑人立祠以祀朱子，後稱「建安書院」。

(三)朱子十五歲，遵父遺命，遷於崇安五夫里依父執輩劉子羽等。其居處稱「紫陽書堂」或「紫陽樓」。又有「三峰鼎寺」、「紫陽流風」等磚坊，以及「朱子社倉」、「興賢書院」。

(四)朱子任同安主簿四年，曾創立「經史閣」、「同安縣學」。又建「蘇公祠」（紀念同安鄉賢北宋故丞相蘇頌）、朱子卒後十二年，同安人建「朱文公祠堂」以祀之。後又改稱「大同書院」以爲講學之所。

(五)朱子官同安時，常往來於鄰近之安溪。後人特就其講學之地建「鳳山書院」。朱子曾遊廈門島，撰有「金榜山記」，後人建「玉屛書院」，內有朱子祠、集賢祠。朱子也曾巡學而至金門島，今金門「朱子祠」即建於「燕南書院」舊址云。

(六)泉州安海石井鎭（朱子之父曾任該地監稅之職），建有「朱文公祠」，又有「石井書院」。泉州各地有關朱子之遺跡，還有「朱子泉」、「過化亭」、「叢竹書院」、「泉山書院」等。

(七)南平是朱子之師李延平的家鄉，朱子從延平問學，在南平多有遊蹤，後世特建「延平書院」（合祀楊龜山、羅豫章、李延平、朱子）與「九龍書院」。

(八)朱子四十歲，母祝氏卒，葬於建陽。朱子築「寒泉精舍」於雲谷山爲守墓之所。《近思錄》即完編於寒泉精舍中。精舍又稱「雲谷晦庵」。後又建「道源堂」、「同文書院」。明代朱子九世孫得官府之助，就晦庵舊址改建爲「雲谷書院」。

(九)朱子在崇安（今爲武夷山市）居家最久，凡所講習遊憩之處，皆先後建有書院講堂，諸如「水濂講堂」、「瑞樟書院」、「武夷精舍」、「紫陽書院」等。

(十)朱子任漳州守，漳州一帶有「教授廳」、「復軒」、「解經處」、「讀書庵」、「道源堂」、「龍江書院」、「雲山書院」、「丹霞書院」。

(十一)朱子任官浙東約九月，每往返臨安，又多所訪遊，故浙東各地有「包山書院」、「五峰書院」、「石洞書院」、「三賢堂」等。

(十二)朱子晚年居建陽之考亭，遺跡有「竹林精舍」、「滄州精舍」、「考亭書院」、「清邃閣」、「燕居祠」等。

上所列舉，屬第一類項，以書院爲中心。由此可知，從朱子生前緜衍於世世代代，凡朱子人格之感召、教澤之廣被、學脈之傳承、講學之流風，皆可看出朱子踐行儒聖之道的精誠篤志。其過化存神之跡，從人文教化的層面而言，可說孔子以後，一人而已。

第二類項，墨蹟、題榜、碑刻

朱子不但是理學家，亦是書法家，能作大字，並精於鐫刻。

朱子所遊之處，多手書摩崖刻石。茲舉數例如下：⑴武夷山有六曲響聲岩刻字云：「何淑京、朱仲晦、蔡季通、呂伯恭……淳熙乙未五月二十一日，晦翁。」⑵莆田蒼梧東坡小石山有摩崖題名云：「淳熙癸卯仲冬，朱仲晦登」。字徑尺餘、正楷。朱子此刻的書法特點，清人陳棨仁評曰：「凝厚蘊藉，無一懈筆。賢者固無所不用心也。」⑶在烏石山摩崖題名云：「趙子直、朱仲晦；淳熙癸卯仲冬丙子同登。」徑一尺，楷書。據福建通志記載，朱子避僞學之禁入福州，趙汝愚（子直）適守福州，常同登烏石山，鐫年月姓名於石云。⑷廬山五老峰有題疊石庵云：「晦翁與程正思、丁復之、黃直卿俱來，覽觀江山之勝，樂之忘歸。時淳熙己亥重午日，翁子在（晦翁之子朱在）、甥魏恪侍行。」⑸廬山濂溪祠有「書濂溪光風霽月亭」云：「淳熙八年，歲在辛丑，夏四月六日，後學朱熹、張揚卿、王沅……黃榦，敬再拜於濂溪先生書堂下……歎慕低徊弗忍去。熹乃復出所誦說先生太極圖，贊其義以曉衆，咸曰：休哉。退，先生之曾孫正卿、彥卿，玄孫濤設饌光風霽月亭，祁眞卿、吳兼善，僧志南與熹，敬書以志。」

按：遊山摩崖刻石，凡題詞、書寫、鐫刻，皆須鄭重其事，擇適當之處而題刻，使粗重之山岩，涵潤人文之情志，顯發書法之美感。我一向認爲，自然加上人文，才夠美，才能使空間的風景伸展到古往今來的時間流裡，而令人俯仰興思，流連低徊。中國的名勝古蹟、名剎廟宇，全都是自然與人文的融合。人在其中，既可以神遊千古，也可以心通天地。據此以觀朱子的摩崖題字，亦正具有這樣的意義。（附言：近世登山者，動輒在山石岩壁間題寫「某某到此一遊」，字既拙劣傖俗，位置也全不考究，此正失去人文教養之表徵，豈不可憾可恨也耶！）

由於朱子善於作大字，所以在各處的題榜，也甚爲可觀。

㈠「溪山第一」，這本是朱子四十二歲重遊幼年生活之尤溪所題，後來各地摹寫轉刻者甚多，如漳州龍溪雲洞石壁上，南平西北福星橋上，以及閩清縣龍潭梅塢碑，建陽考亭，吉田雙溪等處，皆是。而福建境外，有如浙江黃岩、廣東海陽等地亦有摹刻。

㈡「明倫堂」，亦首先爲尤溪縣學所題。此後天下學宮之明倫堂大多依此而摹寫。（去年十一月，我在韓國大邱鄉校，見到大成殿旁「明倫堂」之匾額，標示「新安朱熹」字樣，也是以此爲模也。）

㈢崇安五夫里爲朱子定居之地，故題榜特多。如「紫陽書堂」「屏山書院」以及「會仙橋」、「水竹居」、「六經堂」、「平川橋」、「覽翠」等。

(四)同安爲朱子初政之地，朱子留下之題榜石刻，有徑二尺之大字「同山」以及「蘆山」」、「瞻亭」、「極目」、「靈源」、「同民安」、「中流砥柱」等。另有「牧愛堂」三大字刻石，甚爲方正端重。

(五)泉州溫陵書院有「小山叢竹」石刻。南安、永春有「鵬峰勝地」、「鐵峰岩」。安溪原考亭書院有「仙苑」摩崖石刻。

(六)福州烏石山有「畊雲釣月」、「鶴林鳳邱」、「石室清隱」諸摩崖石刻，或行書，或草書，而各處「光風霽月」之題榜，則自江西白鹿洞書院原模轉刻而來。而鼓山湧泉寺大頂峰，有朱子大書「天風海濤」四字刻石。

(七)福州附近各縣，朱子題榜甚多，如「文山秀氣」、「蒼霞亭」、「白雲深處」、「梅溪」、「華峰」等。

(八)崇安武夷山題刻尤多，如正書於二曲者有「靈岩」，於四曲者有「九曲石」，於五曲者有「茶社」、「觀復」。行書於六曲響聲岩者有「逝者如斯」、「晞眞館」。正書於樓閣岩者有「天山明月」、「方竹叢生」。正書於大王峰左側者有「幔亭」二字之巨大摩崖，乃幔亭峰之標志，數里外皆可辨認。

(九)在江西廬山的題榜石刻，有「鹿洞」二大字，以及「釣台」、「枕流」、「漱石」、「聽泉」、「隱處」、「清靜退庵」、「貫道橋」、「歸去來館」、「白鹿洞館」、「勅白鹿洞書院」等。

(十)朱子在浙江的榜書多亭齋名，如「萬溪書堂」、「遠庵」、「希賢齋」、「濯纓亭」、

「逸志亭」、「水月亭」、「小樊川」、「擘翠亭」、「雙崖」、「月峽」、「嵐關」、「桂磴」等。

(十一)在慶元黨禁期間，朱子在古田避難最久，遺留榜書亦最多。如「不貳室」、「興賢齋」、「螺峰書院」、「浣溪書院」、「藍田書院」、「聚星」、「引用」、「文昌閣」、「四會亭」，以及近年發現之石碣「韋齋舊治」（今存尤溪縣文化館）。

第三類項，楹聯、題詞、畫像

清人梁章鉅《楹聯叢話》謂：南宋時楹帖盛行，雖大賢亦多措意於此。而朱子聯語，存者尚多云。今錄數則於此：

(1)讀聖賢書，行仁義事；存忠孝心，立修身志。

(2)日月兩輪天地眼；詩書萬卷聖賢心。

(3)道通天地，氣象風雷；孝弟忠信，禮義廉恥。

(4)大學戶庭，中庸閫奧；文章華國，詩禮傳家。

(5)克己復禮，清心寡欲；居敬行簡，夙興夜寐。

(6)瑞雪祥雲瀰宇宙；春風和氣滿乾坤。

(7)雪堂養浩凝清氣；月窟觀空靜我神。

此外，泉州開元寺有民國弘一法師補刻朱子一聯云：

(8)此地古稱佛國；滿街都是聖人。

聯語之外，朱子又有很多吉語題詞，其墨蹟留存各處：

(1)「正氣」木刻匾，現存泉州開元寺。

(2)「鳶飛魚躍」本爲南平西林院木刻匾，現存建陽文化館。

(3)「勇猛精進」，晉江安海草庵寺原木刻匾，弘一法師重刻。

(4)「志向高明」木刻匾，現存建陽文化館。

(5)「道脈心傳」四字額，南平草峰庵石刻，建州紫陽書院有仿刻。

(6)「忠孝廉節」，初刻於湖南岳麓書院，後各省府州縣皆有仿刻。我家鄉十里茶亭左右壁上，亦仿摹此四字，甚感莊重。而臺南文廟拓碑則爲「忠孝節義」四字，不知出自何處。

(7)「福」「壽」，福州烏石出遺存大「福」字刻石，鼓山湧泉寺遺存特大「壽」字刻石。皆相傳爲朱子手筆。

(8)「遙通洙泗」、「文行忠信」、「觀物」、「觀德」，留存之朱子墨蹟刻石。

(9)「靜我神」、「靜神養氣」石刻拓片，懸於武夷山慧苑寺東廳正中。

(10)「海濱鄒魯」木刻匾，懸於福州西關譙樓。

(11)「敬以直內，義以方外」，朱子行書匾，在湖南衡州府學。

(12)「上帝臨汝，毋貳爾心」八大字碑，在衡陽縣學。

另外，朱子亦善畫像，且能對鏡自畫。明人陳繼儒在《太平清話》卷三有云：「朱紫陽畫，深得吳道子筆法。」如今福建發現朱子「對鏡寫眞題以自警」石刻四塊。其中建陽文化館有大小二塊，小者破壞不可辨識，大者高一公尺二十公分，寬半公尺，是全身像，題爲紹熙五年（朱子六十五歲）。福州鼓山湧泉寺水雲亭之一塊，高二公尺半，寬一公尺，亦爲全身像，題爲紹熙五年。乃清道光十四年，三山魏杰重刻。第四塊半身像，是建甌文化館所藏雍正年間朱子十六世孫朱玉所刻。左下方落欵處有說明，文曰：

家廟遺碑，數毀兵火。後之重鐫，皆失其舊。此文公六十一歲對鏡之寫眞也。威儀整肅，體備中和。謹依元本鈎摹重鐫，俾海內名宿景仰尊崇，儼然見先賢當年之氣象云。十六代孫玉百拜鐫石。

像之上方，有朱子自警詞，文曰：

從容乎禮法之場，沉潛乎仁義之府，是予蓋將有意焉，而力莫能與也。佩先師之格言，奉前烈之遺矩，惟闇然而回修，或庶幾乎斯語。紹熙元年孟春良日，熹對鏡寫眞題以自警。（附按：像之右方有數行序文，今從略。）

上述四塊朱子像，廈門大學高令印教授認爲第四塊最爲可靠。據朱子七十一歲（一二〇〇年）二月，爲南城吳氏社倉書樓所懸寫眞題詩：「蒼顏已是十年前（按紹熙元年，朱子六十一歲，正畫像之時也，至此已十年矣），把鏡回看一悵然；履薄臨深驚無幾，且將餘日付殘編。」是年十一月初九，朱子病卒。

相傳朱子右臉頰上有七黑子。臺北故宮博物院所藏「宋徽國朱文公遺像」，頗顯其眞。❻

以上三大類項的記述，並非完整，但已佔了很大的篇幅。筆者的意思，是要讓這些看似散雜的文獻資料，來具體地烘托出朱子在人文教化上「緜緜持續，鉅細不遺」的敦篤實踐。我們試閉目神遊於朱子各地的遺蹟，便彷彿目見朱子的身影，活現在祠宇書堂，在田間山野，在奇岩溪崖……一個眞實的生命，竟可以如此神奇地隨文字墨蹟而永遠存活。平常所謂「與河山並壽，與天地並存」，竟也成了平實的眞話。這倒是我此刻一個小小卻親切無比的發現，實在喜慰無限。

此外，還有生活禮儀（朱門後學編成朱子家禮，爲民間普遍遵行），與生活教養，以及詩歌、文賦、碑碣、銘箴等等，亦代表朱子在人文實踐上所顯現的面相。由於篇幅所限，便割愛了。

三、朱子在文教上的影響

朱子的性理學，在中國本土成爲「元、明、清」三朝的官學正宗。在韓國李朝，更奉

❻ 按：一九八二年，臺北、學生書局爲檀島國際朱熹會議出版陳榮捷、劉述先、蔡仁厚三人之書，封面有朱子像，即據故宮博物院之藏本。一九九二年，中央研究院文哲所印行《晦翁翰墨》，內有朱子像數幀，可參考。

爲治國的理念。凡講經學，講做人，講儒家教化，必以朱子爲典範。在日本，朱子學也是德川幕府的官學。後來陽明學傳入日本，仍然不影響朱子的正宗地位。

在儒家心性成德之教上，如前所說，有心性是一的自律道德的系統，也有心性爲二的他律道德的系統。因此，在中國本土，朱子學的正宗（官學）地位，隨時都要面臨挑戰。不過，學術思想上的「辨異同」，向來都只是少數學者思想家的工作。唯有得乎「同然之心」的人文教化，才眞正能夠超越宗派，化解門戶，而風行草偃。這正是儒家作爲一個教的性格而顯現的人文化成。

儒家這個「大教」，沒有教會組織，沒有僧侶制度，沒有特殊儀式（如入教受洗、出家受戒），沒有教條和對獨一眞神的義務，沒有權威性的教義（如明確的來生觀念，決定的罪惡觀念，特定的救贖條件等）。因此，從形式上看，儒家不像一個宗教。然而，宗教的形態本來就是多樣性的，並沒有理由一定要採取某種形式。有一天，人類或許會發現，儒家這一個最不顯「形式相」的「道德的宗教」，才是最純淨圓熟的形式。❼如果人類眞能認取儒家之教的形態，則數千年來各大宗教造成的災害，皆可一一化解（故中國歷史上從來沒有宗教戰爭），而歸於「太和」之境。（不是大同，而是和而不同，雖不同而能和的太和。）

這一節的標題，是要說明朱子在文教上的影響，卻先說一段看來似不相干的話。其實，這是相干的。朱子在文教上的影響，本質上就是儒家成德之教的眞切體現。

---

❼ 參蔡仁厚：《孔孟荀哲學》，臺北、學生書局，一九八四年十二月，頁一三八——一四二〈略說儒家的宗教性〉。

我們試沉潛一思，一個人從幼童而少年，而青年，而壯盛之年，而中晚之年。這一個漫長的人生過程中，無論你爲士、爲農、爲工、爲商，也無論是立身處世、待人接物；你奉持的規矩，踐行的道理，畢竟從何處來？我們可以回答：從家教來，從師教來，從禮教來，從經典來……具體而言之，「視、聽、言、動」的規矩，是「禮」。孔子說，非禮勿視、勿聽、勿言、勿動。但禮儀在哪裡？若說在「三禮」裡面，那就顯得太高深；若說就在「朱子家禮」裡面，便感到自然親切而又具體了。朱子家禮並非朝廷功令，乃是民間自然依循，因此才成爲數百年來儒家文化地帶（涵蓋中、韓、日、越）在婚喪喜慶與人倫日用上所共同採行的生活寶典。如今，朱子家禮的功能性，權威性，皆已散塌失落（民間雖保留一些，也呈零落狀態），所以中華大地「婚喪喜慶」的規矩儀節，也隨之而幾幾乎蕩然無存了。在新的社會、新的時代、新的生活方式裡，實在需要一套新的禮儀規範，這是「制禮作樂」的大事業。何時可以做出來？不曉得。但，終必有之。

其次，人必須讀書，尤其要讀「經典」。各大宗教，或誦經、唱經，或講經、查經，因爲經典是智慧之海，無人可以忽視。我國自宋季元明以來，士人所讀的經典，是「四書五經」。四書是朱子的「集註本」，而五經中的《周易本義》（朱子）、《詩經集傳》（朱子）、《書經集傳》（朱子門人蔡沈奉朱子遺命而撰）、《禮記集說》（朱子後學元儒陳澔撰），都是朱子學的系統，再加上原古的《春秋》三傳（左、穀、公羊），乃構成完整的基本教典。這在人文教化的基本文獻上，有著極其普遍而深遠的影響。今後，中華民族的經典教育，將採何種形態？何種方式？這是不能不全心關注的。（原則上，雖然仍將以四書五經爲本，而「子、史、詩文」的精粹，也不可忽。）

復次，就人文景觀而言，建築是其中的大項，有如宮殿、城堡、園林、祠廟、亭臺、樓閣，以及佛教的寺院、道家的道觀，其他宗教的教堂，還有名勝、古蹟、華表、寶塔……這些都是人文景觀中的犖犖大者。歷來對這些方面措意最多，潤澤最深，影響最大的儒者，無疑要數朱夫子。這些靜態的人文景觀，必然會配上動態的人文活動。上面提到的婚喪喜慶之禮，和隨順四時節氣的各種儀式、習俗，都是最自然而亦最深刻的人文教化之表現。朱子在這些地方所顯發的（直接的或間接的）影響，不但遍於華夏，而且延及南洋和韓國、日本。如果就這個層面而論，則大陸各地在文化大革命結束以後，也漸漸地在硬體的人文教化上「恢復舊觀」，雖然各地所恢復的，未必很合宜，但中華民族和中華文化的生命心靈，實已一步步從各種束縛中解放出來了，也一步步回歸正常、回歸理性了。

若問如何使傳統的文教與現代化連結起來，筆者也已作過一些思考，在綜結中國現代化的兩大綱領❽之外，又從「器物層」、「生活層」、「理念層」這三個層次作過討論。❾筆者認為，朱子以及所有的儒者，都奉持「時中」原則，都會贊成中國文化的現代化。而在人文教化的層次上，朱子也必肯定新時代的生活規範。但新的物事也必由舊的傳統蛻變而來。

❽ 按：中國現代化的兩個綱領，指(1)民主政體的建國，(2)科學技術的發展。參蔡仁厚：《儒學的常與變》，臺北、東大圖書公司，一九九〇年十月，頁五一—五七。

❾ 參蔡仁厚：《儒學的常與變》，頁六四—七四。

因此，所謂「返本開新」的常則，也與「體常以盡變」（守常以應變）的道理，正相吻合。

四、結語——呼喚（朱子型的）新儒出世

當代新儒家的第一代和第二代，都已走入歷史，第三代也已進入老年，第四代已開始展現頭角而蔚爲楨榦。然則，筆者何以還要在這裡「呼喚新儒出世」？

第一，是要表露特殊的虔敬和鄭重。

第二，是迫切盼望特型人格之降生。

歷史的氣運，不同於理性的原則。理性原則有定常性，而歷史氣運則是不可測、不可知的。面對歷史的運會，不能只靠人有限的努力，而要靠人無限的眞誠。所以致力於計慮是常常無效的，必須出之以虔敬的心意。凡是算計不來的東西，便由至誠的心聲來呼求。計慮、算計，顯示人的智力、智思；虔敬、呼喚，則流露人的性情、眞誠。竭慮殫思無所得時，也許一聲至誠的呼喚卻可以招來回應。我常常如此相信，雖然未必常獲證驗。

在可以預見的未來，儒家之學要想落實於生活，以普遍顯現人文教化的功能（不只是偶見成效），大概還需要一段很長的時間（五十年，一百年，二百年，難以預測）。我們在此時此地作心意表達，仍宜以「衷誠的呼喚」（發自內心深處的聲音）爲主。

史稱五代之末，柴世宗懷於天下喪亂，祝禱上蒼「早生聖人」（眞命天子）。在此二十世紀之末，我們也應祝願：希望朱子型的儒家人物早早出世，使儒家「雍容平和，清懿莊穆」的人文教化，能依隨傑出的生命而重新昭顯「化民成俗」的廣大功能，以臻斯民於情理融通、安和樂利之境。讓大地之上的人們，以自律輔以他律，來化解生命中的「貪婪、凶殘」和言行上的「鄙陋、低俗」吧！敬禱天心回轉，如我所願。

二〇〇〇年　臺北鵝湖雜誌紀念朱子逝世八百年學術會議論文

肆、朱陸異同與象山實學

這次會議，名爲「新鵝湖之會」，實在饒有深意。距今八二六年以前（西元一一七五），朱子與二陸（復齋、象山）應呂祖謙之約在鉛山鵝湖寺相會。今年，上饒師院朱子學研究所聯合相關單位舉辦朱子誕生八七〇周年國際學術會議，當然是一件盛事。承蒙大會相邀發表論文，特選朱陸異同爲題，並指出象山心學，實乃聖門之實學。希望藉此一掃數百年來之誤解，以光復先賢學術之眞相。尚祈邦人君子，不吝指教是幸。

一、朱陸心性之學的對較

心性論是儒家思想的核心。從孔子以下，歷代諸儒的心性講論，雖然內容繁富，而又實可約爲兩大基型。

一爲心即性，性即心，「心性是一」。

二爲性乃形上之理，心屬形下之氣，「心性爲二」。

朱子的心性論，心性爲二；陸象山的心性論，則順承孟子，心性是一。爲了敘述方便，本節將先講象山，後講朱子。

［附按］：本文引用古籍文獻，皆屬學者習見之言，不煩再作註記。欲知其詳者，請參閱拙著《孔孟荀哲學》、《宋明理學》、《王陽明哲學》、《中國哲學史大綱》。

㈠象山：「心性是一」的系統

孔子以「不安」指點仁，孟子以「不忍」指點仁，都是落在「心」上來講仁。孟子認為仁義之心是「天所與我者」，是「我固有之」，也是「人皆有之」的。孟子又說「聖人與我同類者」，「聖人先得我心之同然耳」。又說，盡心可以知性，知性可以知天。故依孟子的義理，本心即是性，而性出於天，「心、性、天」是可以通而為一的。

再下來，通過中庸、易傳「天道性命相貫通」的思想，以及宋明儒的引申發揮，更可了解儒家主流所講的心，不只是「心」，也同時是「性」，同時是「理」、「道」。程明道的〈識仁篇〉便是這樣講的。到陸象山本於孟子「仁義內在」（仁義之理，內在於心）而直接說「心即理」，王陽明進而說「良知即是天理」，也是「心即理」的申述。這個「心性是一」的基型，含有四個主要的論點。

1. 心，是實體性的道德本心

心，不是指感性層的心理學講的「喜怒哀樂愛惡欲」，也不是指知性層上「知慮思辨」的認知心（心之智用），而是指說德性層上道德的本心。道德本心也即是性理實體，所以是實體性的道德的本心。

2.本心即理，心同理同

孟子以四端之心與不忍人之心指點人的善性，這是即心言性，以心善指證性善，故本心即性。（惻隱、羞惡、恭敬、是非之心，即是仁、義、禮、智之性）。人心有同然，所同然者是指理、義，陸象山本於孟子同然之義而說心同理同，於是「人同此心，心同此理」，乃成普遍之信念。

3.心性天（理）通而為一，即心即性即理

孟子謂「盡其心者，知其性也。知其性則知天矣」。程明道據之而說「只心便是天」。同時他又體貼出「天理」二字，爲儒學之根核。故「心、性、天」通而爲一，亦即「心、性、理」通而爲一。儒聖所言之天理實體，同時是心，亦同時是性，亦同時是理，故「性即理」與「心即理」同時成立。

4.仁是心，亦是性，亦是理，亦是道

從孔子孟子下及程明道，言「仁」之意，可簡括爲下表：

仁體
即是心　主觀義（心）
亦是性　客觀義（性）
亦是理
亦是道　絕對義（天）
心性天（理）通而爲一
天地之大德曰生，生德亦即是仁德

心，表主觀義，心通於性。性，表客觀義，性即理也。天，表絕對義，天理天道乃超越之體。惟依儒家之義，由超越而內在（天命之謂性），由內在而超越（盡心知性知天），乃是一個圓圈之兩來回，是即所謂「即超越即內在，即內在即超越」。故「天人合德」、「天道性命相貫通」之義，實自古有之。

以上四個論點，是「心性是一」這個系統的綱宗。上自孔子、孟子，下至陸象山、王陽明，皆屬於這個系統。就道德實踐而言，這個系統的工夫入路是非常明確而直接的。只要本心呈現起用，便自能成就主觀面與客觀面的道德價值（自修身到齊家治國平天下，甚至與天地合德，與萬物爲一體，莫不皆然）。故孔子只說「爲仁」，孟子只說「存心養性、擴充四端」，陸象山只說「明本心」，王陽明只說「致良知」，便足以凸顯講學宗旨，落實實踐工夫。

㈡朱子：「心性為二」的系統

儒家的心性之學，除了「心性是一」，尚有「心性爲二」一系，此可以先秦之荀子與北宋之程伊川、南宋之朱子爲代表。荀子言性惡，自與伊川、朱子不同；但如以荀子所言之禮（荀子之禮，實等同理、道）替換他所說之性，則荀子之系統實與伊川、朱子爲同一類型（同屬於「心性爲二」之系統）。三家所講之心，都不是德性層的道德心，而是知性層的認知心。性，或是心所對治的對象（如荀子），或是心所認知（攝取）的對象（如伊川、朱子）。這個「心性爲二」的基型，也含有四個主要的論點。

1. **心是虛壹靜的「大清明」，是氣之靈、氣之精爽**

荀子以虛而能容之「虛」，能兼知亦能專一之「壹」，能活動亦能靜慮之「靜」，爲心之所以爲心的三大特性。這種能知慮、能思辨的「虛壹靜」之心，荀子稱之爲「大清明」。朱子則指出，心是氣之靈處（氣之靈，顯發知覺思辨），是氣之精爽（精，神也，爽，明也，神而明之，心之智用也）。故心能知慮，能思辨，這是「以智識心」，是知性層的認知心。

2. **性是理**（只是理）**：性體、性理、性分**（不是性覺、性能）

程伊川首先說「性即理也」，朱子承之，更明確說出「性只是理」。「性只是理」這句補足語，極關重要。性只是「理」，便表示性不是「心」，不是「神」，也不能就性說「寂感」。於是，朱子的性理學，只能講說性體五義中的「性體、性理、性分」三義，而「性覺、性能」二義，則從性理本體脫落下來而歸屬於氣（心、神、寂感）。所以說朱子系統中的性理「只存有」而「不活動」（不言性覺、性能，不能妙運氣化生生不息）。其實朱子自己亦說性理「無情意、無計度、無造作」，此豈不就是只存有而不活動嗎？

3.心性情三分（理氣二分）：心統性情

性是理，心是氣之靈，情是氣之變，此一解析確定了「心性情三分」之格局，同時也含著「理氣二分」。性是未發，情是已發，而心之周流貫徹，通寂通感，則既統攝未發之性，亦統攝已發之情。心統性，是認知地統攝關連；心統情，則是行動地敷施發用。故朱子心性情三分之格局，可以借取張橫渠「心統性情」之語以爲說。

4.仁是性、是理、是道：但仁不是心（而是心之德）

程伊川以爲「愛自是情，仁自是性，豈可專以愛爲仁？」這是他有名的「仁性愛情」之說。意即：仁是性，是應然之理；愛是心、是情，是實然之氣。此仁性愛情之說，爲朱子所嚴格遵循。朱子謂「仁者，心之德，愛之理」。意即：仁不是心，不是愛，而是心所當具之德，是愛的所以然之理。

據此四點，可知伊川朱子的心性思想，實自成系統，與孔孟陸王有差異。孔孟陸王「心性是一」的系統，是德國大哲康德所謂「自律道德」的系統，仁義之理（道德律則）內在於心，故自主自律。伊川與朱子（亦可上通荀子），則是康德所謂「他律道德」的系統。仁義之理並不內在於心，故道德律則在心氣之外的道體性體處，必須通過涵養（心氣）、察識（情變）、居敬（敬貫動靜）、窮理（認知攝取事物之理），然後攝理歸心，心與理通合而爲一。如此，道德實踐乃可順適，而得以成善成德。

二、朱陸教學入路的通化

朱子和象山兩家學術的異同，是從「鵝湖之會」而顯現出來。拙著《宋明理學南宋篇》曾有記述與討論。總起來說，朱陸二家的異同，並不是門戶之見，更不是意氣之爭，而是二個不同系統的差異。如果內在於各自的系統來看，雙方的理路都很清楚，可以說都是對的。因此，後人不宜再依傍門戶互相攻訐，而應該彼此了解，彼此相知，再經由溝通而消除誤會。這樣，才可以順通古人講學論道的思路，分判雙方異同的癥結，以講明學術的眞相。

鵝湖之會時，朱子四十六歲，象山三十七歲。在《象山年譜》三十七歲下，錄有朱亨道一段記語云：

> 「鵝湖之會，論及教人。元晦之意，欲令人泛觀博覽，而後歸之約。二陸之意，欲先發明人之本心，而後使之博覽。朱以陸之教人爲太簡，陸以朱之教人爲支離……」

㈠博與約（太簡與支離）

朱子教人，先泛觀博覽，而後歸之約。象山教人，欲先發明人之本心，而後使博覽。這表示朱陸二家對於教人爲學的方法入路，有所不同。

有人說，孔子早有「博學於文，約之以禮」的話，朱子正是本於孔子的教言而主張先博後約。不過，孔子的話並沒對於博與約的先後，做出絕對的限定。人若能先「克己復禮」而後「博學於文」，豈不更好？（漢儒有云：士先器識，而後文藝。也是這一層上的道理。）

作爲一個「士」，當然要讀書，更應廣讀聖賢之書。但在科舉制度之下，讀書只成爲求取功名利祿的工具。如此，讀書不但無益，而且壞了心術，壞了學派。這個意思，朱子也有同感。他撰婺源藏書閣記有云：「自秦漢以來，士之所求於書者，類以記聞剽切爲功，而不及於窮理修身之要」。他確認窮理修身爲讀書之目的，提出「讀書只是見得許多道理」，而「以心體之，以身踐之」的讀書方法。他上孝宗劄子云：「爲學之道，莫先於窮理，窮理之要，必在於讀書。」上光宗疏文又云：「居敬持志，爲讀書之本，循序致精，爲讀書之法。」爲學就是要把書上的理逐漸積起來。他教人博覽，唯博覽乃能窮理，窮得了理，然後乃能約之於身，以切己受用。這是朱子教人爲學的大體宗旨。

而象山教人，卻不是先從讀書著手，而是先要「切己自反」，以「發明人之本心」。人能直透到念慮初萌的本心之源處，自能分辨是非，分辨義利。他與朱濟道書有云：「誠能立乎其大者，則區區時文之習，又何足以汩沒尊兄乎？」又宜章縣學記亦云：「從事場屋，今所不免。苟至於道，是安能害之哉？」象山要人在念慮初萌處，先做一個價值的轉換，他認爲人必須明本心，志於道，然後讀書才有個頭腦，才能樹立價值的準據。這樣，不但讀書有益，即使科舉時文，也可無害。如果缺少這段工夫，便是「不知學」。人不知學，「雖日日博學之，審問之，愼思之，明辨之，篤行之，然不知博學個什麼？審問個什麼？愼思個什麼？明辨個什麼？篤行個什麼？」（見語錄）反之，本心既明，則道理只是從我心中流出，讀書只是本心的一個印證，此即象山所謂「學苟知本，六經皆我註腳」之意。到得此時，任你博覽也好，精讀也好，細解文義也好，略觀大意也好，都能我心作主，都能切己受用。

象山與邵中孚書云：「大抵讀書，訓詁既通知後，但平心讀之，不必強加揣量……或有未通處，姑缺之無害。」可見象山教人，雖不先從讀書入手，但並不輕忽讀書。他與陳正己書有云：「前言往行，所當博識，古今興亡治亂，是非得失，亦當廣求而詳究之。」語錄又云：「漢書食貨志，後生可先讀；又著讀周官考工記。」據此，可見象山不但未輕忽讀書，而且教人要博覽廣求而詳究之。他責備包顯道輕忽讀聖賢書，說是「可謂奇怪」。他又以「束書不觀，游談無根」爲學者之大病。至於他自己，更是勤勉爲學。朱子曾懷疑象山教人之法會助長人之懶散，象山說：「某從來勤理會，長兄每四更一刻起時，只見某在讀書，常說與子弟以爲勤，他人莫及。今人卻言某懶，不曾去理會。好笑。」他甚至還說「後生唯讀書一路」。但「所謂讀書，須當明物理，揣事情，論事勢」。一日，季兄復齋問他在何處做工夫？他答道：「在人情、事勢、物理上做些工夫。」可知象山是要把讀書爲學歸結到實理實事上。實理實事，不能只以讀書爲主，而要通過人的道德主體（本心）之判斷體認以表現爲眞實之行爲，才算是實理實事。此便是象山要人「先發明本心，然後使之博覽」的原因所在。

至於「太簡」與「支離」的問題，也可以稍作疏通。「太簡」是朱子語，象山只說「易簡」。易簡，不是方法上的泛言，而是就易經「乾以易知，坤以簡能」而說。乾坤是萬化之源，人的本心亦涵萬德，生萬化。所以「乾知坤能」這個易簡的本源，一落實於主體，便是本心。通過心的自覺，才能相應於道德本體而做道德實踐。如此，學問便有個頭腦，有個把柄。故易繫辭傳云：「易簡則天下之理得矣。」否則，讀書博學便將落到外在的知解上，而與生命脫節，與主體疏離，變成與道德實踐不相干。

象山所謂「支離」，正是就「不相干」而說。與道德實踐不相干的博學，只是與生命脫節的空議論，只是與主體疏離的外在的閒知識。象山常責人「黏牙嚼舌」、「起爐作灶」、「杜撰立說」、「無風起浪」、「平地起土堆」。類此情形，皆是不相干的虛說虛見，而不是坦然明白的實理正見。所以無法據之而作道德實踐。據此可知，「支離」二字是單就「不能相應道德實踐」而言，並非泛指博文爲支離。

文天祥衣帶贊有云「讀聖賢書，所學何事」？人能知曉所學何事，即是「易簡」，此時讀聖賢之書，便是實學。反之，博覽聖賢之書而不知所學何事，便是「支離」。朱子一生的學問，是「窮理以致其知，反躬以踐其實」。但窮理以致知的向外活動，並不一定可以作爲「反躬以踐其實」的途轍或手段。由向外窮理轉爲反身（向內）以踐實，雖然可能，但很不容易。所以連朱子自己有時候也覺得是支離。他與呂子約書有云：「向來誠是太涉支離，蓋無本以自立，則事事皆病耳。」與象山書亦云：「熹衰病日侵，所幸邇來日用工夫，頗覺省力，無復向來支離之病。」但又一書云：「病中絕學捐書，卻覺身心收管，似有進處。向來汜濫，眞是不濟事。」其實，身心能否收管，在於能否「發明本心」、「先立其大」，而不在「絕學捐書」也。象山從未主張「斷絕問學、捐棄書籍」，而朱子卻總以爲象山「脫略文字」、「盡廢讀書」。由此可見，在「博與約」、「太簡與支離」這個問題上，象山並未過責朱子，而是朱子誤想象山。

㈡尊德性與道問學

在鵝湖之會以後的第八年，朱子與項平甫書有云：

> 大抵子思以來，教人之法，尊德性，道問學，兩事爲用力之要。今子靜所說是尊德性，而某平日所聞，卻是道問學上多。所以爲彼學者，多持守可觀，而看道理全不仔細。而熹自覺於道理上不亂說，卻於緊要事上多不得力。今當反身用力，去短集長，庶不墮於一邊耳。象山聞之，曰：朱元晦欲去兩短合兩長，然吾以爲不可。既不知尊德性，焉有所謂道問學？（見象山年譜四十五歲引）

朱子以象山所講是「尊德性」，自己卻是「道問學」上多。所以主張「去短集長，以免墮於一邊」。象山則以爲，不知尊德性，則無所謂道問學。其實，朱子之善意，也未爲不可。但須知尊德性之所謂尊，乃是顯立之義，顯立德性主體以直下肯認本心的道德創生義，這樣，才能像孟子所說「沛然莫之能禦」，才能如中庸所說「博博淵泉，而時出之」。所謂尊德性，便是尊的這個德性，所謂先立其大，也是立的這個大，這才是道德的根源。此義既立，便在在都是眞實的道德實踐，事事都是尊立我的德性。無論研究學問，應接事物，乃至凡百技藝，都是我分內之事，都是本心的發用流行。而「道問學」自然含在其中。這樣，才能說是「去兩短，合兩長」。

然而，朱子並不能正視這本心的道德創生義，而認爲是氣之靈；心能知覺，有動靜，而所以知覺動靜之理，則是性。心不是性，也不是理，所以只言「性即理」而不言「心即理」。在朱子系統中的道問學，常對道德實踐沒有多大助益，這就是他自認「於緊要處多不得力」的緣故所在。因爲「外在知解，文字理會」式的明理，與道德實踐並沒有本質的相干；只靠「涵養於未發，察識於已發，敬貫動靜」的後天工夫，對於促成眞實的道德實踐，在力量上並不十分充沛。故朱子與林擇之書云：

> 陸子靜兄弟，其門人相訪者，氣象皆好。此間學者卻與渠相反。初謂講道漸涵，自能入德；不謂末流之弊，只成說話。至人倫日用最近切處，都不得毫末氣力。不可不深懲而痛警之也。

據此可見，朱子自己也已見出此種道問學的流弊。但只知痛而不知痛之所以生，則其反省仍然是不夠的。朱子爲學極有勁力，但其勁力始終只落在「涵養須用敬，進學在致知」。而敬的工夫只是精神之凝聚收斂，敬本身卻沒有內容，不能生發價值創造之力量，更不是價值創造之本源。朱子既沒有反省到本心充沛處，以肯定本心的道德創生義，則其所謂「深懲痛警」，仍將不切肯綮，不夠力量。

至於象山所謂「既不知尊德性，焉有所謂道問學」，此言也應有個簡別。道問學可有二義。與尊德性相干的道問學，是第一義的道問學；與尊德性不相干或很少相干的道問學，是第二義的道問學。象山意指的，是前者；朱子所做的，則大體屬於後者。道問學的工夫是否與尊德性相干，關鍵就在你是否眞能尊德性（眞能復其本心、先立其大，以透顯道德之根，開出價値之源），能尊則相干，不能尊則不相干。在這個意思上，象山所說都是對的。

但道問學的範圍很大，除了內聖成德之學以外，一般的外在知解、客觀研究、文字理會，以及今天的科學知識，大體上都是中立的。此種純知識的興趣，有相當的獨立性，而朱子在這方面也有很強的興趣。順這方面來說，則不知尊德性，也可以有道問學。因此，象山的話是說得太強了。他應該說：不知尊德性，則道問學便不能有助於道德實踐、成聖成賢。象山只管從內聖成德上說道問學，而對於一般性的第二義的道問學，沒有表示附帶的容許，所以朱子不服，而且生出誤會。朱子重視讀書，重視即物以窮理，他以爲象山太輕忽道問學，這自然是誤會。其實，象山何嘗輕忽道問學？又何嘗輕略文字而反對讀書著書？他與趙詠道書有云：「豈可言由著書反有所蔽？當言其心有蔽，故其言有蔽，則可也。」尊德性，則本心起用而無所蔽。只要眞能尊德性，則道問學不但無礙於道德實踐，而且問學工夫還可以助成、充實、恢廓道德的踐履。問題只在朱子不能肯認本心的道德創生義，而象山又不兼容第二義的道問學之獨立意義。由於二人未能平情了解對方學問的脈絡，而一味堅持自己的系統，所以始終未能深相契知。

尊德性，乃是道德實踐的事。儒家所講求的道德實踐，千萬不可狹看。凡是各種各類大小價值的成就，都是道德實踐的內容。成就德性人格，是主觀面的道德實踐。而科學家、事業家、政治家乃至軍事家等等，本於不安不忍之心，以善盡各自的職分，只要不是出於私己的利欲之念，則他們所成就的知識功業，都是價值世界的內容，都屬於客觀面的道德實踐。但是，如果人不知尊德性（沒有道德意識的自覺透顯），則他所成就的知識便可能爲人類造禍，而他依於知識所成就的大小功業，也可能落到損人利己、或利少數人而損及多數人的地步。據此，我們又可以進一步說：不知尊德性，則一切學問都很難甚至不可能完成眞實而圓滿的價值。此所以「利用、厚生」必先之以「正德」，而象山所說，縱或不免有所疏略，但其深慧卓識，不可掩也。

本節論述朱陸異同，意在辨明兩家問題的癥結，以探求融通之路。我之所說，句句只就道理講，並無尊此抑彼之意。朱子博大，象山正大，並爲大儒。後人濫加美言，固不足以增光先哲；同理，淺識者妄加詆譭，又何足以減損先哲的賢智德業？學術乃天下公器，前人見到說到的，我們信守勿失；其未見到說到處，後人補其闕略，以繼踵光大。如此，才是用心之正道。

三、象山的實學思想

㈠實學二義

中國文化走理性的路，不走宗教的路。不尚神本（如希伯來），也不尚物本（如希臘），而尚人本。人能表現道德理性，是一個價值的存在，故可以爲「本」。中國文化重視常理常道，而儒家則更以生命實踐來體現常理常道，所以，儒家之學乃是「實學」。儒家的實學，可有二義：

一是內聖成德之學（心性之學）；

二是外王事功之學（經世之學）。

一般人常爲誣妄之言所惑，以爲只有講典章制度和政法經濟的才是實學；而端正人心趨向、鍛鍊身心意志、完成德性人品的心性修養，反而誤認它是「空疏之學」。因此，「空談心性」這種荒謬之言，竟也成爲一句「喧騰眾口」的流行語。

須知天之所命、天所與我的本心善性，乃是道德實體。潛隱自存時，名之爲道體、性體，呈現起用時，則名之爲心體。盡我之心，則能知性知天，於是「心、性、天」通而爲一，人乃轉小我而爲大我，所以孟子說：「萬物皆備於我矣，反身而誠，樂莫大焉。」此時，我的生命何等充實，何等光輝！你怎能誤認這種內聖成德的心性之學爲「空疏」呢？如果世間眞有「空談心性」的人，那種人決非理學家，決非眞正的儒者。而他所談的心性，也決非孟子所講的四端之心，決非純然至善的道德理性。

所以，儒家的心性之學，不但不是「空談的」，而且是「實踐的」。正因爲儒家有這樣一套知行一貫的心性之學，所以無須走宗教的路，也無所謂「解脫」、「得救」、「與主同在」等等一類的要求。儒家是以道德的進路（存心養性、擴充四端、復本心、致良知……）來開顯人生的康莊大道。（人能成聖成賢，自也等同於宗教上所謂的解脫得救了。）

至於第二義的實學，則是眾所周知的典章制度和政法經濟。這方面的學問，是主體（心性）向客觀面落實，是人所發動、所完成的客觀實踐，它仍然不能脫離人的主體。所以這套實學，並不是與「心性之學」相對立的，而是相通相貫的。儒家講內聖必須通外王，論外王也必須歸本於內聖，正以此故。

㈡象山心學乃是實學

象山嘗言：「天下學問有兩途，一途樸實，一途議論。」議論一路的學問，人心向外用，是求之於外的。樸實一路的學問，人心向內用，是求之於己，反身而誠。象山所講的心，是孟子義的實體性的道德的本心。道德的本心含具著道德的理則（仁義之理，內在於心）。本心呈現爲實理，引發爲實行，貫徹爲實事，凝成爲實德；而一切的實理、實行、實事、實德，全都是「一心之朗現、一心之申展、一心之遍潤」。

象山心學這一類型的實學，是落實於作爲道德價值之根的道德實體（本心），而不是落實於道德實踐所成就的價值成果（如像典章制度與政法經濟）。簡言之，象山之實學，是落實於「根」，而不是落實於「花果」。花果是從根上生出來，有根就會有花果，根與花果是脈絡相通，一以貫之的。常人卻說「根」（心性）爲空疏，眞乃挖根忘本之談。

象山常慨歎「今之學者，只用心於枝葉，不求實處」，他說：

> 心只是一個心，某之心，吾友之心，上而千百載聖賢之心，下而千百載復有聖賢，其心亦只如此。心之體甚大。若能盡我之心，便與天同。爲學只是理會心。

這「心之體甚大」的心，即是「心即理」的心。它既是道德價值的創造原理，亦是宇宙萬物的實現之理。若能盡我之心，便自然可與天同。心與天同，便是心與理一。所以象山又說：「萬物森然於方寸之間，滿心而發，充塞宇宙，無非斯理。」因爲理由心發，不由外鑠，滿心而發，則此理充塞宇宙。理充盈於宇宙，亦即心盈滿於宇宙。象山青壯時曾說：「吾於踐履，未能純一，然纔自警策，便與天地相似。」與天地相似，便是與天地不隔。這感通不隔的生命，即是與宇宙通而爲一的生命。所以象山又說：「宇宙內事，乃己分內事；己分內事，乃宇宙內事。」天地化育萬物，是宇宙內事。贊天地之化有，以使萬物各適其性，各遂其生，各得其所，便是人分內事。（人是可以補天地之不足的。農人除草施肥，移花接木，除病蟲害，也是贊天地之化有，補天地之不足。道理本平常，實心體會便是。）

如果推進一步而究竟地言之，則宇宙之化育，實即吾心之化育。所以象山又說：「上下四方曰宇，古往今來曰宙。宇宙即是吾心，吾心即是宇宙。」這些言語，初看只是一些大話，細細省思，方知句句落實，皆是「人心之同然」（孟子說，聖人先得我心之同然耳）。故象山又說到，千萬世之上與千萬世之下，東西南北海，有聖人出焉，皆同此心，同此理（見全書卷二十二，雜說）。這心同理同之心，乃是超越時空之限隔的絕對普遍的本心。吾人之本心既與宇宙不限隔，則此與宇宙通而爲一的心，即是天心，即是天理，此之謂「心同理同」。

此心此理既不容有二，則存心明理之道，亦極簡易。所以象山說：「根本茍立，保養不替，自然日新。」他與曾宅之書有云：

宇宙自有實理。所貴乎學者，爲能明此理耳。此理茍明，自有實行，自有實事。德則實德，行則實行。

象山所謂「實理」，亦即王陽明所謂「良知天理」。這個「天所與我，心所本具」的理，是有根的，實在的，故曰「實理」。

實理顯發而爲行爲，便是「實行」；

表現爲人倫日用家國天下之事，便是「實事」；

得之於心而凝爲孝弟忠信……，便是「實德」。

象山自稱他的學問爲「實學、樸學」，並說「千虛不博一實，吾平生學問無他，只是一實。」由實理流出而爲實事，此便是象山學的眞精神。

【附按】：象山一生居官之日不多，但他卻是鞠躬盡瘁，卒於荊門太守任所的。他在位一年三個月，卻做了很多事情。諸如(1)新築城池，(2)整理簿書，(3)整理財稅，(4)整習武備，(5)加強治安，(6)興學校、勸耕稼、置醫院官……等等方面都績效卓著。丞相周必大說「荊門之政，可以驗躬行之效」，朱子也說荊門之治，「政教並流，士民化服」。然而，後世淺識庸陋之輩，卻說陸子之學空疏，噫！豈不謬哉！

四、結語（朱陸會通之路）

朱陸學術異同的癥結，只在「心性是否爲一」這個關節上。如果本心即理，心性是一，則朱陸之學自可會通；若朱子系統中「心性爲二」的分解無所改變，則朱陸之不能會通，便是義理上的必然與定然。所以，朱陸之學終於成爲兩個不同的義理系統。至於教學的程序與爲學之進路，如「博與約」、「太簡與支離」以及「尊德性與道問學」等的問題，都可以加以疏通，而不足以構成朱陸異同的眞正焦點。此意，已見於上文第二大段(一)(二)兩節之論述。

在此，只作幾句簡明的結語。

朱子是他律道德系統，象山是自律道德系統。雖有自律與他律之異，但皆能提供道德實踐的工夫進路，皆能完成道德價值的創造。儒家同時兼具兩個道德學的系統，二者雖不同而能和，可並行而不相悖，正所謂「致廣大而盡精微，極高明而道中庸」。《中庸》之言，不亦宜乎！

二〇〇〇年八月　江西鵝湖書院紀念朱子逝世八百年學術會議論文

伍、《王陽明全書》的編輯形式與義理結構

一、陽明全書編輯形式之演變

1. 散編之語錄與文錄

(1)《傳習錄》初刻、續刻、合刻

陽明文獻的出版，首先是明武宗正德十三年戊寅（西元一五一八）八月，門人薛侃在江西贛州刻行的《傳習錄》，是即今行《傳習錄》之上卷。此卷爲門人徐愛、陸澄、薛侃三人所錄，卷前有徐愛所作之記語。

世宗嘉靖三年甲申（一五二五）十月，門人南大吉續刻《傳習錄》於越（浙江紹興），是即

今行《傳習錄》之中卷，所輯者皆爲陽明親筆之書信，如答顧東橋書、答周道通書、答陸原靜書㈠㈡、答歐陽崇一書、答羅整菴少宰書、答聶文蔚書㈠㈡，附〈訓蒙大意〉、〈教約〉。據門人錢德洪卷前記語，謂南大吉原刻有答徐成之二書，乃辨朱陸異同者。德洪以爲今朱陸之辨明於天下矣，故不復收錄，而移置於外集云。

附按：據陳榮捷教授《王陽明傳習錄詳註集評》書前之概說，言及傳習錄中卷，曾於嘉靖二十三年（一五四四）合上卷重刻於德安府，分上下冊。上冊分四卷：徐愛錄爲卷一、陸澄錄爲卷二、薛侃錄爲卷三、答歐陽崇一與答聶文蔚書信爲卷四。下冊亦分四卷：答徐成之、答儲柴墟、答何子元、答羅整菴爲卷一；答友人（顧東橋）論學書爲卷二；答周道通、答陸原靜爲卷三；示弟立志說與訓蒙大意爲卷四。

嘉靖三十五年丙辰（一五五六）四月，門人錢德洪應楚中同門之請，刪削未精之刻本，合刻《傳習錄》三卷於湖北蘄州。其下卷所續者乃門人陳九川、黃直、黃修易、黃省曾、黃以方所錄，由錢德洪選剔整合之。（今按、其中天泉證道一段文字，當係錢德洪親筆記錄。但正中本將黃省曾所錄全數改標爲錢德洪錄，當有誤混。而商務單行之《傳習錄》，則無此誤。）

(2)「文錄」初編與續編

嘉靖十四年乙未（一五三五）二月，門人錢德洪首刻陽明《文錄》於姑蘇。門人鄒守益作序。

嘉靖四十五年丙寅（一五六六），門人錢德洪、王畿，謀刻陽明《文錄續編》於嘉興府。後附「家乘」三卷。徐階作文錄序。

2.明隆慶謝本《王文成公全書》

穆宗隆慶六年壬申（一五七二）謝廷傑彙本《王文成公全書》刻行於應天府，主輯者爲錢德洪，徐階作序。謝本全書共三十八卷，計語錄三卷；文錄、別錄、外集、續編二十八卷；年譜、世德紀七卷。

3.民國正中本《王陽明全書》

民國四十二年，臺北正中書局據謝本而加以重編，改書名爲《王陽明全書》，分四冊印行。正中本感於隆慶謝本篇次交錯，如序、記、書信，各卷雜出，而綱目瑣細，又多重出，於是將謝本各篇各卷，融通爲一，再各從其類，依次編列。重編結果，共九大綱，三十卷，計：

語類四卷（第一、二、三卷爲傳習錄上中下，第四卷則附錄「朱子晚年定論」。）

文錄四卷（文、說、序、記，各一卷）

書錄五卷（前三卷，依年次編輯。卷四爲逸稿，原入外集；卷五爲逸稿，原入續編。）
詩錄四卷（卷一爲賦，卷二、三、四爲詩，皆依年次編輯。）
奏疏四卷（皆依年次編輯）
公移三卷（卷一、提督南贛軍務，卷二、巡撫江西征寧藩，卷三、總督兩廣平定思田征剿八寨。）
別錄二卷（卷一爲雜著，卷二爲銘表、碑贊、祭文。）
年譜二卷（卷一爲年譜，卷二爲附錄）
世德紀二卷（卷一爲世德紀，卷二爲附錄）

4.華岡本《王陽明全書》（未刊）簡介

民國六十年（一九七一），適逢王陽明五百歲誕辰。中國文化大學創辦人兼中華學術院院長張其昀先生，意欲出版一部華岡本之陽明全書，特在頭一年孟冬之月，面囑筆者負責標點陽明全書，並校正古本之疏誤。原先本欲向中央圖書館商借善本書來影印，以作爲校點之藍本。但該館格於規定，善本書不能外借。最後決定採用正中書局重編之《王陽明全書》作爲重校之底本。

正中本係依據明隆慶謝本重編。重編之後分九大綱，共三十卷。比之隆慶謝本，此正中本確有改善，亦較便於閱讀。但正中本仍有美中不足之處。爲期更臻完美，「華岡本」作了六項訂正與增補，可以顯示華岡本之六大特色。

(1)新式標點

頁	行	正中本	華岡本
9	1	愛曰。存其跡以示法。亦是存天理之本。然削其事以杜奸。亦是遏人欲於將萌否?	愛曰：存其跡以示法，亦是存天理之本然；削其事以杜奸，亦是遏人欲於將萌否。
10	14	義理無定。在無窮盡。吾與子言。不可以少有所得。而遂謂止此也。	義理無定在，無窮盡；吾與子言，不可以少有所得，而遂謂止此也。
12	13	蓋四書五經不過說這心體。這心體即是道心。體明即是道明。更無二。	蓋四書五經，不過說這心體。這心體即是道；心體明即是道明，更無二。
17	5	近時格物之說。如以鏡照物。照上用功。不知鏡尚昏。在何能照。	近時格物之說，如以鏡照物。照上用功。不知鏡尚昏在，何能照。
22	18	先生曰。人須是知學講求。亦只是涵養。不講求。只是涵養之志不切。曰。何謂知學。	先生曰：人須是知學。講求，亦只是涵養；不講求，只是涵養之志不切。曰：何謂知學？
26	11	先生曰。心不可以動靜。爲體用。動靜時也。	先生曰：心不可以動靜爲體用。動靜，時也。
28	1，2	日孚請問。曰。一者。天理主一。是一心在天理上。	日孚請問。曰：一者，天理。主一，是一心在天理上。

古本無標點，正中本亦未用新式標點，只用句號斷句，但其句讀仍不免有疏誤。今爲利便讀者，特改用新式標點。我原以爲標點之事很簡單，但做起來才發現極爲繁難。幸好民

國五十九年出現中國教育史上最長之寒假，整整兩個月（因為大學生入營受軍訓之故）。而我的標點工作，亦正好將兩整月的寒假恰恰用完。

對於正中本句讀上的誤失，頗有訂改。例如《傳習錄》上卷的誤讀，便不下二三十處。茲選數例（如上表），以供參證。

附記：上表所列，有三處須作說明。(1)九頁「天理之本然」，乃理學家常用詞語，不可在「本」字斷句。(2)十頁「義理無定在，無窮盡」，無定在，即「無方所」之意，不可在「定」字斷句。(3)十七頁「不知鏡尚昏在」，此「在」字是唐宋以來口語語尾的常用助詞，語錄體之文字中常可見到。（其餘各句，看文意即可知，不煩解說。）

(2)校訂錯字

頁	行	字		
3	11	-4	「之」是著你只恁的便罷。	「不」是著你只恁的便罷。
8	-1	22	「時」存其跡。以示法。	「特」存其跡以示法。
39	4	2	「命」	「合」
47	8	1,2	「啓問」道通書	「答周」道通書
51	-2	1	何常人皆不能。而「不」待於學耶。	何常人皆不能，而「必」待於學耶？
57	-1	9	情累雖「經」	情累雖「輕」
59	5	-15	既云「識」。又云識。	既云「擇」。又云識。
72	-4	-9	「入」則精神宣暢	「久」則精神宣暢
82	10	-16	只是不可有耳	只是不可有「所」耳
87	8	1	「洪」亦願立志	「珙」亦願立志
87	9	-10	「洪」初聞時	「珙」初聞時
98	-3		錢德洪	黃省曾

附記：上表八七頁二「洪」字，皆應作「珙」。李珙，字侯璧，陽明弟子。年譜曾記載他與同門迎陽明之喪於玉山。

九八頁「錢德洪」應作「黃省曾」。傳習錄下，原稱「傳習續錄」，其中第四部份乃「黃省曾」所錄，而正中本改作「錢德洪」，可能是此第四部份有數條係錢氏手筆。但這只是錢氏輯校時所增補，不能因此便將全部數十條盡歸錢氏。故華岡本仍改回從舊。

再按：民國七十二年十二月，臺北學生書局出版陳榮捷氏《王陽明傳習錄詳註集評》，在三一七頁註文中有一段考證，指出黃省曾所錄六十八條中，有七條與黃無關，且此七條文中皆直書「德洪」，顯係錢德洪所記。陳氏還進而推測，自「何廷仁……德洪侍坐」一條以下，直至「丁亥年九月……」天泉問答一條，凡五十餘條皆當爲錢德洪所錄。故緊隨其後乃有錢民所撰之記語。錢德洪曾對傳習續錄做過通盤之刪削增補，故此一推測雖難以證實，但亦頗合情理。故特引述於此，以供參證。

(3) 重新分段

陽明全書，以「傳習錄」最爲重要。「文錄」、「書錄」亦多有論學之文。今爲便於觀覽，特將其中文長而又切關義理者，順其文意，酌分段落。

①「傳習錄」三卷：上卷與下卷，乃門人記語，一問一答，無須再加分段。中卷爲陽明之書信。其中有的原已分段；今補分段落者，計有〈答顧東橋書〉末段論拔本塞源一節。〈答羅整菴少宰書〉、〈答聶文蔚書〉、〈答聶文蔚之二〉、〈訓蒙大意〉。

②「語錄卷四」〈大學問〉：全文分段。至於此卷附錄之「朱子晚年定論」三十四條，因篇幅皆短，無須分段。

③「文錄」：卷二之〈博約說〉，卷三之〈別湛甘泉序〉、〈文山別集序〉、〈大學古本序〉、〈禮記纂言序〉、〈象山文集序〉，卷四之〈親民堂記〉、〈稽山書院尊經閣記〉、〈重修山陰縣學記〉，皆酌予分段。

④「書錄」：卷一之〈答汪石潭〉、〈與王純甫之二〉，卷二之〈答倫彥式〉、〈答楊仕鳴〉、〈答舒國用〉，卷三之〈答鄒謙之之二〉、〈答季明德〉，卷四之〈答儲柴墟〉、〈答徐成之〉(一)(二)，皆酌予分段。

⑤「年譜」：文中原先加有圓圈者，皆表示別是一事。今為醒目計，皆另起一行，自成段落，以便觀覽查驗。

(4)訂改編次

正中本重編後之綱目，頗稱允恰。但將謝本《傳習錄》附錄之「朱子晚年定論」，單獨列為語錄卷四，則甚不妥當。非但分量與前三卷傳習錄不相稱，而且將朱子之書信作為陽明之語錄，尤為不倫不類。而「文錄」中之〈大學問〉，乃是陽明晚年之教典(錢德洪說)，且通篇為問答體；與其編在文錄之中，自不如改入語錄較為適當。故今特將〈大學問〉一篇自文錄中提出，改列為語錄卷四之正文。至於「朱子晚年定論」則作為附錄，列在卷末。如此，語錄卷四之分量，既與前三卷約略相當，而以有關「大學」一篇之答問，編為語錄，也正名實相副。

(5) 增列細目

《傳習錄》乃陽明全書之精粹所在，而正中本之總目錄，對三卷傳習錄皆未列細目，查閱甚爲不便。譬如常被稱引之〈答顧東橋書〉與〈訓蒙大意〉二文，皆編在傳習錄中卷。但初學者如果對此無所知，則必向五卷「書錄」中查尋〈答顧東橋書〉，或向四卷「文錄」中查尋〈訓蒙大意〉；如此，豈不落空？今特爲三卷傳習錄增列細目，以便查檢。

又，「世德紀」卷一，乃陽明先世之傳記與陽明本人之行狀墓誌。而正中本皆未編列細目，今亦特爲標出，以便查閱。

(6) 新製弟子名表

陽明之弟子後學，遍及天下。但此諸多弟子後學之名氏、字號、年籍，在陽明全書中並未彙整編列，故大多不甚詳悉。茲依《明儒學案》之記載，將其師友淵源與傳衍統緒，製爲「陽明弟子後學名籍表」，分爲「浙中王門」、「江右王門」、「南中王門」、「楚中王門」、「北方王門」、「粵閩王門」，以及「止修派下」、「泰州派下」，計八大綱目，合共九十餘人。

表中分「姓名」、「字」、「號」、「籍貫」、「備考」等欄。備考欄中，略及其年壽、事功、師友淵源與講學宗旨。

二、陽明全書義理結構之評析

1.通盤之綜述：以正中本與華岡本為例

謝本、正中本、華岡本之編輯形式及其內容，已見上文壹之二、三、四各節之敘述。茲再將華岡本之「例言」錄於此，以見《王陽明全書》之義理結構。

(1)王陽明全書，以明穆宗隆慶六年謝廷傑應天府彙刊本較爲完備。全書原分三十八卷：計語錄三卷、徐愛輯。年譜、世德紀七卷，錢德洪、王畿合輯。惟謝本之病，在於文錄、別錄、外集、續編，篇次交錯，如序、如記、如書、如詩，各卷雜出，很難見出其爲學之次第。

(2)民國四十二年，臺北正中書局將謝本之「語錄、文錄、別錄、外集、續編」，融合爲一，各從其類，重編節次，計得：「語錄、文錄、書錄、詩錄、奏疏、公移、別錄、年譜、世德紀」九大綱，共三十卷。其利便學者，用意甚善。

(3)惟正中重編本，將原傳習錄之附錄「朱子晚年定論」，別出獨列爲語錄卷四，實爲不宜。（朱子之書信，何得視同陽明之語錄？茲改取文錄首篇〈大學問〉爲語錄卷四之正文，而以「朱子晚年定論」附其後，庶可與前卷傳習錄之分量相當，且〈大學問〉本爲問答體，列在文錄，固不如編爲語錄之爲宜也。）

(4)正中本標點全用句號，而誤讀疏漏之處，間亦有之。茲爲便於誦讀，全書改用新式標點，其關乎義理文長未分段者，則重分段落，以便觀覽。

(5)語錄四卷，乃全書精粹所在，爲便於查檢，除總目錄中增列細目外，另擬編列「陽明語錄索引」，附於書後。（今按：索引須待排印完畢、頁碼確定之後，乃能著手。華岡本未曾刊行，故此索引亦未完稿。）

(6)陽明弟子後學遍天下。茲爲明其師友淵源與傳衍統緒，特製弟子名籍表，置於書後，以便查考。

再者，華岡重編本之總目次如下：

㈠遺像 ㈡墨蹟 ㈢華岡本例言 ㈣新序 ㈤舊序 ㈥目錄 ㈦正文（九大綱，計三十卷）

㈧附：陽明弟子後學年籍表 ㈨附：陽明語錄索引

2.全書精粹之處

陽明全書最爲精粹的部份，一是傳習錄，二爲年譜。

(1)《傳習錄》之義理綱脈

現行王陽明《傳習錄》，計三卷，共計三百四十二條（採陳榮捷教授詳註集評之分法）。上卷，爲門人徐愛、陸澄、薛侃所錄。徐錄，至十四條，陸錄十五至九三條，薛錄九五至一二九條。卷前有徐愛引言，第十四條後有徐愛之跋語。中卷，爲陽明親筆之書信，共八封。答顧東橋書一三〇至一四三，答周道通書一四四至一五〇。答陸原靜書㈠一五一至一五四，答陸原靜書㈡一五五至一六七，答歐陽崇一書一六八至一七一，答羅整菴少宰書一七二至一七七，答聶文蔚書㈠一七八至一八四，答聶文蔚書㈡一八五至一九四。卷前有門人錢德洪序，卷後附「訓蒙大意」一九五，「教約」一九六至二〇〇。

下卷，爲門人陳九川錄（二〇〇至二二一），黃直錄（二二二至二三六），黃修易錄（二三七至二四七），黃省曾錄（二四八至三一五），後有錢德洪序記（細按黃省曾所錄各條，多有錢德洪所錄者，現難以詳確分判矣），黃以方錄（三一六至三四二）。卷後有錢德洪跋，寫於嘉靖丙辰三十五年四月。

古賢少有學術專著，其講學宗旨與學術之論評，多在語錄中。如《朱子語類》一百四十卷，最爲豐富。但文獻太多，難免不夠謹嚴。而陽明《傳習錄》三卷，則甚爲精粹。上卷刻印時，陽明四十七歲，必經過目訂改。中卷則爲陽明親筆之書信，最可信據。下卷經高第弟子錢德洪之刪削，也可無疑。故《傳習錄》可以視爲研究陽明思想最可信靠之文獻。無論大學明明德、親民、至善，以及心、意、知、物之分判，格物、致知、誠意、正心，知行合一，心即理、性即理、良知即天理，良知與中和寂感，體用隱顯與未發已發，乃至明善誠身、窮理盡性、博文約禮、道心人心、惟精惟一、尊德性、道問學……皆有眞切精微之討論，可爲心學之津梁。

諸如浙中王門徐愛讀傳習錄而「手舞足蹈」。江右王門劉兩峰、劉師泉「讀傳習錄而好之」，乃相約赴越從陽明學。江右王門羅念菴十四歲讀傳習錄而至「廢寢忘食」。尤其再傳弟子南中王門周訥谿「於傳習錄身體力行之，海內凡名王學者，不遠千里，求其印證」。三傳弟子北方王門尤西川「因讀傳習錄，始信聖人可學而至。」（皆見《明儒學案》各卷）。凡此，皆可證實《傳習錄》確爲陽明學之寶典。

(2)《年譜》顯示的典範

在先儒年譜中，清王懋竑纂輯的《朱子年譜》號稱精審，計正譜四卷，考異四卷，朱子論學切要語二卷。王氏多據文集與語錄以考正李古沖本與洪去蕪本，歷時二十餘年，乃四易稿而後定。書成於乾隆六年王氏逝世之後，又十年，由其子付梓印行。

但據今日看來，王本《朱子年譜》仍有一大缺失，是即有關「仁說」之論辯，譜中未見講述。朱子中和論定之後，四十三歲，又撰〈仁說〉，這是朱子極爲重要的文字。文中直接批駁湖湘學者承胡五峰而言仁之論點，間接批駁謝上蔡之以覺訓仁，事實上是朱子不滿於程明道對於仁之理解。朱子此文，引發五峰門下張南軒、胡廣仲、胡伯達、吳晦叔諸人之往復論辯。通過此一論辯，朱子之系統乃達於最後之完成。朱子言「仁」，捨明道而從伊川，實與孔孟言仁之本意不合。這是心性之學系統分化的關鍵所在，而王本年譜卻無「仁說」之記述。可見宋季元明以來的朱子學者，實不明曉朱子言「仁」之宗旨，所以對於有關〈仁說〉之文獻，也不知加以輯錄。朱子年譜之編纂，經歷五百多年之歲月，仍未能達於完善，可見要作成一本好的年譜，是何等的困難。《王陽明年譜》，成稿於身後之三十五年（明嘉靖四十二年）。在陽明逝世之時（嘉靖七年），門人薛侃、歐陽德、何善山、黃洛村、錢緒山、王龍溪、張元沖等，即商量編年譜，相約分年分地搜集成稿，再彙送鄒東廓總裁。過了十幾年，零落參差，合併不齊，只有錢緒山所撰（自始生自龍場）一段，稿寄鄒東廓。又過了十年，稿子還是彙不齊。東廓致函緒山：「同志注念師譜者，今多爲隔世人矣，後死者寧無懼乎？」於是，緒山發憤編撰，稿初成而東廓又卒矣（嘉靖四十一年）。緒山前往弔喪，傷感不已。乃特別走訪羅念菴，請他校訂年譜。念菴讀譜稿而大悅，應允相與考訂。緒山入懷玉山書院作最後之整理，又四月而譜成。

王陽明年譜，是先儒年譜中比較完善的一部。五百年來，未見其中有何重大缺失。這是非常難得的。何以能至此？筆者認爲有二點可爲典範。

其一、編纂過程謹嚴

據前段所述，在陽明逝世之時，門人弟子便相商約定，分年分地搜集資料，各將初稿彙寄同門鄒東廓總裁。這是「愼其始」。過了十幾年，除了錢緒山完成龍場以前之譜稿，其餘皆未致成果，可見門人對於師譜之事，不敢輕忽，而能兢兢業業以「謹其事」。又過了十幾年，稿子還是合併不齊，而諸同門亦年歲漸高而相繼謝世，鄒東廓心懷戒懼，函請主稿之錢緒山加緊從事，稿初成而東廓又卒。如此情形，可謂生死以之而「竭其力」矣。

古人之思想觀念，學術異同，因文獻散列，而不易掌握。編年而論敘，尤爲困難。陽明弟子衆多，而又有鄒東廓之敦勉其事，錢緒山之專力不懈，再加上羅念菴之認眞考訂，乃能成此善果。

其二、考訂精審

當錢緒山完成譜稿之時，卻傳來鄒東廓之訃報。緒山弔喪之後，特造訪羅念菴，請他加以考訂。念菴讀譜稿而大悅，一面應允考訂，一面促請緒山屏絕俗事，登懷玉山書院，將譜稿再作最後之整理。其間兩人往復論年譜之書信，共九往返。現皆附錄於「陽明年譜」之後。（緒山答論年譜之第十書寄出之時，而念菴之訃報亦至。故念菴未及見此第十書。）

據念菴書信之言，有謂：「平生未嘗細讀（陽明）文集，今一一詳究，始知先生此學進爲始末之序，因之頗有警悟。故於年譜中手自披校，凡三四易稿……誠爲僭妄。弟體兄虛心求益，不復敢有彼我限隔耳。」緒山復書，亦言及「接兄峽江書，兼讀師譜考訂，感一體相成之心，慶師教之有傳也。中間題綱整潔，增錄數語，皆師門精義，非徒慶師教之有傳，亦以驗兄閉關所得，默與師契」云。觀二人之記語，可知年譜考訂之事，確實敬謹從事，故能達於精審。

三、陽明學的特色及其成就

1.孟子一系義理的圓成

儒家講學，是道德的進路。要求人表現生活的意義，完成人生的價值。所以既要立己，也要立人；既要成己，也要成物。一個儒者的生命向度，必有縱橫兩面。縱面要求天人合德，以成就生命之「質」的純一高明；橫面要求物我相通，以成就生命之「量」的廣大博厚。

孟子順孔子之「仁」而開爲「仁、義、禮、智」，又講「仁民愛物」，講「仁政王道」；更進而講「盡心、知性、知天」，講「萬物皆備於我，反身而誠」，講「過化存神，上下與天地同流」。此中既有縱的上達和提昇，又有橫的感通和推擴。縱橫撐開，便成架構（系統）。儒家心性之學的義理規模，正由孟子開立。象山所謂「孟子十字打開」，正是指此而言。

孟子講不忍之心、四端之心，都是指實體性的道德的本心。本心，同時是心，亦同時是性。孟子以心善說性善，表示他肯定「心之自發的善性」。不但心悅理義，而且心即理義。蓋仁義之理內在於心，心與理義（道德理則）爲必然地一致，所以陸象山即承孟子而直說「心即理也」。

象山自言其學，是「因讀孟子而自得於心」。象山的確是孟子靈魂之再現。他對孟子義理之純熟，可謂已到左右逢源的境地。象山學的綱維，全是本於孟子而來。他一生的志業，就是要使語言文字的「空議論」回歸到生命的「樸實」，使本心顯發的「實理」，表現爲「實事、實行」，以成就各種具體的「實德」。

象山講學，皆歸到身心上說。他所謂「實理」，亦即陽明所謂「良知之天理」，此天所與我、心所本具的理，是有根的，實在的，故謂之「實理」。實理顯發爲行爲，即是「實行」。表現爲人倫日用家國天下之事，即是「實事」。得之於心而凝爲孝弟忠信等等，即是「實德」。象山認爲天下學問只有二途，一途「議論」，一途「樸實」。而爲學入手處，不過「切己自反，改過遷善」。他自稱其學爲「實學、樸學」。並說「千虛不博一實。吾生平學問無他，只是一實」。據此，我們可以得出一句結語：由實理流出而爲實行實事，此便是象山學術精神之所在。

陽明推尊象山，以爲直承孟子而爲心學之傳。有人問陽明，看書不能明，如何？他答道：

> 須在心體上用功。凡明不得，行不去，須在自心上體當，即可通。蓋四書五經不過說這心體。這心體即是道，心體明即是道明，更無二。此是爲學頭腦處。

四書五經講的是聖賢學問。聖賢學問是「生命的學問」。此屬內容眞理。凡屬內容眞理，皆繫屬於一念之覺醒，繫屬於心體。離開了心體，便沒有聖賢學問。故陽明直判之曰：「四書五經，不過說這心體」。《論語》以「仁」爲主，《孟子》以「性善」爲主，《中庸》以「誠、中和、愼獨」爲主，《大學》以「明明德、誠意」爲主。《詩經》以「溫柔敦厚」爲教，《尙書》以「百王心法」爲教，《周易》以「窮神知化」爲教，《春秋》以「禮義大宗」爲教，《禮》以「親親尊尊」爲教。凡此，皆是屬於內容眞理而不能脫離主體者，故陽明以爲「不過說這心體」。人若視四書五經爲文字書冊，推出去而日事於訓詁考訂，而不能會歸於心體，不能契悟其中的眞理，則豈能謂之通曉四書五經？象山云：「學苟知本，六經皆我註腳。」世儒不明所以，認爲這是象山的狂悖之言。其實，象山說的卻是最爲平實的話。他只是表示，六經千言萬語，不過爲我的本心仁體多方印證而已。由「明心體」以明聖人之道，乃是儒家之通義。自孟子指出「聖人先得我心之同然」以後，明道所謂「學者須先識仁」，象山教學者「辨義利」、「先立其大」，以及陽明之「致良知」，全是爲學入道的緊切之言，亦正是聖賢之學的血脈門徑。

陽明以「良知」一詞，綜括孟子說的四端之心，故良知之學即是心學。唯象山是直承孟子而立言以扭轉朱子之歧出，而陽明之悟良知卻不是直接讀孟子而自得之，而是經過一個曲折，在百死千難中而徹悟之。他本是順朱子之路走，落在大學上講致知格物，而終覺朱子的講法有刺謬。幾經迂迴曲折才有龍場之悟道。朱子既是落在大學而講格物窮理，陽明爲了要對應朱子而做扭轉，所以亦落在大學上講。陽明解格物爲「正物」，解致知爲「致良知」，而大學有「心、意、知、物」之關聯，故陽明之良知學，亦須關聯「心、意、物」來講。致良知而正心誠意以正物，就講大學而言，乃是新說。就實踐工夫而言，亦是一步新發展。這一步新的開發，正表示孟子一系義理之圓滿完成。

2.即心即性即理的「心學」

自先秦到宋明，各家各派皆講「心」，何以只有孟子陸王一系稱爲「心學」？這個頭緒必須有一個簡括的說明。

儒家言「心」，有「以仁識心」一路，如孔孟陸王等。也有「以智識心」一路，如荀子、程伊川、朱子等。以仁識心，所識者爲德性層的道德心。此即所謂德性主體，是實體性的道德的本心。這是儒家正宗大流心論之所繫。以智識心，所識者爲知性層的認知心。此即所謂知性主體，知性主體的功能是「認知」，而認知的活動必是在主客對列（心物相對）的間架中進行。心認知了物（認知活動含有識別、理解、歸納），就可以把所認知的內容分門別類而條理化、系統化，於是便形成了知識乃至知識系統。

但在儒家傳統中，知識一直沒有成爲講學的重點。儒家講學的重點是價值（從修身到平治天下，皆是價值的要求，價值的實踐），所以即使荀子朱子所講的心是認知心，但他們仍然以價值爲中心。因此荀子論心，重在心能知「道」、知「統類」，朱子論心，重在以「心知之明」窮究「事物之理」。可是他所謂事物之理，並不是今天科學所講的知識性的事物之「實然之理」（事物的性質、數量、關係），而是價值性的事物之「當然之理」。這種當然之理，程明道用「天理」二字來指稱它。然後程伊川說「性即理也」，到陸象山又說出「心即理也」這句話。

「性即理」與「心即理」代表二個不同的系統。但其中有一個關鍵性的意思，數百年來一直無有人明確地加以點破。這個問題，必須透過牟宗三先生《心體與性體》的充分而徹底的疏導，才能透顯其中的關竅。這個關竅便是「心」「性」「理」這三個字的意涵以及三者之間的層位關係。

牟先生有二句話，大家或未加以注意，或不太能夠恰當地理解。他說正宗儒家（如孟子陸王等）的「性理」，是「即存有即活動」的，而朱子所講的「性理」，則是「只存有而不活動」的。

儒家所講的「理」，簡單地說就是「道德理則」。道德理則出於天，故謂之「天理」。程明道用「天理」二字，來概括先秦以來指說本體的種種名（如天、帝、天命、天道、乾元、太極、誠體、神體、仁體、性體、心體、寂感眞幾、於穆不已之體等等）。如此而言的「天理」：

(1)靜態地爲本體論的實有；

(2)動態地爲宇宙論的生化之理；

(3)同時它亦即道德創造的創造之理。

因此，從周濂溪、張橫渠到程明道，這北宋理學前三家所體悟的本體，它當然是理，但不只是理而已，同時也是心，也是神，是寂而能感，即寂即感的。

因爲它是「理」，所以是形上實有，由此說「存有義」。因爲它也含有「心義、神義、寂感義」，所以能顯發活動性，能妙運氣化而生生不息，由此說「活動義」。

如果再加以簡化，也可以說：儒家所說的「主體」，既是「心」，也是「性」，也是「理」。當孟子說出「盡其心者知其性也，知其性即知天矣」的時候，即已表示「心、性、天」通而爲一。所以程明道便直接說：「只心便是天，盡之便知性，知性便知天。當處便認取，更不可外求。」心便是天，這個「天」字實等同於「理」字。因此，依明道的思路，他當然可以贊同後來陸象山所說的「心即理」。

平常所謂：程朱言「性即理」，陸王言「心即理」，話雖不錯，但卻說得欠分曉，欠明白。因爲在陸王（大程子亦然），「性即理」與「心即理」是同時承認的。但在小程子（伊川）和朱子的系統裡，卻無法承認「心即理」。據此可知，同樣是「性理」這個觀念，卻有

「全義的性理」和「偏義的性理」之不同。

朱子所講的「性即理」（性只是理）的性理，乃是性理的「偏義」。陸王講的「心即理」，由於「本心即性」之故，所以也同時承認「性即理」，這樣才是性理的「全義」。因此，兩系義理的核心觀念，有如下表：

朱子：性即理，而且只是理

心屬氣（是氣之靈處）

心不是性，也不是理。心與理析而爲二

陸王：本心即性，性是理，心也是理

即心即性即理（即，猶今語「同時是」）

心、性、理，三者可以劃等號。

由以上簡單的說明，可以了解陸王的「心學」，也同時是「理學」（陸象山、王陽明，皆是理學大家），不能簡單地把「心學」擺在與「理學」相對的位置。在陸王，「心」字兼含「性」與「理」，是「心、性、理」通而爲一的。這樣的心學，才可以代表儒家的正宗大流。如果有人也要講一套「朱子的心學」，便只是和「性、理」異質異層的「心學」。（性是理，屬形而上；心是氣，屬形而下。）這樣便不足以代表儒家的心學，而只能是儒家系統中朱子一派的心學。

3.致良知教是自律道德的典型

王陽明三十七歲龍場悟道之後，次年在貴陽書院提出「知行合一」之說，學者紛紛異同，莫衷一是。直到他四十二歲在滁州，乃又以「默坐澄心」爲學的。認爲「有未發之中，始有發而中節之和。視聽言動，大率以收斂爲主，發散是不得已」。一時之間，頗見成效。可是學者又漸漸顯現一個偏差：「喜靜厭動」，似乎靠向佛老去了。於是第二年陽明在南京論學，便只教學者「存天理，去人欲」，以此爲省察克治之功。四十五歲巡撫南贛，開始講習良知之學，但直到平定宸濠之亂和消弭張忠許泰之讒以後，四方士子，齊趨南昌問學，陽明這才揭示「致良知」三字爲講學宗旨。當時陽明正五十歲。

陽明要扭轉朱子「即物窮理」、「析心與理而爲二」的系統，特將《大學》「致知」講成「致良知」，將「格物」解爲「正物」。這是以孟子學來講大學。王陽明順陸象山「心即理」而推進一步，加講一句「良知即是天理」。這是直承孟子「仁義內在」之義而引申發揮。仁義之理（道德理則）既然內在於心，則道德的本心自然含具著道德的理則。故曰心即是理，不必求理於心外。孟子所謂「反身而誠」，反求即得，工夫只在心呈現理，並擴此心之理於「視、聽、言、動」、「事事物物」之上，使吾人之生活行爲與事事物物，皆合乎道德的理則（所謂順乎性、合乎理）。這樣，豈不就是聖賢講學的宗旨了！

所以，陽明說：「致吾心良知之天理於事事物物，則事事物物皆得其理。」事事物物皆能得到良知天理的感通、潤澤、貫注，則事事物物皆能「得其正、得其宜、得其成」矣。所謂得其「正、宜、成」，也就是平常所謂萬物「各適其性、各遂其生、各得其宜、各得其所」。總起來說，便是各得其「成」了（成己、成人、成物，皆含於其中）。

陽明指出：「知（良知）是心之本體。心自然會知：見父自然知孝，見兄自然知弟，見孺子入井自然知惻隱。此便是良知，不假外求。」這自然會知的，即是先天現成的良知。它無時不在，無處不行，吾心之良知隨時呈現，即將這隨時呈現的良知擴充出來，貫到事物上去，使事事物物皆得其正，皆得其成。這就是致知格物。

這當下現前、知善知惡知是知非的良知，即是良知本體，即是眞良知。但所謂「良知現成、當下具足」，並不是說世上有現成的聖人。即使王門所謂「滿街都是聖人」這句話，也不是說街上個個都是現成的聖人，而是說：街上人人都有可以成爲聖賢的現成的良知。但良知雖然先天現成，卻有呈現不呈現的分別；既呈現矣，又有能致不能致的差異。致，即是使良知擴充而貫下來之謂。（貫下來，是指通貫於事、通貫於生活行爲上，而表現出來。）陽明講「致良知」，便正是從這能否貫下來處以言其「致」。所以「良知現成」決無可疑，問題只在如何「致」，如何「體現」這現成的良知。

據以上簡要的說明，可知若就「致良知」而說道德實踐，則實踐所依據的律則（道德理則）不在心外，而是含具在道德心體本身。將道德本心本所含具的道德律則，在生活行爲上眞實而具體地表現出來，便是道德實踐之活動，便是道德實踐之完成。德國哲學家康德分別「自律道德」與「他律道德」，是他智思之所及；而儒家孟子陸王講內聖成德之學，則是自律道德的眞實體現。而王陽明的「致良知」教，更可視爲自律道德的典型。

〔作者附識〕

本文引述經典古籍中的詞語，皆屬學者習見之言，其詳請參看拙著《王陽明哲學》（臺北：三民文庫本）以及相關之著作，本文不煩作註。

二〇〇〇年四月 漢學研究中心「明人文集研討會」論文

陸、江右王門何黃二先生學行述略

——兼述雩邑王門諸子與羅田巖

關於宋明儒者的學術思想，我所撰述的篇章，以議論王陽明爲最多（已達二十餘題）。其中有一篇〈論江右王門的學脈流衍〉，該文雖曾提及敝邑雩都的鄉先賢何善山、黃洛村二先生，但未論及二人之學行。茲承浙江「中華文化研究所」所長吳光教授惠贈《黃梨洲三百年祭》一冊，並來函爲該所研究集刊第二集（陽明學專題）徵文，乃特以何、黃二先生之學行爲主線，並關聯雩都王門諸子，寫成此文，以酬答吳光教授之雅意。同時逕請文化月刊發表，以就正於諸方賢彥。

一、從中學校歌說到羅田巖詩

抗戰時期，我就讀雩都中學，第一堂音樂課教唱校歌，歌詞如下：

雩山鍾靈，貢水揚清，問何黃從何處登程。
宜修養德智，振作精神，在學校好造就群英。
懷往哲，爭光榮，有志竟成。
懷往哲，爭光榮，有志竟成。

第三句「問何黃」，何指何善山，黃指黃洛村。音樂老師說，這兩位鄉先賢，是王守仁的高足弟子。當時，我既對王守仁懵無所知，也不明白如何才算高足弟子，倒是在城南羅田巖的濂溪祠裡見過何黃二先生的牌位。

羅田巖始闢於南北朝時，而與羅田巖結緣最早的名賢，則是北宋的周濂溪，當時他任虔州（贛州）通判，曾於宋仁宗嘉祐八年（一〇六三年）正月七日，邀約同僚錢建侯、雩邑知縣沈希顏與處士王鴻遊羅田巖，賦詩刻石而歸。詩曰：

聞有山巖即去尋　亦躋雲外入松陰
雖然未是洞中境　且異人間名利心

南宋高宗紹興三年（一一三三年），岳飛奉旨南來征剿山賊，過羅田巖探訪黃龍禪師，不遇，特在石壁上鐫刻「天子萬年」四個大字，端方剛勁，可惜文革時被暴躁無知的紅衛兵毀壞了。另外，岳飛還留下一首七言絕句：

手持竹杖訪黃龍　舊穴只遺虎子蹤
深鎖白雲無覓處　半山松竹撼西風

到了明代，王陽明的私淑弟子羅念菴特爲書寫刻石，非常珍貴。

南宋之末，文天祥號召忠義抗元，在雩都城郊大勝蒙古兵，乃於戎馬倥傯之際，偷閒遊羅田巖，揮筆寫下「集句大書羅田巖石壁」，詞曰：

豈弟君子　民之父母
靖共爾位　正直是與
無貳無虞　上帝臨汝

明代嘉靖十九年（一五四〇年），羅念菴來雩邑採風，曾偕同黃洛村等同遊羅田巖，賦五律一首，行草陰刻於巖壁。詩云：

古人不可見　空谷有遺音
一臥白雲上　方知靜者心
林風開霽色　巖月下峰陰
悵望千年後　庭前草自深

之後，王門二溪之一的羅近溪遊羅田巖，步羅念菴韻，題詩刻石：

山谷雙黃鳥　嚶嚶來好音
名巖方獨往　多士偶同心
陡嶠寧辭險　尋源草厭深
元公開絕學　遺像儼峰陰

清初，明宗室遺老八大山人，也有羅巖夜坐詩：

爲愛清秋夜　簾垂五漏時
山虛吞小月　雲重壓高枝
露冷蛩吟急　風驚鶴睡遲
旅魂無著處　惟有少陵詩

近年，大陸各級政府也陸續整修名勝古蹟，羅田巖的摩崖石刻，尚存七十餘品，有的還很清晰，有些便已漶漫模糊了。四十三年前，我曾寫過一篇〈羅田巖之憶〉，發表於香港人生雜誌，現已編入拙著《新儒家的精神方向》爲附錄（頁三二七至三三七）。九年前，我返鄉探親，路訪羅田巖，發現新編的《羅田巖誌》，裡面有我的〈羅田巖之憶〉，但只是節錄，且已改題爲〈羅田巖記〉，編在頁五四至五六。前年，我赴日本京都出席國際陽明學會議，寫了一首京都會詩，因而觸發鄉思，回憶起羅田巖來，乃追和周濂溪與岳武穆兩賢之詩，藉抒感懷。

㈠追和周元公遊羅巖詩元韻：

古柏蒼松何處尋　丹崖翠壁有巖陰
元公道學通天地　鐘磬悠揚證聖心

㈡追和岳武穆遊羅巖訪黃龍禪師詩元韻：

羅田巖穴駐黃龍　一去杳然無影蹤
何日慈雲布法雨　滿山禪意滿山風

二、濂溪祠與雩邑王門諸子

羅田巖的濂溪閣，肇建於南宋理宗嘉熙四年（一二四〇年）。明代嘉靖年間，贛州太守邢珣增其舊制，加以重修，闢爲三室。中室祀周濂溪、程明道、程伊川，左室祀岳武穆，右室祀王陽明，並以雩邑王門弟子袁慶麟、何春、何廷仁、管登四人配享。黃宏綱所撰〈重修羅田巖濂溪閣記〉，言及一隅之地而寓五賢，誠所謂「道本人存，地由人勝」者矣。記文又云：「陽明先師倡學虔臺，及門諸子，雩獨多於他邑。」又云：「虔臺之學，及門雖多，惟袁子慶麟、何子春、何子廷仁、管子登，獨久於餘子。」而黃宏綱本人從游陽明之時日，尤較諸人爲多。茲簡介諸子於後，以爲紀念。

㈠袁慶麟，在雩邑陽明弟子中，年齒最尊。正德十三年，初刻（朱子晚年定論）於雩城，前序陽明親撰，後跋則由慶麟執筆。慶麟自謂「從學於朱子之訓，餘三十年，非不專且篤也，而竟亦未有居安資深之地。」及聞陽明講學，受教三月方「若將有聞」，至此，乃敢歸從於陽明門下。可見其人之誠切懇篤，非比尋常。可惜他論學的文獻有闕，無由知其詳了。

㈡何春，字元之，曾任霍山知縣。他何時從學於陽明，難以詳考。正德六年，他在羅田巖濂溪閣之右，選擇巖下「天然可設講肆」之處，建構數楹以供「藏、修、游、息」，題名「觀善」，並作「觀善巖記」，有云：「仰觀法乎天，俯觀法乎人，泛觀法乎萬物，以善乎其身家與天下後世，夫是之謂止於至善。羅巖別號善山，取相觀而善以發其義，是故冠之以觀也。」二年後，陽明以大字題寫「觀善巖小序」十七字刻於石，其文曰：

「善，吾性也。曰觀善，取傳所謂相觀而善者也。」

㈢何廷仁（一四八六至一五五二），字性之，號善山，少陽明十四歲，而後卒二十三年，六十六歲。他奉派爲廣東新會知縣時，內心非常感奮，他說，我雖不及白沙之門，如今有幸到他家鄉任官，怎敢以俗吏臨其子弟呢？（按，陳白沙，乃明代大理學家，廣東新會人。從學於江西崇仁吳與弼，歸而弘揚孟子之學，聲名甚顯。）於是，先謁白沙祠堂行禮致祭，而後入衙視事。後來，陽明巡撫南贛，講良知之學，善山慨然曰：「吾恨不得爲白沙弟子，今又可失之耶？」乃專程往見陽明於南康。遂爲高第。當時，陽明忙於平亂，師旅旁午，難得親臨講席，四方來學士子，多由高第接引，疏通大義。善山年長，而又心誠氣和，不厭詳細，學者益發親近。（其學思述評，見後。）

㈣管登，字宏升，曾任岳州同知。他何時從學陽明，已無可確考。但他既配享於濂溪閣陽明之室，自屬王門中的賢長之徒。

㈤黃宏綱（一四九二至一五六一），字正之，號洛村，少陽明二十歲，而後卒三十三年，七十歲。洛村從學陽明，與善山相先後，亦在陽明巡撫南贛之時。據《明儒學案》之記述，陽明教法：「士子初至者，先令高第弟子教之，而後與之語。」洛村列於高第，後又隨陽明歸越，不離師門者四五年，接引學者一如南贛。陽明卒，更居守師宅，又三年。據此可知，洛村在王門，親炙之日特久，而又篤摯師友風義。陽明逝世，妻弱子幼，而朝議多歧，且有削爵、禁僞學之逆施。洛村居守師宅，與同門共相護持。其行誼有足多者。（其學思述評，見後。）

當何黃二先生與羅念菴在羅田書院（濂溪書院別稱）講學之時，一時名儒鉅公，如歐陽南野（泰和人，陽明大弟子，官至禮部尚書）諸人，皆以訪學而親臨羅巖開講。之後，羅巖講學之風，有斷續，有演變，濂溪祠中奉祀的先賢亦有若干調整。據清道光四年（一八二四年）黃濬所撰〈遊羅田巖創建凝道軒記〉，說及祠中主祀濂溪，配以岳武穆、文文山、王陽明，以及雩邑五君子（袁慶麟、何廷仁、黃宏綱、何春、管登）。而宋惟駒所撰〈凝道軒記〉又引中庸之言「苟不至德，至道不凝」，認爲堯舜禹湯文武周孔之道，三代之後，濂溪、陽明，皆能凝道，而岳武穆、文文山、羅念菴、何善山、黃洛村，以及李養愚（本邑人，朱子學者）等，則乃「循道而行道」之賢者，故合祀於凝道軒中，藉以警發邑人慕道之心。

三、「浙有錢王，江有何黃」：何黃學思述評

《明儒學案》卷十九，何善山學案中有云：陽明沒後，與同志會於南都（南京），諸生往來者恆數百人，故一時爲之語曰：

「浙有錢王，江有何黃。」

錢緒山、王龍溪，是陽明晚年兩大弟子，最爲著名。錢緒山完成王陽明年譜，功勞特顯。王龍溪弘揚師門良知之學，影響最大。而江右王門，人物最多。作爲陽明嫡傳的，當數鄒東廓、歐陽南野、陳明水。對良知學別有一說的聶雙江、羅念菴，則是私淑弟子。另有劉兩峰、劉師泉、王塘南，則又走向「性宗」而開啓脫離王學（心宗）之幾。（參見拙撰〈論江右王門的學脈流衍〉，該文已編入《孔子的生命境界》卷下「理學新詮」中，臺北、學生書局出版。）而何黃二先生雖是我的鄉先賢，但客觀地看，在江右王門中的影響力，似與上述諸賢尚有一

間。但二人畢竟是王門高第，當時在南都會講，亦必然顯露聲光精采，故時論以之與錢王相提並論。

在此，當就二人之學思學行，作一評述。

㈠何善山學思述評

學案本傳與語錄有云：

> 先生論學，務爲平實，使學者有所持循。嘗曰：「吾人須從起端發念處察識，於此有得，思過半矣。」又曰：「知過即是良知，改過即是本體。」（今按，良知「知善知惡，知是知非」，人能知曉自己過失，便是良知呈現起用。所以說「知過即是良知」。人能改正過失，便是去人欲而存天理。以復其至善之本體。所以說「改過即是本體」。）又曰：「此學是日用尋常事，自知自足，無須旁求。習之則悅，順之則裕，眞天下之至樂也。」

這些說法都很平實，顯示善山乃是躬行實踐之人。他論學「不爲過高」之言，當別人論學稍涉玄遠時，便自然以同門先進的身分搖手示戒，曰：「先生之言，無是無是」（是，此也。謂陽明先生無有此類說法也。）本傳又云：

南都一時之論，謂工夫只在心上用，纔涉意，便已落第二義。故爲善去惡工夫，非師門最上乘之教也。

先生（善山）曰：師稱無善無惡者，指心之感應無跡，過而不留，天然至善心體也。心之感應謂之意，有善有惡，著於有矣，故曰意之動。若以心爲無，以意爲有，是分心意爲二見，離用以求體，非合內外之道矣。

細按善山之說，可知他持守四有（四句教）立場，而不取王龍溪四無之說。他曾作格物說以示來學，使之爲善去惡，實地用功，斯之謂致良知也。據此看來，他在王門諸子中，屬於老成持重的名宿。而陽明最晚年的理境，就只有通過王龍溪諸人來引申發揮了。

其實，四有四無、頓與漸、先天與後天，這些王門的論辯，都可言之成理，不宜作對與錯之判別。義理分際講清楚了，各人的主張都有其意義而可站得住（當然，境界造詣之高低，還是可以比較出來）。我在《王陽明哲學》（臺北：三民書局版）第七章，與《新儒家的精神方向》（臺北：學生書局版）頁二三九至二七六，有較詳之疏導，茲不贅。

(二)黃洛村學思述評

學案本傳說他任刑部主事時，因爲不欲刻深以逢迎上意，乃致仕（辭官）而歸，與鄒東廓、聶雙江、羅念菴諸人相聚講學，流連旬月。「士子有所講質，先生不遽發言，瞠視注聽，待其意盡詞畢，徐以一二言中其竅會，莫不融然。」他這種「片言釋疑」的教法，可以證見他的學養深厚，義理明通。本傳又說洛村之學再變：「始者持守甚堅，其後以不致纖毫之力，一順自然爲主。其生平厚於自信而薄迎合，長於持重而短機械。蓋望而知其爲有道者也。」

洛村語錄有云：

先師之學，雖頓悟於居常之日，而歷難備險，動心忍性，積之歲月，驗諸事履，乃始脫然有悟於良知。雖至易至簡，而心則獨苦矣。何學者聞之之易，而信之之難耶？

陽明亦曾自言，良知之學自百死千難中得來，不得已一口說與學者。而學者未經事上磨練，不知艱苦，乃遂輕易視之。洛村這段話，正與陽明同其感受。語錄又載：

（洛村）謂謝子曰：太古無爲，中古無私。太古至道，中古至德。吾將與子由至德觀至道，由無私而遊無爲乎！謝子曰：古道遼矣，孰從而觀之？孰從而遊之？曰：子不見耳目口鼻視聽言臭乎！今之人耳目口鼻之於視聽言臭也，猶古之人耳目口鼻之於視聽言臭也，吾何疑焉？則吾人之於是非誠僞、無古今之殊也，吾又何疑焉？日往而月來，寒往而暑來，今之日月寒暑，猶古之日月寒暑也，則又何爽焉？吾心至德，吾心至道，吾心無私，吾心無爲，而奚觀乎，而奚遊乎？苟有志希古者，反而求之吾心，將無往而非古也已。

這一段話，發揮心外無道、心通古今之義，簡明達旨。但學案本傳另有一段簡述，卻須加以疏通。

> 陽明之良知，原即周子誠一無僞之體。然其與學者言，多在發用上要人從「知是知非」處轉個路頭，此方便法門也。而及門之承其說者，遂以意念之善者爲良知。

黃梨洲這幾句綜述，未盡妥恰。陽明之「良知」雖可以說是誠一無僞之體，但與周子所言之「誠一無僞」之道體，意指實有差異。周子只言道體，未言性體，更未言心體。而陽明之良知乃是心體（以心體融性體與道體），不可與周子之道體儱侗混而爲一。良知知是知非、知善知惡，乃是超越層上「鑒照意念之是非善惡」的性智（良知）之知，不是感性層（經驗層）上的認知、感知之知。因此，說陽明從「知是知非」講良知爲「轉個路頭」，爲「方便法門」，實乃隔閡不相應的誤解。至於說「及門之承其說者，遂以意念之善者爲良知」。這句話卻是順洛村之言而說。洛村語錄有云：

> 自先師提揭良知，莫不知有良知之說，亦莫不以意念之善者爲良知。以意念之善者爲良知，終非天然自有之良。知爲有意之知，覺爲有意之覺，胎骨未淨，卒成凡體。

如果眞有人以「意念之善」爲「良知」，則洛村的評說當然很對。但王門諸子，有人直就「意念之善」說「良知」嗎？似乎並無這樣的講說。因此，所謂「莫不以意念之善爲良知」，這恐怕是洛村自己解悟未徹而有所滑轉。順著這步滑轉去想，所以他連陽明的四句教也不敢信從。故本傳云：「四句教法，先生所不用也」。

致良知四句教，開顯「心、意、知、物」而言「格、致、誠、正」，乃是陽明最晚年的歸結。在他五十六歲九月出發征思田之前夕，錢緒山、王龍溪二人夜侍天泉橋，就是討論這個問題。後來這四句話稱爲四句教：

> 無善無惡是心之體（陽明有言：無善無惡是謂至善。）
> 有善有惡是意之動
> 知善知惡是良知
> 爲善去惡是格物（格、正也。）

陽明最後鄭重言曰：「以此自修，直至聖位。以此接人，更無差失。自初學至聖人，只此功夫。」然則，洛村何以「不用四句教」？看來，他可能是受了聶雙江、羅念菴的影響。聶羅二人的思路，牟宗三先生《從陸象山到劉蕺山》（臺北：學生書局版）之第三章、第四章，有詳細之疏導與判釋。我在《王陽明哲學》第五章第三節也有精約之述評，皆請參看。

四、餘論：江右王學與四有四無

黃梨洲《明儒學案》卷十六江右王門開端，有一段話：

姚江（陽明）之學，惟江右爲得其傳。東廓、念菴、兩峰、雙江其選也。再傳而爲塘南、思默，皆能推原陽明未盡之意。是時越中流弊錯出，挾師說以杜學者之口，而江右獨能破之。陽明之道，賴以不墜。蓋陽明一生精神，俱在江右，亦其感應之理宜也。

這一段話，說得非常懿美誠厚。陽明自四十五歲至五十歲，皆在江西。他一面講學，一面平亂。他一方面平定了毗連江西、福建、廣東、湖廣四省山區的三股賊寇，又以倡義號召地方州縣官民，合力平定了寧王宸濠的叛亂。這都是陽明以一介書生所顯發的生命精誠和濟世功業。梨洲所謂「陽明一生精神，俱在江右，亦其感應之理宜也。」這簡短幾句話，確實意義深重，而又切合情事。《明儒學案》中有二十卷王門學案，而江右王門佔有其九。何以王學盛行江右？當然是感應之理使然。但梨洲所謂「惟江右爲得其傳」，又謂「東廓、念菴、兩峰、雙江，其選也。」這兩句話，卻須再作討論。

江右王門，人物最多。依我的淺見，可以分爲三支一脈：

一、鄒東廓、歐陽南野、陳明水。

三人皆持守師門宗旨，是江右王門之正嫡。

二、聶雙江、羅念菴。

二人為私淑。對陽明良知宗旨有所隔閡。他們以已發未發的方式去想良知（擬想有個未發之寂體，與已發的知善知惡之良知不同），乃引出對良知之諸多疑誤。

三、劉兩峰、劉師泉、王塘南。

兩峰原先守護師門宗旨，晚而轉信雙江。師泉、塘南則以道體性命為首出，想要回向性體奧體（性宗），而開啓脫離王學（心宗）之幾。雖其所論尚有扭曲而未達成熟，但又實可視為劉蕺山思路之前機。

另有羅近溪，雖列為泰州學案，但他的造詣，正代表良知學的圓熟境界。何況泰州一脈也是王學，而近溪又是江西南城人，自宜滙歸江右王門。

依此而論，梨洲所謂惟江右得陽明之傳，這句話當指「東廓、南野、明水」三人加上「近溪」。其餘則應分別判析，不宜一概而論。因此梨洲舉「東廓、念菴、兩峰、雙江」入選為陽明之傳人，便失之籠統，有欠揀別。而浙中王門，錢緒山很平實順妥，略同於江右之鄒東廓，王龍溪則穎悟高而自信太過，不免有思之未審，措辭疏闊不盡之處。但他的「四無」之說，陽明已加首肯，並無問題。自今日看來，應可簡括為三點意思：

1.就內聖之學而言，「四有」乃是工夫教法之常則常道；而「四無」則是由四有而推致達到的境界（不是教法）。

2.四有與四無，不是對立之兩套，而是相順之推致。故講四有者不應排斥四無，講四無者不可低看四有。二者相需相輔，必須融攝相貫。

3.陽明曰：四句宗旨是「徹上徹下語，自初學以至聖人，只此功夫。初學用此，循循有人；雖至聖人，窮究不盡。堯舜精一功夫，亦只如此。」此乃陽明親口所說，自當奉爲主臬。否則，便不算陽明宗旨。

一九九九年《中國文化月刊》二二六期
二〇〇〇年十月　編入《陽明學研究》（上海古籍出版社）

柒、韓儒田艮齋之心性論

前言

今年（一九九九）四月，韓國梁承武教授以電話相詢，問我可否在十月初到漢城出席以田艮齋（一八四一—一九二二）之思想爲主題之學術會議？如果可以，他將即時快郵將《艮齋先生全集》寄給我，以便撰寫論文。梁教授是我相識多年的朋友，情理上不好拒辭，便答應了。

十天後，資料航空寄到，但上下兩巨冊，一時難以閱讀，幾經斟酌，決定以〈艮齋年譜〉爲主線，就其階段性之學行思想，撮取其要，且述、且論、且評；如此，或庶幾可以如期完成一篇學術報告形式的文字，這也是像我這樣不熟悉相關文獻之人，在一定時限中唯一可行的做法。乃於課餘之暇，全力撰寫，到五月上旬，順利完成〈韓儒田艮齋處士學行述評〉一文之初稿。

不意同月十三日，接得「艮齋思想研討會」正式邀請函，會議延後一個月，改於十一月上旬舉行。而我的論文，亦經派定爲「艮齋之心性論」。於是，重起爐灶，再撰本文以應大會之需。

唯前文要旨，也應在此略作說明。

㈠端重好學，徙義服善：艮齋七歲入學，九歲能吟詠詩句，十四歲所臨趙松雪帖，今已影印編於全集之後。十八歲與洛中才士共習時文，二十歲讀《退溪集》，始知時文之外，尚有「爲己」之學。

㈡三夢聖賢，歸宗晦翁：艮齋二十一歲，奉父命師事任憲晦（號全齋）。全齋一見心許，以爲「吾道有託」矣。是年，艮齋夢見退溪，得「主一」之訓語。二十三歲夢見朱子，二十七歲夢得「貞龍」圖章，二十八歲夢見孔夫子，承書「毋自是」三字。三十歲仿《近思錄》之例，編成「五賢粹言」。三十五歲，論「性爲心宰」之義，謹守朱子之思理。

㈢危疑之際，講學守志：艮齋三十六歲時，其師全齋卒。自此之後，詬辱構陷之事，交迭而至。艮齋連年遷徙各處，專以講學爲務。四十四歲，艮齋被朝選，又遭人誣謗，艮齋不校，依然講學如往昔。五十四歲，正甲午之年，中日之戰，中國敗，朝鮮岌岌可危。艮齋名其里曰「李臣村」，榜其居曰「孔學堂」。綜觀艮齋三十六歲至五十五歲之二十年間，從處危疑之際到國家大變亂，正是時勢非常，人心慌亂之世。艮齋以一介寒素之儒，無權無勢，無財無力，唯以精誠耿光，講學守志，不捨不離，生死以之。可不謂卓然傑出者歟！

㈣國變世亂，守死善道：艮齋五十六歲，有家書以祖孫慈孝之道告示其十五歲之長孫，諄諄切摯，感人至深。自五十七歲以下，與門人繼續講學。六十歲時，輯錄朱子言敬之言成編，以備警省。六十一歲，設講會於清州、公州等處，會者三四百人。六十四歲，王欲召用艮齋，不果。五月，設講會於全州，會者四百人。六十五歲，日韓訂約，日置總監於韓國。

十月，逆臣五人附日本，艮齋上疏乞斬五賊之首。六十七歲，專誠拜謁安東退溪廟與陶山書院，並作入海隱居之計。六十八歲正月，祭告先祠，傳家於長孫。九月乘桴入海島，三五弟子始終相隨。七十歲之七月，日韓合併，韓遭吞滅，艮齋痛憤不欲生，率門人入山痛哭數日夜，隨即書囑其子，備置壽衣，並告以國家已亡，勢不出海外一步地。

㈤仁歸荒島，海濱鄒魯：艮齋七十歲時，壁門懸一聯云：「萬劫終歸韓國士，一生命附孔門人」。日人亦據此而高其風節云。七十三歲，恭繪「箕子、孔子、朱子、宋子（時烈）」四聖賢像而瞻拜之。七十四歲（一九一四），四方從學之人日眾，講舍不能容，諸生相繼築室以居。海濱荒島，遂成鄒魯儒鄉。是年，艮齋作「性師心弟」之文，七十六歲，又作「性尊心卑」之說。八十一歲時，門人編成艮齋文稿爲《華島漫錄》，性理、經禮、語默、出處、衛闢、尊攘之義，無不畢具。八十二歲七月以疾終。九月，葬於益山玄洞，觀葬者六萬餘人。題主只書「處士」二字，卒後之二十三年（一九四五），韓國光復。

㈥儒行光顯，範式海東：綜觀艮齋一生之風節標格，實不止於性理學家，而更是《禮記．儒行》中之人物。門人吳震泳跋艮齋年譜有云：「先生以天人性命之學，抱堯舜君民之志，不幸不得出而行道濟世。故年譜所記，議論多於事行。」年譜第二跋文（門人柳永善撰）亦云：「噫！我先生既未得致君澤民，則惟有立言著書，發微闡奧，而巍然繼往聖開來學也。」

下文，將分三節（背景、前修、正論）依次論敘。

一、背景：儒家心性論的兩個基型

心性論是儒家學術之核心，從孔子以下，歷代儒家之心性思想，雖然內容繁富，而又實可約為兩大基型。一為心即性，性即心，「心性是一」；二為性乃形上之理，心屬形下之氣，「心性為二」。下文將就「心性是一」與「心性為二」各陳四義，簡作說明。

1. 心性是一

孔子從「不安」指點仁，孟子從「不忍」指點仁，都是落在「心」上來講仁。孟子認為仁義之心，是「天所與我者」，是「我固有之」，也是「人皆有之」的。孟子又說「聖人與我同類者」，「聖人先得我心之同然耳」。又說，盡心可以知性，知性可以知天。故依孟子，本心即是性，而性出於天，「心、性、天」是可以通而為一的。再通過中庸、易傳「天道性命相貫通」的思想，以及宋明儒的引申發揮，更可了解儒家主流所講的心，不但是「心」，也同時是「性」，同時是「理」、「道」，程明道的〈識仁〉篇，便是這樣講的。到陸象山便本於孟子「仁義內在」（仁義之理，內在於心）而直接說「心即理」。王陽明進而說「良知即是天理」，也是「心即理」的申述。這個「心性是一」的基型，含有四個主要的論點：

(1)**心是實體性的道德本心**

心，不是指感性層的心理學講的「喜怒哀樂愛惡欲」，亦不是指知性層上「知慮思辨」的認知心（心之智用），而是指說德性層上道德的本心。道德本心亦即是性理實體（道德理則內在於心），所以是實體性的道德的本心。

(2)**本心即理，心同理同**

孟子以四端之心與不忍人之心指點人的善性，這是即心言性，以心善指證性善，故本心即性。（惻隱、羞惡、恭敬、是非之心，即是仁、義、禮、智之性）。人心有同然，所同然者是指理、義，陸象山本於孟子同然之義而說心同理同，於是「人同此心，心同此理」，乃成普遍之信念。

(3)**心性天（理）通而為一，即心即性即理**

孟子謂「盡其心者，知其性也。知其性則知天矣」。程明道據之而說「只心便是天」。同時他又體貼出「天理」二字，爲儒學之根核。故「心、性、天」通而爲一，亦即「心、性、理」通而爲一。儒聖所言之天理實體，同時是心，亦同時是性，亦同時是理，故「性即理」與「心即理」同時成立。

(4)**仁是心，亦是性，亦是理，亦是道**

從孔子孟子下及程明道，言「仁」之意，可簡括爲下表：

仁體 ｛ 即是心 ── 主觀義（心）
　　　 亦是性、亦是理 ── 客觀義（性）
　　　 亦是道 ── 絕對義（天） ｝ 心性天（理）通而爲一（天地之大德曰生，生德亦即是仁德）

心，表主觀義，心通於性。性，表客觀義，性即理也。天，表絕對義，天理天道乃超越之體。惟依儒家之義，由超越而內在（天命之謂性），由內在而超越（盡心知性知天），乃是一個圓圈之兩來回，是即所謂「即超越即內在，即內在即超越」。故「天人合德」、「天道性命相貫通」之義，實自古有之。

2. 心性為二

儒家心性之學，除了「心性是一」，尚有「心性爲二」一系，此可以先秦之荀子與北宋之程伊川、南宋之朱子爲代表。荀子言性惡，自與伊川、朱子不同，但如以荀子所言之禮（荀子之禮，等同理道）替換他所說之性，則荀子之系統實與伊川、朱子爲同一類型，即，皆是

「心性爲二」之系統。三家所講之心，都不是德性層的道德心，而是知性層的認知心。性，或是心所對治的對象（如荀子），或是心所認知（攝取）的對象（如伊川、朱子）。這個「心性爲二」的基型，也含有四個主要的論點。

(1)心是虛壹靜的「大清明」，是氣之靈、氣之精爽

荀子以虛而能容之「虛」，能兼知亦能專一之「壹」，能活動亦能靜慮之「靜」，爲心之所以爲心的三大特性。這種能知慮、能思辨的「虛壹靜」之心，荀子稱之爲「大清明」。朱子則指出，心是氣之靈處（氣之靈，顯發知覺思辨），是氣之精爽（精，神也，爽，明也，神而明之，心之智用也）。故心能知慮，能思辨，這是「以智識心」，是知性層的認知心。

(2)性是理（只是理）——性體、性理、性分（不說性覺、性能）

程伊川首先說「性即理也」，朱子承之，更明確說出「性只是理」。「性只是理」這句補足語，極關重要。性只是「理」，便表示性不是「心」，不是「神」，也不能就性說「寂感」。於是，朱子的性理學，只能講說性體五義中的「性體」、「性理」、「性分」三義，而「性覺」、「性能」二義，則從性理本體脫落下來而歸屬於氣（心、神、寂感）。所以說朱子系統中的性理「只存有」（只是理）而「不活動」（不言性覺、性能，不能妙運氣化生生）。其實朱子自己亦說性理「無情意、無計度、無造作」，此豈非只存有而不活動耶！

(3)心性情三分（理氣二分）——心統性情

性是理，心是氣之靈，情是氣之變，此一解析確定了「心性情三分」之格局，同時也含著「理氣二分」。性是未發，情是已發，而心之周流貫徹，通寂通感，則既統攝於未發之性，亦統攝於已發之情。心統性，是認知地統攝關連；心統情，則是行動地敷施發用。故朱子心性情三分之格局，可以借取張橫渠「心統性情」之語以為說。

(4)仁是性、是理、是道——但仁不是心（而是心之德）

程伊川以為「愛自是情，仁自是性，豈可專以愛為仁？」這是他有名的「仁性愛情」之說。意即：仁是性，是應然之理；愛是心、是情，是實然之氣。此仁性愛情之說，為朱子所嚴格遵循。朱子謂「仁者，心之德，愛之理」。意即：仁不是心，不是愛，而是心所當具之德，是愛的所以然之理。

據此四點，可知伊川朱子的心性思想，實自成系統，與孔孟陸王有差異。孔孟陸王是康德所謂自律道德之系統，仁義之理內在於心，故自主自律。伊川與朱子（亦可上通荀子），則是康德所謂他律道德的系統。仁義之理並不內在於心，故道德律則在心氣之外的道體性體處，必須通過涵養（心氣）、察識（情變）、居敬（敬貫動靜）、窮理（認知攝取事物之理），然後攝理歸心，心與理通合而為一。如此，道德實踐乃可達於順適而成善成德。

二、前修：韓國儒學是朱子學

上一節，是分判儒家心性論之背景；本節將就韓國李朝之儒學稍作說明。

1. 韓國儒學的線索

韓國自朝鮮李朝開國前後，先有鄭道傳奮起講學，稍後權陽村爲鄭氏〈心氣理篇〉做注釋，又自作〈入學圖說〉，有云：「四端，理之原，發於性，純善。七情，氣之原，發於心，有善有惡。」陽村這個說法，實爲百餘年後，李退溪諸人四七論議之濫觴。

李朝以儒學爲國教，而實以朱子學爲本。初期階段，大體重視博文力行，經世致用，其影響多在政制，如金宗直之門人金宏弼、鄭汝昌，以及金宏弼之門人趙光祖，皆熱心政治，志切改革。無奈「亢龍有悔」，激成政禍。不過政治上的挫敗，卻反而促成性理學興起之契機。

李朝開國百餘年後，接連出了幾位大學者。首先是徐敬德花潭，他的短篇著述，敏悟深密，但花潭之學，主要源自邵康節，並不從朱子來。到李彥迪晦齋，才是治朱子學而眞實有成之人。再到李滉退溪，遂巍然爲一代宗匠。他一生的行誼、著述、居官、講學，一以朱子爲法。他細讀朱子之書，輯成《朱子書節要》十四卷，此書對韓日兩國儒學甚關重要。而日本的朱子學，更直接受到此書之影響。退溪雖不及朱子之宏偉博大，但朱子學的實踐徑路，退溪確有實得，而操履之功，尤其醇厚謹質。後世推爲「海東考亭」，洵非虛譽。退溪五十八歲時，接見一位二十三歲的青年，他就是李珥栗谷。栗谷與退溪雖有師生之誼，而終於發展爲朝鮮儒學之兩大山脈。大體而論，退溪沉潛篤實，而栗谷高明宏達，退溪衛道之心最切，而栗谷論道之情最殷。退溪主篤行，而栗谷好明辨。栗谷編撰之《聖學輯要》，亦猶退溪之《聖學十圖》，可以分別代表二人之思想綱維。

自後，退溪與栗谷二人門下，皆傳衍久遠，茲不具述。

2. 韓國儒學之系別

朝鮮前期朱子學之中心論題，主要有三：一是理氣的問題，一是性情的問題，一是人心道心的問題。在理發氣發的問題上，李退溪主「理氣互發」，奇高峰主「理氣共發」，李栗谷主「氣發理乘」。在理氣一元、二元的問題上，退溪順朱子「理氣不離不雜」之義，而著重於理氣之「不雜」，栗谷則著重於理氣之「不離」。論者謂退溪爲「理氣二元」而「主理」，謂栗谷爲「理氣一元」而「主氣」。筆者一九八〇年十月出席漢城「第十屆東洋學會議」時，曾指出朱子之「理氣二分」，乃是形上形下之判，理自爲主，而氣爲從，既然有主有從，便不能說是「二元」。而理氣相即不離，亦只表示二者關係密切，並不是泯除形上形下之別，所以亦不能說是「一元」。而用「主理」「主氣」來概括某儒之學，亦只是不得已而用之的偏顯之詞。另外，如性情善惡的問題（所謂四七之辨），人心道心的問題，當時也有論述。請參閱拙著《新儒家的精神方向》（臺北：學生版），頁一九五—二〇〇，茲不贅。

李栗谷一傳爲沙溪金長生，再傳爲尤庵宋時烈，三傳爲遂庵權尚夏，遂庵門下重要弟子有南塘韓元震，屏溪尹鳳九，巍巖李柬，冠峰玄尚璧等。前二人與後二人對於人與物之性是異是同的問題發生爭論，南塘、屏溪主「人物性異」，稱「湖論」；巍巖、冠峰主「人物性同」，稱「洛論」。此乃順承朱子「理同氣異」之說而引發的討論，兩論皆有說話之理據，因各有偏指，故主張不同耳。屏溪下傳至老洲吳熙常，老洲傳梅山洪直弼，梅山傳鼓山任憲晦，號全齋（一八一一—一八七六），是即艮齋之師。艮齋（一八四一—一九二二）與中國之嚴復（一八五三—一九二三）爲並世人物。

如果以「主理」「主氣」「折衷」分系別，則退溪一脈如密庵李栽，大山李象靖，寒洲李震相，蘆沙奇正鎮，華西李恒老等爲「主理派」。栗谷一脈如尤庵宋時烈，南塘韓元震，鹿門任聖周，鼓山任憲晦等爲「主氣派」。而農巖金昌協，三淵金昌翕，渼湖金元行，老洲吳熙常，立齋鄭宗魯，以及艮齋田愚，爲折衷派。

以上系別之分，不過概略言之，其細不及詳也。

三、正論：艮齋思想中的心性論

1.釋「性」：本然性與五行性

艮齋六十二歲，作〈本然性論〉（全集上，頁六八四，下欄），有云：

性，只是一個太極之理。天地萬物未受之前，只是此極；天地萬物已受之後，又只是此極。更無二樣太極。……故曰天地萬物之性，原無有偏。

同年，又作〈五行性論〉（全集上，頁六八五，上欄），有云：

太極者，生物之本也；五行者，生物之具也。……語類澗錄曰：金木水火土，雖曰五行各一其性，然一物又各具五行之理，愚故曰：五行之生，各一其性，非可以論人物之偏全也。

今按：艮齋論本然性，是太極之理。五行性，是後來男女萬物五性之張本。意即本然之性，萬物同具，本無所偏，五行之性，萬物各具，亦無所缺。唯所乘之形與所運之氣不同，故其理之發見而有氣局之萬殊耳。艮齋依於朱子「理同氣異」與李栗谷「理通氣局」之意立論，故以為湖洛兩家論人物性之異同，各有偏指，而不可以為正證云。

2. 釋「心」：心本性，心學性

艮齋指出，從上群聖所傳，皆是「心本性，心學性」之義。但無有人立文加以發明耳。故特於六十一歲作〈心本性說〉。本，本於也。心本於性，以性為本，故心應學性。其〈程書心說或問〉（全集上，頁六七五，下欄）曾提及大程子論曾子易簀之言「心是理，理是心，聲為律，身為度」，以為此並非認吾心為理。吾心若為理，則聖人之心，何以待七十方始不踰矩？顏子之心，又何以三月以後不免有違仁之時？另外，他的〈朱子心說〉（同上）亦引朱子之言「心者，氣之精爽」，「靈處只是心，不是性，性只是理」等語以為說。

據此，可知艮齋論心，實謹守朱子之義。唯言及聖人之心、顏子之心處，須當稍作分疏。「心」之一字，可以從三層次加以講說，一為感性層的血氣心，二為知性層的認知心，三為德性層的道德心。孔子自謂「七十從心所欲不踰矩」，既曰心之「所欲」，自是兼含感性心而言。但此並非指聖人之「心」要到七十歲方始不踰矩，而是說聖人這個「人」，到了七十便身與道一，此時，他的感性生命也能服從理性，所以即使順隨心之所欲，也能中節合度，而不會踰越規矩。而顏子「其心三月不違仁」一句，亦略同此解。顏子雖是大賢，但其心之所欲（感性層的心之所欲），受到身（含生物本能、生理欲望、心理情緒）的制約，也難免會有違仁之時。而顏子竟能三月之久不違仁，故孔子特加讚許。如果論心不取朱子義，而取孟子義，則心便是德性層的道德本心（仁）。道德心本身便是規矩，便是律則，自無所謂「踰矩」、「違仁」之事。艮齋是朱子之徒，朱子「以智識心」（不是「以仁識心」），心爲氣之靈。有知覺、能見理，但心不是理。這樣講心，乃是系統的界限。各自尊所聞，言所信，無須定甲乙。

3. 性為心宰

「性爲心宰」之言，首發於老洲吳熙常，人或疑之，而艮齋以爲老洲此句，「眞得千聖相傳本天尊性底一點血脈也。」（全集下，頁七六三，上欄）。年譜三十五歲下，約取其言云：

主宰二字，字同而用異，謂「心爲性之主宰」者，從流行處指其能運用此理而言也。謂「性爲心之主宰」者，就源頭處指其爲氣之所本而言也。然謂之主宰者，非謂有情意、有計度而運用夫心也，只是心有所爲時必先有此理而後心始有所根極而有此妙用也。（全集下，頁六六九下欄至頁六七〇上欄）

今按：朱子本有「性爲之主」、「心爲之主」之言。牟宗三先生指出，性爲之主是眞爲主，是「當家」之主；心爲之主則並非眞爲主，而只是「管家」之主，秉家主之命以管攝家務而已。

艮齋所謂「從流行處指其能運用此理」，正是說心能在事用上依理而行。至於性理則是靜態的規範標準，它本身卻發不出主動的能爲。朱子自己亦說性理「無情意、無計度、無造作」，故牟先生判爲「只存有而不活動」，而艮齋講到性之主宰，亦認爲「非謂有情意、有計度而運用夫心也，只是心有所爲必先有此理而後心始有所根極而有此妙用也」。意思是說，性之主宰，不是說性能運用心，而是說當心有所作爲而發用時，必須依性理而活動，才可能顯現「順性、如理、合道」之妙用。由此可知，艮齋之心性思想，不但本於朱子學，而且義理分際亦有明徹之理解，並能恰當地表述出來。

4. 性體心用

艮齋四十歲，答宋晦卿論「性體心用」之說（據年譜），略云：

> 心該體用之說，此自心之能主宰處言。若自性之爲根柢處說，則靜而虛明純一之心，動而惻隱羞惡之心，又無非根極於性，而有此妙用也。此性之在動在靜而爲心之本體，心之所以能動靜而爲性之妙用者然也。……又曰：性是具得體用無所不在之體，心是該得體用無所不能之用。雖同是兼體用底，而性是極本窮源一定不易之理，故得本體之名。心是至神至妙萬變不測之物，故得妙用之稱也。

今按：依朱子，性是理，心屬氣。心有知覺，有動靜，而所以知覺、所以動靜的所以然之理，則在性。心與性分而爲二，故在性上說體，在心上說用。有時候，亦說心該（賅）體用，於寂然未發而說心之所以爲體，於感通已發而說心之所以爲用。如此而言的心之體，其實意並非承認心爲實體，爲本體。剋實而言，朱子系統中的心之體，應指未發之性；心之用，則指已發之情。心周流貫徹，能統攝關連於未發之性體與已發之情用（所謂心統性情），故亦說爲心之所以爲體、心之所以爲用耳。至於實體性的本心，必須在孟子陸王「本心即性，心性爲一」的系統中，乃能眞實地言之。而「心體」之名，也才能實與「性、理、道」之爲體相等同。此意不可不知也。今觀艮齋對「性體心用」之疏說，可知他對朱子系統中的心性體用，確有恰當相應之體認。

5. 性師心弟

艮齋晚年，遭逢國難而入海講學，對心性義理之體認益發深切。七十四歲時，他特揭示其獨契語，而撰爲〈性師心弟〉之說。年譜曾加引述，略云：

> 性師心弟四字，先生所創。然六經累數十萬言，無非發明此理，可一以貫之。孟子「歸而求之有餘師」，朱子解之曰：性分之內，萬理皆備，隨處發見，無不可師。程子曰：師者何也？理也，義也。皆性師之證也。孔子言學道、學禮，禮與道，即

性也。性既為師，則學之者非神明靈覺之心而何哉！……

今按：此「性師心弟」之說，並非發明義理，而是創新說法。心性之學如何說明，亦是切關緊要之事。性為師尊，心為弟子，心必須以性為師，性即理也。以理為師，即是師法理、師法禮、師法道。心氣發用，一皆順性、如禮、合道，自然可以成就價值。

同時，「心」居弟子之位，自必加強「學」的工夫。舉凡「靜時涵養」心知之明，「動時察識」心氣之發，無論動時靜時，皆須「居敬」，所謂「敬貫動靜」是也。而工夫必有所對，天下事事物物，皆是心之所對，故又須「即物而窮理」。窮者，盡也。知之充盡無遺漏，乃能肯認事物之理而攝理歸心。心與理合而為一，於是，一切善德、善行、善事，皆可順適而完成之。

6. 性尊心卑

七十六歲時，艮齋又引述聖賢之言，而撰成〈性尊心卑的據〉之文，以警戒世間「尊心貶性」之謬說。這是艮齋切摯於朱子學說之嚴肅表徵。但據實而論，在孔門成德之教中，心、性、理、道，通貫為一，固無尊卑大小之可分。但在朱子系統中，性是理，心屬氣，如此便須分體用，分尊卑，分上下，分大小（唐君毅先生嘗謂朱子之學，理大而心小），蓋義理之層次分際不可亂也。學者只要明白艮齋所講是朱子學，便可明白其語脈線索而無有扞格。其言曰（全集上，頁七一七，上欄）：

> 孔子祖孫、孟、程、朱、宋諸聖賢，無不以性爲心之所主，以心爲性之所乘。其爲尊卑上下，昭然判矣。況所謂學禮學道學仁義之類，又定爲性師心弟者，有目皆睹。惟世間有不肯小心而內懷驕氣、外襲尊號者，或欲與性齊等，其則貶性而下之、小之、偏之、兩之。如此者，其心只知有心而不知有性矣。……

今按：艮齋引述《論語》、《中庸》、孟子、程子、朱子、宋子（時烈）諸聖賢之言，並加詮釋而引歸「性尊心卑」之思理，自是他朱子學的本分。其實，孔子、孟子與大程子，皆未講說此等義理。請覆按上文「心性是一」一小節，茲可勿贅。艮齋七十八歲時，又作〈兩家心性尊卑說〉，引據程伊川「聖人本天，釋氏本心」之言，重申「性尊心卑」之義。可見艮齋堅守朱子學之衛道精神，老而彌篤。但伊川這句名言，其實並非盡當。依孔孟、中庸、易傳之義，儒家實以「天道性命相貫通」、「心性天通而爲一」爲義理骨幹。天道人心，上下回應，故儒聖既「本天」，亦「本心」，本天與本心，並無義理意涵上之差異。不過，依朱子學的系統，則無法講述此義耳。

四、艮齋學行綜評

在上文「前言」中，曾舉六端以論列艮齋之學行要旨。今更約為五句以綜評之。

一曰「資性剛毅，敬義雙進」。

二曰「躬行實踐，貫徹聖教」。

三曰「性理之學，折中朱子」。

四曰「評斥心學，嚴守學統」。

五曰「堅篤精誠，大節凜然」。

此五句所指，既可與前言中所舉之六端相互印證，亦可讀其〈年譜〉、〈家狀〉、〈行狀〉以知其詳。《艮齋全集》最後之〈墓碣銘並序〉，是他卒後二十五年丙戌（一九四六）季夏，門人柳永善所撰。此時韓國已光復，正是國族生命重新振揚發皇之時，故此文亦理氣充盈，文辭樸茂，甚有可觀。其言曰：

> 先生以間世英豪之姿，直追前哲。每事必以第一義為準。蓋世功業在前可做，義有未安，則不為也。斂卻英爽發越之氣，措諸規矩繩墨之中，存此心於齋莊靜一，窮

此理於學問思辨，愷悌之意，溢於言笑，沖和之氣，達於面背……造次顚沛，罔或間斷。不囿於偏見，不安於小成，而昭晰乎表裡精粗，貫通於本末終始。明睿所照，天機自露。心性理氣之原，早有正見。而洞徹圓融成其久大之業者，敬與誠而已矣。……先生以石潭（李栗谷）華陽（宋時烈）爲宗主，而於農巖（金昌協）老洲（吳熙常）尤切曠感，若與之旦暮遇也。

艮齋曾仿《近思錄》而編《五賢粹言》，五賢者，靜庵趙光祖、退溪李滉、栗谷李珥、沙溪金長生、尤庵宋時烈。艮齋以五賢爲朝鮮儒學之淵源正宗。

墓碣銘序文又曰：

先生學問出處，謹守孔朱之訓。栗尤正傳，確乎不拔，磨而不磷。挺然於世風頽靡之中，天下非之而不顧。超然於名譽得喪之表，擧世不知而不悔。……先生身值天地翻覆，島夷猖獗，君上幽廢，聖賢污衊，而忍痛含冤，沫血飲泣，竄身絕海，開淑後進。……

其墓銘曰：

箕條邈焉，武夷道東；潭陽繼作，窮源會通。

箕，箕子。條，枝脈；或指殷民六族之條氏。武夷，指朱子。潭，指石潭李栗谷。陽，指華陽宋時烈尤庵。

允集厥成，誰得正宗；曰我先生 間氣所鍾。
沉潛經傳，折衷百家；誠而消僞 敬能敵邪。
摳衣執帚，傾天下士；文在於斯，天責歸矣。
心性理氣，能所帥役；闡發蘊奧，朱栗準的。
不得弗措，深思窮賾；大小無遺，允蹈其實。
心宗莫逃，廓如斯闢；天開日朗，神搜霆擊。
出處語默，謹守聖傳；義秉春秋，隻手擎天。
國步方蹶，一棹滄溟；全歸靖獻，曠乎千齡。
淵水乾惕，大耄不懈；造養既熟，渾無縫界。
寔天生德，惟百世師；彌億萬年，宇宙與之。

此四十四句銘文，甚爲典重莊雅，而文字運用，亦熟練信達。韓邦前輩學人漢文之素養，實所欽佩。如今韓國廢用漢字，在文化慧命之傳續、人文教養之深粹、社會風教之善化、以及書道藝文之美感等等方面，有何利弊休戚？不知有人關心否？竊謂漢字漢文之風華美善，固乃人類共同之光耀，並非專屬於華夏禹甸。故特錄出此銘，以結本文。亦聖賢「與人爲善」之意歟！

一九九九年十月　漢城「艮齋思想研討會」論文

一九九九年十二月《鵝湖學誌》二十三期

丁編　牟宗三與新儒家

壹、牟宗三先生的學術貢獻

——表彰一位傑出的北大校友

一、學行事略

參見蔡仁厚《牟宗三先生學思年譜》，頁二三一至頁二三四〈學行事略〉。（一九九六年二月，臺北：學生書局）

二、著作出版

參見蔡仁厚《牟宗三先生學思年譜》，頁二一五至二三〇〈著作出版年次表〉。

三、學術貢獻

一個學者的學術成就及其貢獻，通常都是「點」的，有些是「線」的，但極少是「面」

的。而牟宗三先生自大學以來六十多年的學術工作，卻使他取得了通盤而縱貫的成就。他的貢獻，不但是面的，而且是立體的。茲分五端，以說明他的學術貢獻和文化影響。

1.表述心性義理：使三教智慧系統煥然復明於世

心性之學是儒釋道三教的基本特色。牟宗三先生以《才性與玄理》表述魏晉階段的玄學，此屬道家的智慧。以《佛性與般若》表述南北朝隋唐階段的佛學，此屬佛教的智慧。以《心體與性體》表述宋明階段的理學，此屬儒家的智慧和義理。

自古以來，學者的講論都偏於某家某派，從未有人分別以專書通貫地講論三教者。而牟先生這三部大著作，無論系統綱維的確立，思想脈絡的疏解，義理分際的釐清，都已達到前所未有的精透明徹，而使三教的智慧系統「煥然復明於世」。（至於如何存心養性、盡心盡性，以完成立己立人，成己成物，則是實踐之事，人人有責。）

2.發揮外王新義：解答中國文化中政道與事功的問題

儒家一貫地要求由內聖通外王，要求修德愛民，推行仁政王道，這個道理當然很好。但「天下爲公」的理想，卻始終只靠聖賢來倡導，而未能眞正體制化；「選賢與能」的原則，也只限於治權方面的科舉，而未能推擴到政權方面以設計出選舉國家元首的制度。因此，如何落實於體制以開出客觀化的外王事功，這正是中國文化生命的癥結所在，也是當代新儒家所面對的時代課題。

面對這個大癥結而深入思考，並直接提出解決之道的，首推牟宗三先生的新外王三書：《道德的理想主義》、《歷史哲學》、《政道與治道》。這三部書有一共同的主旨，就是「本於內聖之學以解決外王事功的問題」。歸總而言之，也即所謂「三統並建」。承認在「道統」之外，還有「學統」（發展出科學）、「政統」（落實於民主）的問題。道統的肯定，是內聖之學的承續光大；而學統的開出和政統的繼續，則顯示儒家外王學一步新的充實和開擴。五四以來所謂新舊文化的矛盾衝突，到此已開顯化解之路，而中國文化的事功精神，也可循此而獲得空前的開發。

3. 疏導中國哲學：暢通中國哲學史演進發展的關節

中國有五千年的歷史文化，有儒釋道三教的智慧系統。但五四以來，國人的文化自信，幾幾乎蕩然無存。而中國哲學所涵蘊的觀念思想與哲學問題，也從未有人做過通盤的省察和深入的探析。

牟宗三先生除了以三部專著講述儒釋道三教的「玄理、空理、性理」之外，也疏導名家的名理，晚年又以《中國哲學十九講》綜述各時期思想的內在義理，以及它所啓發出來的哲學問題。由於這十九講的講述和疏導，使得中國哲學得以眞正進入世界哲學之林。從此以後，中國哲學固有義理的性格，以及它未來發展的軌轍，都已不再隱晦；而繼往開來的道路，也已確立指標而有所持循。

4.消納西方哲學：譯註三大批判，融攝康德哲學

德國大哲康德，以三大批判講論人類文化中的「眞、善、美」。書出之後，各國皆有翻譯。但以一人之力全譯三大批判的，牟先生是二百年來世界第一人。他不但翻譯，而且融貫中西，加寫詳確的譯註。這份成績，功不下於當年鳩摩羅什之譯大智度論與玄奘之譯唯識論。

尤有進者，牟先生不但譯註三批判，他還隨譯隨消化，分別撰著專書以融攝康德之學：(1)以《智的直覺與中國哲學》、《現象與物自身》二書，消化融攝「純粹理性之批判」。(2)以《圓善論》消化融攝「實踐理性之批判」。(3)以專論長文〈眞美善之分別說與合一說〉消化融攝「判斷力之批判」。他這幾部書的主旨，是要抉發中國傳統哲學的要義來融攝康德，同時又藉資康德哲學來充實中國文化。他所開顯的文化思想之通路，在中國，在世界，都是空前的。

5.會通中西哲學：疏導中西哲學會通的道路

文化必須交流，思想應求會通。但數十年來有關中西會通的種種言論，多半都是一些

零散的意見，很少具有系統性的學術價值。牟先生繼中國哲學十九講之後，又在臺大哲學研究所講述中西哲學會通的分際與限度，對中西哲學的種種問題，提出層層的比對和深入的疏解，並借取佛家「一心開二門」做爲中西雙方共同的哲學間架。這個思路，必將對人類文化的融合，開顯一條常態的康莊大道。

他謝世前一年，又發表「四因說演講錄」（共二十講，現已出版），主旨是從亞里斯多德的四因說，來對顯儒釋道三家哲學的要義及其精采。這是牟先生針對中西哲學之會通，再一次提出他深刻的思考。

以上五點說明，大致可以代表牟宗三先生對文化學術的貢獻。三年前他逝世公祭之時，治喪委員會致送輓詞云：

光尼山之道統　弘黃岡之慧命

擴前哲之器識　發儒聖之光輝

尼山指孔子，黃岡指熊十力先生。在華族文化生命存亡絕續之際，熊先生以他的悲願大慧，生命光熱，獨能穿透歷史之煙霧，暢通文化之大流，以昭顯古今聖哲的德慧生命。所以自然而然地成爲當代新儒家開宗的代表人物。牟先生乃熊門嫡傳弟子，他力振孔孟之學脈，以挺顯內聖外王之宏規，實實能夠光顯尼山之道統，弘大黃岡之慧命。至於第三句開擴前哲器識，則通指中西雙方的先哲而言。由於牟先生之精誠奮鬥，不但中國哲學得以充實開擴，而康德所代表的西方哲學，也可獲得中國哲學智慧的融通提升，而百尺竿頭更進一步。如此而後，廣大精微的儒聖之道，乃眞可以達於荀子所謂「光昭日月，大滿八極」之境。

尤其可貴的，是從大學以來，牟先生的學術生命，便一直在運轉，一直在深入，一直在開擴。一般學者的學問，四五十歲以後，通常只有量的增加，很少再有質的升進，而牟先生的一生，則年年有進步，時時開新機。臨終前數月，他寫示門人，自謂一生著作，「古今無兩」。這並非狂言，而是以平常心說出來的一句老實話。在學思年譜八十六歲下，筆者曾有記述，也有說明。尙請參看。

附送資料：〈牟宗三傳〉（蔡仁厚敬撰）

另贈二書（會後請由北大圖書館留存）

1.牟宗三《五十自述》

2.蔡仁厚《牟宗三先生學思年譜》

四、補述與申論

以上是論文提要，所述雖很簡略，但卻扼要而中肯。若加上附送之資料〈牟宗三傳〉以及所獻贈之兩書：牟氏《五十自述》與筆者《牟宗三先生學思年譜》，則又可說已經「詳哉乎其言之」了。但爲了使本文更能符合形式的矩度，謹就牟先生的學術貢獻，換個方式再做一番補述與申論。

1. 對儒釋道三教義理系統的表述

自古以來，有人講儒家，有人講道家，有人講佛教，各有立場。而當代新儒家雖然持守儒家立場，但同時也肯定佛老二氏，認爲在處理終極關懷的問題上，儒釋道三教開顯的生命之道，都可以提供全人類來借鏡和採擇。所以從梁漱溟氏、熊十力氏以來，除了闡揚儒家之道，也同時講述道家和佛家教義。唐君毅先生更以通論通釋的方式，對儒釋道三家之學，做了極大篇幅的講述。總歸而言，當代新儒家對於傳統學術的基本態度，一是積極肯定，二是通盤反省。而在著述的方式和內容上特顯謹嚴而專精的，則以牟宗三先生表述儒釋道三教的幾部大著作，具有更大的代表性。

他以《才性與玄理》表述魏晉階段的玄學，以《佛性與般若》表述南北朝隋唐階段的佛教。前者可以說是講魏晉玄學的經典之作。後者則是唯一以中國哲學史的立場，來講述佛教傳入中國之後的發展。對於中國吸收佛教和消化佛教的過程及其意義，都做了非常深透而相應的詮表。這部書的成就，也應該是空前的。對於宋明階段的儒學，則以《心體與性體》四大冊❶進行全面的疏導。從北宋以來，宋明理學講了八九百年，但其中系統分化的關鍵，以及本體的體悟與工夫的進路，一直互有偏頗，泛泛不切。到牟先生，才以八年的心血，通盤而徹底地做了釐清和衡定。宋明清楚了，先秦儒家也可以隨之而清楚。同理，魏晉清楚了，

❶ 按，《心體與性體》三冊，加上《從陸象山到劉蕺山》，合爲四大冊。

先秦道家也可隨之而清楚。以此之故，原先規劃要寫一部「原始典型」以講述先秦儒道二家的學術，便自然擱置了。（當然，後人還是可以而且必須接下去研究講論。）

牟先生這三大部著作，無論思想綱脈的疏解，義理分際的釐清，以及系統綱維的確立，都已達到前所未有的明透。

2. 開立三統，以疏導文化生命的新途徑

儒家有深厚強烈的文化意識，也同時凝爲道統意識，這是從孔子孟子而下及韓愈朱子，都有所表示和論說❷。而內聖必通外王，也是儒家的通義。但如何開出外王事功，則一直未能落實於體制。而且傳統儒家的內聖通外王，也只通向政治，講求仁政王道，至於「開物成務」、「利用厚生」❸的知識條件和技術，則一直未予直接之關心和積極之講求。數千年講學，也是以「道統」涵蓋「學統」，聖人之道與聖人之學通而爲一，這雖然也很好，但知識性的學問未能透顯獨立，總是文化上的大缺失。

❷ 儒家「道統」之說，雖到韓愈、朱子始言之明確，但孔子盛贊二帝三王的話，散見論語各篇，而孟子盡心下最後一章，更已說到聖道之統的傳承。請參閱蔡仁厚《孔孟荀哲學》卷上，孔子之部第九章第三節之一「傳道之儒」，頁一六〇—一六三。

❸ 「開物成務」，語見《周易·繫辭傳上》。「利用厚生」，語見《尚書·大禹謨》。

民國以來，學界深識之士，也對文化問題有所反省，但多半是零零散散的意見，說不上是文化建設的藍圖。直到民國四十七年元旦，唐君毅、牟宗三、徐復觀、張君勱四位先生的文化宣言，才算是對中國文化生命的「本性、發展、缺點」做了一個全面性的大反省。其中最爲中心的癥結就是「如何開出事功？」面對這個大癥結作深入思考，並直接提出解決之道的，首推牟先生的新外王三書：《道德的理想主義》、《歷史哲學》、《政道與治道》。這三部書有一個共同主旨，是即「本於內聖之學以解決外王事功的問題」。歸總而言之，也就是所謂「三統並建」❹，承認在「道統」之外，還有「學統」「政統」的問題。

「道統」方面，是要光大內聖成德之教，以重開「生命的學問」。道統所函的常理常道，不只適用於中國，也通用於全人類。在以往，儒釋道三教相互摩盪一二千年，今後，必將是「儒佛耶」三教相互摩盪以求融通。這是歷史運會迫至的文化情勢，也是東西雙方必須面對的時代課題。「學統」方面，是要調整文化心靈的表現型態，開出知識之學。以往沒有開出，今後必將開出。其中的關鍵是要自覺地調整文化心靈表現的型態，使「知性主體」從德行主體的籠罩之下透顯出來，獨立展現認知活動以成就知識。如此，乃能使儒聖「開物成務、利用厚生」的古訓，獲得充分的實現。「政統」方面，是要開出法制化的政道（安排政權的軌道，也即政權移轉的制度），以完成民主政體的建國。中國傳統的政治形態，只成就了「治

❹ 按，「三統並建」之說，在民國三十七年牟先生撰〈重振鵝湖書院緣起〉時首先提出。自此之後，常隨機中說，散見所著各書之中。

道」（宰相制度可爲代表），而未能開出「政道」，所以「朝代更替，治亂相循」、「君位繼承，宮廷鬥爭」、「宰相地位，受制於君」。這三大困局二千年來一直無法解決，而民主政治的政治形態，正好可以消解中國傳統政治的三大困局。而由儒家「民本」、「民貴」的思想，落實爲「民主」的體制，也本是順理成章的發展，並沒有本質上的困難。

上述「三統」代表文化生命的三個方面，而三統的同時並建，也確實可以打開華族文化生命的癥結，而開顯一條順適條暢的新途徑。

3. 抉發中國哲學所涵蘊的問題

在二十世紀，中國文化和中國哲學所遭逢的境遇，其複雜和艱困都是空前的。而五四以來，眞正致力於中國哲學之反省，眞能爲中國文化之新生灌注精誠而殫思竭慮的，還是當代新儒家幾位前輩先生。從梁、熊二氏到唐君毅先生都有很大的貢獻，而牟宗三先生則更集中而通貫地做了專門的省察和疏導，是即《中國哲學十九講》。

這十九講的講述，並不是他一時的興會，也不是他偶發的議論，而是切關於中國哲學之系統綱格與義理宗趣者。其中所抉發和釐定的各種問題，也對中國哲學今後的發展具有重大的啓發性。所以十九講所舉述的問題，皆有所本（即，本於他的《才性與玄理》、《佛性與般若》、《心體與性體》各書所表述的義理）。通過這一步通貫性的綜述，中國固有義理的性格，未來發展的軌轍，皆已不再隱晦，而繼往開來的道路，也確立了指標而有所持循。到此方知，文化慧命的相續不已，固可具體落實，而並非徒託空言。

由於國人對自己文化傳統的隔閡與無知，常以爲中國文化是一個停滯不進的封閉系統。其實，在二千多年大開大合的發展中，中國文化本就不斷有義理的開新。牟先生曾列舉中國哲學史上的十大諍辯，每一次諍辯都含有義理的開創性。❺一爲儒墨的諍辯，二爲孟子對告子「生之謂性」的諍辯，三爲魏晉玄學家之會通孔老，四爲言意之辯，五爲神滅不滅的問題，六爲天臺宗山家與山外關於圓教之諍辯，七爲陳同甫與朱子爭漢唐，八爲王龍溪與聶雙江的「致知議辯」，九爲周海門與許敬庵「九諦九解」之辯，十爲當前中國文化如何暢通的問題。這十大諍辯的舉述，不只是反省地述古，而更是前瞻地開新。如何暢通中國哲學的慧命，使之能眞正進入世界哲學之林，爲人類的人文世界盡其主導性的貢獻，都可以從十九講和十大諍辯的省察中開啓新路。

4. 譯註康德三大批判以融攝西學

中國曾經融攝印度傳來的佛教，這是文化生命浩瀚深厚的徵驗，也是文化心靈明敏高

❺ 民國七十五年十二月，牟先生在中央大學講「中國文化發展中義理開創的十大諍辯」，講詞發表於中國時報與鵝湖月刊。蔡仁厚《中國哲學的反省與新生》（臺北：正中書局），頁二七—三二，曾加介述，可參看。

超的表現。今後我們能否像當初吸收消化佛教一樣，也能吸收消化西方哲學和西方宗教？這其中有一個重要的關鍵，就是現代的中國人能否像晉人唐人一樣，也有意願有能力來翻譯具有代表性的西學經典。

當代新儒家的心力，雖然以「反省文化，講論儒學」爲主，但也並不忽視譯述西學的重要，而牟先生更在老年之時，從容而持續地將康德三大批判翻譯出版。而且，他又不只是翻譯而已，同時還作「註」。一條註文有時洋洋數千言，無論疏解觀念或發明義理，都可以和康德原典互相印證，互相映發；如此「精誠貫注、譯解雙行」的工作，實可媲美於玄奘、鳩摩羅什之譯唯識論與大智度論。當然，牟先生這部工作之得以順利完成，是因爲有「儒、釋、道」三教的義理智慧作憑藉，而牟先生又正是在他以三部專著表述三教之後，再進而譯註康德之書。可知學術之功，非勉強可得，非僥倖可成，而必須「勿忘勿助」、「眞積力久」❻，而後乃能水到渠成。

尤有進者，牟先生不但「譯、註」三大批判，而且還特別撰寫專書來消化三大批判：以《智的直覺與中國哲學》、《現象與物自身》消化第一批判，以《圓善論》消化第二批判，以一百頁之長文〈眞美善的分別說與合一說〉消化第三批判。這裡所顯示的智思與學力，自康德書出以來，也鮮有比倫。

此外，牟先生在《認識心之批判》重印之際，又漢譯維根斯坦的《名理論》出版，這

---

❻ 「勿忘勿助」乃孟子之語，見《孟子・公孫丑上》。「眞積力久則入」乃荀子之語，見《荀子・勸學篇》。

是在康德哲學之外，對另一系西哲思想之消化。

5.中西哲學會通之路的重新疏導

人人都會說，文化必須交流，思想必須會通。但一般的意見，多屬浮光掠影，泛而寡當。而所謂比較哲學，又常隨意比附，很少眞知灼見。可見欠缺孟子所說的「知言」工夫，是無法平章天下學術的。

牟先生指出，中國哲學和西方哲學的會通，乃是一個大題目。講這個題目，一要通學術性，一要通時代性。西方哲學發展到康德，是一個大的綜結。康德批判地消化了在他以前的西方哲學之傳統。通過康德可以知道哲學的來龍去脈。康德建立了他的「經驗的實在論」和「超越的觀念論」，由前者而融攝知識範圍內一切實在論的思想，由後者而融攝一切關於智思界者的思想。由經驗的實在論開感觸界，由超越的觀念論開智思界。而中西哲學對此二界的或輕或重，或消極或積極，則正是考量中西哲學會通的關鍵所在。經過會通，中西哲學都要各自重新調整。(1)在智思界方面，中國哲學很清楚而通透，而在西方則連康德也不夠通透，故必須以中國哲學通透的智慧照察康德的不足，使之百尺竿頭更進一步。(2)在知識方面，中國哲學傳統沒有開出科學，也沒有正式的知識論，那麼西方能給中國多少貢獻，使中國能積極地開出科學知識？這樣來考量中西哲學的會通，乃能使雙方更充實，更能向前發展。

於此，牟先生借用佛家大乘起信論的「一心開二門」以爲說，認爲這是中西雙方共同的哲學間架。中西哲學都是二門（眞如門相當於康德的智思界，生滅門相當於康德的感觸界），但二門孰重孰輕，或是否已充分開出來，則彼此實有不同。順此而涉及的種種問題，在《中西哲學之會通十四講》❼裡，皆已作了層層之比對與透闢深細之疏解。另外，鵝湖出版社印行的《四因說演講錄》（其二十講），則主要是從亞里斯多德的「四因說」，以對顯出儒釋道三家哲學之要義及其精采。這是牟先生針對中西哲學之會通，再一次提出他深刻的思考。

一九九八年五月四日　北京大學百周年慶「漢學國際會議」論文

❼ 此書乃牟先生之講錄，民國七十九年三月，臺北、學生書局出版。

貳、進德修業的形態與時宜

——從牟宗三先生的性情說起

一、鵝湖與牟宗三老師

大家都知道，「鵝湖」從開始以來，就具有一種「學園」的性格。學園裡面，有精誠的貫注，有理想的提揭，有學問的講論，有文字的表述，這些，鵝湖都有了。二十多年來，鵝湖的師友，在貫徹精誠和提揭理想上，表現得很眞實平常，很通達一貫。其中有前輩師長的精神感召和人格薰陶，也有聖賢之學與聖賢之道的潛移默運。在學問講論方面，除了各自在教育的崗位上天天上課教書之外，還有各種規模不同、方式不同的座談、討論、演講，以及論文研討會和國際學術會議。在文字表述方面，有「月刊」，有「學誌」，有系列的「學術叢刊」(含會議論文集)，也有一般的「書籍出版」。至於各人個別發表文章，出版專書，更是多姿多采，大有可觀。

我這樣簡單地提一下，是想表示：鵝湖的朋友，對於進德修業，並沒有疏忽，而且有所表現，有所成就。而近年來的「兒童讀經」，更可視爲「進德修業」的「靈根自植」。我相信十年二十年之後，必將日漸茁壯，而花果滿樹，燦爛繽紛。但是，我們所做成的，還是很有限，很不夠，所以鵝湖應該更加努力，更求精進。尤其在前輩師長皆已大去，而我們這一輩的朋友也已進入老年。因此我一直熱切寄望於後進新銳，奮發踔厲，相續成爲龍象，以負起傳道弘道的責任。

今天是牟老師逝世三周年，鵝湖的人文講座也訂在這一天開始，同時約我來擔任第一回的演講，心裡既感動，又慚愧。今天這個講題，一方面點出人文講座的重點之一正是進德修業。而同時爲了紀念牟老師，所以先從他老人家的性情說起。

二、牟老師的性情與中國的知人之學

牟老師的性情，大家都有接觸而各有所知。他自己在早年〈說懷鄉〉那篇短文中，曾經提到他是一個「在蒼茫氣氛中，混沌流蕩」的生命，因此顯得「太孤峭，乏潤澤」，不過，他卻並不自認有所謂「傲慢」。（世俗所說的傲慢、謙虛、根本不入他的意識，在此，實有一種不受拘礙的生命本然的灑脫。）在另一篇〈哲學智慧的開發〉文中，他又指出學哲學的人要有逸氣（智），要有漢子氣（勇），要有原始的宇宙悲懷（仁）。一個有哲學氣質的心靈，乃是天地靈氣之所鍾，無論處於任何時代，都不能沒有這種清新俊逸之氣。

事實上，「清新俊逸」也正是牟老師特顯的性情。我曾用四句話來表述牟老師：

氣性高狂　才品俊逸
學思透闢　義理深徹

我們如果要從牟老師的身上來說「敦品勵學」，這四句話也具有相當程度的恰當性。牟老師常說他的生活語言和生活樣態，都很隨意，往往不在規矩法度中。所以梁漱溟先生不欣賞我們牟老師。他問熊先生：宗三坐無坐相，站無站相，走路沒有走路相，您欣賞他那一點呢？熊先生輕輕回梁先生一句話：宗三有神解。後來更說：北大自有哲學系以來，唯宗三一人爲可造。而梁先生卻「見面不相知」。從這裡，我們可以體會一下孟子所謂「知人論世」的道理。

牟老師說，中國有一個「知人之學」的老傳統。如何知人？如何了解人品？如何欣賞一個人的生命氣象和根器性情？其中都有各種道理存焉。這些道理，在傳統的學問和傳統的社會裡，一直都是存在的。可是民國以來新的知識分子，對此卻懵懵然無所知，結果是有知識而沒有教養。這是很不好的，也是很可惜的一件事情。牟老師說，他所了解的有關做人的道理，都是熊先生教的。面對熊先生，你必須懂得領受。假如某人被熊先生罵一頓，就說熊先生脾氣太大，而不再來親近了。這樣你就得不到熊先生的好處。牟老師說他和熊先生處得最親切，就因爲他們師生脫略俗套，以眞性情相處。所以教者樂育英才，而學者受益無窮。

其實，中國傳統的民間，也自有它深蘊厚蓄的教化功能。在此，我可以舉述二件事。一件有關唐先生，唐先生說他家鄉四川的父執輩，從來不當面稱讚唐先生。但後來發現這些前輩隨時都在關愛唐先生，爲唐先生多方揄揚。唐先生說，這就是中國民間教化傳統中一番提攜後進的道理。另一件有關徐復觀先生，徐先生的夫人是富家小姐，很嬌貴，二人結婚之初，新夫人大而化之，好像什麼事都不懂，都不會。後來七七事變，全面抗戰，徐夫人到鄉下住了幾個月，二人再見面時，徐先生發現他這位太太變了，什麼都會了，什麼都懂了，人情世故，家務操持，全都清清楚楚，有條有理。徐先生說，他沒想到中國農村的教化力量仍然如此深厚。抗戰勝利後，牟老師在南京，曾在徐府借住一些時候，他非常稱讚徐夫人，說，徐夫人才眞像一位太太，還說徐先生的福氣，都是從他太太那裡來。好了，話說得有點遠了。不過，這些話還是和「進德修業」密切相關的。

三、學行工夫與生活調適

剛才說，梁氏不懂得欣賞牟老師的性情，所以二個人一直不相契合。牟老師進德修業的形態，不同一般。四十二年前唐先生在給我的一封回信裡說牟老師「天梯石棧，獨來獨往」，而且無論生活與學問，都有「大開大合」之處。唐先生還說人文友會的「諸同學能從之游，甚爲不易」。這表示牟老師有他的奇特處，不適合一般的尺寸，所以跟他學的人，也可能非常辛苦。（不過，晚年的牟老師就慈祥得多了。他自己也說「老來多慈心」。這句話是很懿美的。）

牟老師的「敦品」，不是言行上的溫文儒雅，也不是「庸德之行，庸言之謹」。他是超潔的高狂，不羈的俊逸。記得一九八二年夏天在夏威夷開朱子會議，傅偉勳、劉述先、我三人一起聊天，傅連問三句話：牟先生爲什麼沒來？這樣的學術盛會他眞捨得不來嗎？他眞的這樣瀟灑嗎？述先回答道：牟先生本來就很瀟灑，他不想來就不來，他沒有什麼瞻前顧後的。劉教授的話是對的。牟老師一切都是稱性而行，當下即是。他的生命中有豐富的「智、仁、勇」，有剛拔的「直、方、大」。那都是他眞樸開朗的生命自然顯發出來，不假修飾。（有人說，第二代的新儒家，唐先生是仁者型，牟先生是智者型，徐先生是勇者型。這話雖然可以表示一種意思，但也不免簡單化了。一個眞儒，其表現雖或有所專重，但生命中的智仁勇則是同原同根的。）

牟老師自己曾說他不做工夫，只做「開朗」二個字。其實，開朗就是大工夫，等於孔子的「無隱」。生命中沒有隱私，沒有暗角，乾淨純潔，清明爽朗，豈不是大工夫？一個朗朗的生命，行走在朗朗的乾坤裡，他和熊先生一樣，都是乾坤禹城中特顯高狂的眞人。在待人接物，立身處世這方面，牟老師顯得很疏簡，但也很眞樸。他對人不取世俗的禮貌（雖然他也常說禮貌也是一種教養），甚至還偶作「青白眼」，時發「獅子吼」，而棒喝劈頭而來也是有的。但我們能說牟老師發脾氣，教訓人，罵人，就是修養不好嗎？修養難道就只是溫文儒雅嗎？大家可以再想一想。

對於牟老師的晚年，我們都只注意他講學的光輝，卻沒有去體貼他生活中的孤峭、心情上的憂困。他偌大的年紀，每年香港臺北來回跑，日常生活無人照料，還得惦記健康欠佳的夫人、公子。後來山東的孫女出來了，又不能在臺北長住，老人的心情可想而知。在這種境況之中，牟老師對自己的身體和生活，卻能調適得宜，有如「文武之道，一張一弛」，在鬆緊之間的斟酌拿捏竟能恰到好處。我認爲這就是一番大的修養。加上他直到耄耋之年，猶然剛大正直，其懍然強烈的文化意識和道德意識，更顯示他完成了一種非常的修養。他不憂不苦，而能長年累月勿忘勿助，從從容容地把儒、釋、道，把康德，都作了最好的詮釋，所以臨終之時，回想一生，雖覺得諸事多憾，但「寫了一些書，卻是有成，古今無兩」。（這句話的眞實性，世人不必致疑，它的確說得持平如實，不增不減。）試問，沒有大的修養，能有如此的成就嗎？一般所謂的修養，所謂的人品，和牟老師的大修養相比，眞是不可以道里計。牟老師的生命之路，是由高狂而通向聖賢。這樣的人品，升入孔子的門庭，自可無所愧怍。

牟老師的「爲學」，本無計劃。但他心中一直「必有事焉」，一直存有一些本質性的問題。一旦醞釀成熟，一部書便出來了。他做大學生時，天天清水饅頭跑圖書館，早上進館，傍晚出來，非常勤奮。六十以後，體力較差，但每天上午必做二三小時「功課」，下午便下下棋，晚上聽聽戲，形式上已看不見他在勤奮工作了。但天天二三小時，勿忘勿助，日積月累，便自自然然地完成了他那「古今無兩」的名山事業。在八十歲的壽宴上，他說：自大學讀書以來，六十年中只做一件事，是即「反省中華民族之文化生命，以重開中國哲學之途徑」。在《時代與感受》自序文中又說：我的一生，可以說是「爲人類價值標準與文化方向而奮鬥以申展理性」之經過。這種話，一般的師儒學者敢說嗎？說了而也能「言之由衷」嗎？我們對照一下，就可以看出在進德、修業上，牟老師都是可以做典範的。

四、進德修業的形態（人格世界的類型）

以下，應該歸到正題，說一說進德修業的形態與時宜。

進德的目的，在成就人品。人品是「天爵」，不是「人爵」。人爵必須求之於外，是朝廷君王給予的尊貴。天爵則是人人本有的先天的「良貴」，但「仁義忠信，樂善不倦」的天爵還是要由人來「修」的。所以孟子有「古之人修其天爵，而人爵從之」的說法。這類似康德講「德」和「福」的問題。照儒家的道理來說，德是天爵，福是人爵。但「德性」雖是先天的，「我固有之」，「人皆有之」；而「德行」卻是通過實踐而成就的。因此，我們可以說：道德沒有現成的，必須靠一代一代的人去實踐，去成就。而各人所成就的人品（人格）又各有不同。是即進德修業的形態問題。

唐先生在〈孔子與人格世界〉文中，分人格類型爲六種：第一類是純粹的學者、事業家型，第二類是天才型，第三類是英雄型，第四類是豪傑型，第五類是偏至的聖賢型，第六類是圓滿的聖賢型。唐先生指出，第一類型的人物，可以在一般的道德修養和道德教訓中培養出來，他們個別的成就雖然有大有小，但在人格價值上應無高低之別。而第二、三、四、五各型中的人物，則先天的成分居多，所以欲使人人成爲天才、英雄、豪傑、或宗教性的聖賢，在事勢上有所不能。至於第六類型，則指孔子以及孔子教化下的聖賢人物，這是唐先生整篇文章最後的結穴，也是最有通慧通識而且最有靈感的部分。十年前，紀念唐先生逝世十周年的學術會議在香港召開，我提的論文是〈唐君毅先生論人格世界〉，文中曾把唐先生這六個類型再歸爲三組：

1.人格世界的基型（純粹學者、事業家型）

所謂基型，其意義有三：⑴這一類型的人格，是原則上人人可以自勉而勉人的，也是現實上人人可能做到的。⑵社會大眾的人格，也正屬於這一類型。他們在分門別類的學問知識上，在各行各業的工作事業上，一心只想探究眞理、做好工作、成就事業。儘管從客觀外在的成就上看，各人的貢獻有大有小，但從「專心致志，始終貫徹」的行事上看，都表現了同樣的精誠。⑶當人們對於從事學問知識之研究的學者專家，對於終身盡忠於一事的各行各業的從業者，都能普遍地加以尊重，而了解之、欣賞之、崇敬之，則在他自己的精神生活中，必可有所充實而自然受益，自己的人格也可因此而獲得提高。而這樣的社會，也必可顯發蒸蒸日上的興旺之象。

2.人格世界的特型（天才、英雄、豪傑、偏至的聖賢）

天才、英雄、豪傑，以及偏至的聖賢，最容易使人歆羨、讚歎、歌頌、崇拜。但這四種類型的人格，先天的成分居多，非人人所可企及，所以都是人格世界中特殊突出的人物。

天才的性情與生命，必奇特，必精采，也常常是迷醉的、狂飆的，故中國有「天上謫仙人」之喻，而西方又有「天才與瘋狂爲鄰」之說。天才也常能勤奮努力，但勤奮努力並不能造就天才。庸才之勤奮努力，從道德上說，雖比天才多得自然恩賜者爲可貴，但勤奮努力者必須佩服天才，推尊天才，此則又見天才之可貴。

英雄也是天才。文學藝術與哲學中的天才，由神思以顯示其生命之光采與風姿，而軍事政治天才的光采與風姿，則通過意志的感召力與鼓舞力而顯示。神思勝者，意志恆弱；意氣橫逸者，神思常若不足。這二種天才，似乎難分高下。但神思是個人之事，而意氣感人則見生命力之充沛，故英雄型之天才，更易爲世人所歌頌。唐先生又特別提到牟老師論天才之意，以爲天才型的英雄，乃是以其生命自身之風姿與光采懾服人。而「最高之天才，乃不成套、無一定之系統者」。故「文有文套，武有武套」的李世民，不如「豁達大度，不滯於物，而氣象足以蓋世，光采足以照人」的劉邦。而提得起放不下者，又不如提放自如者之格高。如亞力山大至印度河而落淚，拿破崙再困孤島而抑鬱，便不如劉邦晚年欲易太子，及知太子羽翼已成，便放手；也不如陳摶本有志於天下，及聞趙匡胤黃袍加身，便撒手入華山爲道士。西方一味崇拜英雄，既不知英雄之格有高低，也不知英雄之上有豪傑。

豪傑一格，特見重於中國。豪傑必有眞性情，與天才、英雄之以神思、氣概勝者不同。天才人物必求有所表現，而英雄常有命運感，直覺有一不可知的命運驅迫他前進，氣機鼓盪，不到失敗不罷手。天才英雄提得起而又放得下者，近乎豪傑，然能到達此境者甚少。放不下，停不住，便不算自作主宰。而豪傑則自始便能自作主宰。天才與英雄，不免求人知，求人附和，故有功名之心；豪傑則常忘世俗之毀譽得失，而能獨行其所是。故豪傑之行徑，常見其出於不安不忍之心。據此而言；獨清獨醒，自沉於江之屈原，是豪傑精神；「受任於敗兵之際，奉命於危難之間」，「成敗利鈍，非所逆覩，鞠躬盡瘁，死而後已」之諸葛亮，是豪傑精神；「眞天下之好也，將求之不得也，雖枯槁不舍也」的墨子，是豪傑精神；另如魯仲連義不帝秦，荊軻以匕首刺秦王，張良椎秦始皇於博浪沙，皆是大豪傑。豪傑心目中無英雄，是即英雄不及豪傑處。又如西度流沙，萬里求法之玄奘，是豪傑；文起八代之衰，萬死不悔以排佛老的韓愈，也是豪傑。豪傑之士，「其人雖已沒，千載有餘情」。故奮乎百世之上，而百世之下莫不興起。推極而言之，無論其名見不見經傳，凡有眞知灼見，有擔當，不計利害得失與毀譽成敗，而能「獨有所爲」或「獨有所不爲」者，皆是豪傑精神之表現。

但以豪傑與聖賢比，豪傑又低一格。聖賢能狂能狷，皆能表現豪傑精神；但聖賢不止於狂狷，故能超越豪傑。豪傑精神常由外在之激盪而成，其精神與世相抗，故細微之矜持在所難免；聖賢則將一切矜持之氣放平而忘我，使眞性情平平呈露，並由此而顯示一往平等之理性。此即聖賢超越豪傑之處。聖賢有兩格，一爲偏至的聖賢，一爲圓滿的聖賢。偏至，謂偏而至於天。偏至的聖賢，即指宗教性的人格。如謨罕默德、耶穌、甘地，皆崇拜上帝，釋迦則只肯定一絕對超越人間之境界，武訓雖不必有上帝之信仰，但他念及人須識字受教育，即以行乞之積蓄興學，此正表現一宗教性之至誠。唐先生指出，宗教性的聖賢人格之所以偉大，主要見於其絕對忘我而體現一無限之精神，故注定要爲一切有向上精神之人所崇拜。聖賢不須有人們之所長，而世間一切有抱負、有靈感、有氣魄、有才情、有擔當的事業家以及天才、英雄、豪傑，站在聖賢之前，總皆自覺藐小而低頭禮拜。

3.人格世界的常型（圓滿的聖賢：孔子）

耶穌、釋迦、謨罕默德，銷盡世間之精采以歸向絕對無限之精神。但也由於他們之銷盡精采而烘托他們的「偏至、超越」與「神聖」，而此「偏至超越與神聖」之本身，對世人而言又是在顯精采。而孔子則連這些精采也加以銷掉（大而化之），使一切歸於順適平常。孔子之眞誠惻怛，一面是「如天之高明而涵蓋一切」的超越精神，一面是「如地之博厚而承認一切」的持載精神。而孔門諸賢全都涵容在孔子的聖賢教化之中，而未嘗以「天才、英雄、豪傑、宗教性之人格」顯，他們的才情聲光，在孔子面前放平了，渾化了；他們的人格精神，在孔子的德慧感潤之下，同一化於孔子，而歸於永恆。依唐先生的體認，佛耶之教，總只是向高明處去，故人只覺其神聖尊嚴。而孔子之大，則大在極高明而歸於博厚，以持載一切，承認一切。所以孔子教化各類型的人（有教無類），也尊重佩服各類型的人，他不但佩服與他精神相近的人，也佩服與他精神相反的人才（如以殷人之後而佩服文武周公，稱頌周之文化，以及對南方隱者之流的尊重與禮待）。

凡教來學，以開後世之學術，必資乎高明之智慧；而承前聖，以繼往古之文化，則必資乎博厚之德量。如果說，一切聖賢皆是上帝之化身，則上帝化身為耶穌，為謨罕默德等，只顯示一天德；而其化身為孔子，則由天德開出地德。天德只成始，地德乃成終；終始條理，金聲玉振，而後大成。

總之，孔子之精神，即是超越的涵蓋持載之精神，亦即一絕對之眞誠惻怛。誠之所至，即是涵蓋持載之所至，亦即超越有限之自我以體現無限精神之所至。同時，眞有孔子之精神，則又必能開展心量，致其誠敬，以學習他人之所長。中國文化固然宗奉孔子，而亦未嘗排斥外來文化。孔子人格精神之偉大，誠不可不學。

五、道理之常與行道之宜

上節以較長之篇幅說明人格世界的類型，也就是講說進德修業的形態。既能成形態，當然各有價值。但無論什麼形態的創造和完成，都有時宜的問題。譬如上述「基型」中的純粹學者和事業家，你選擇做那一類的學者，或從事那一類的事業，固然和自己的才分、能力、興趣有關，也同時和客觀的時代環境有關。如果依孔孟論狂狷的意思來說，則狂者狷者固然是各人主觀的性情，但如何表現狂之進取有爲，如何表現狷之有所不爲（有守），也仍然要有時宜的斟酌。同一個人，可能此事須狂，彼事須狷，此時此地須狂，彼時彼地須狷。同一件事，今日去做可能要狂，而明日情況起了變化，便可能要採取狷者的態度。同一時地進行不同之事，可能此事須狂，彼事須狷；或此事應先狂後狷，而彼事應先狷後狂。凡此等等，都是進德修業的時宜問題，必須措意加以講求。孔孟周遊列國，一面求仕，一面講學。王陽明在江西平亂之時，也是一面用兵，一面講學。講學，不只是「論道」之理，更要講求「行道」之宜。這是可以從論語孟子書中以及宋明儒者的語錄中得到印證的。

孔子所謂「無可無不可」，孟子所謂「此一時也，彼一時也」，也正是時宜問題。還有儒家講求「因革損益」，理學家講論「理一分殊」，也與時宜密切相關。人生的過程和歷史文化的演進，都有因革損益，其善者因襲下來，其不善者革而去之，其多餘者減損之，其不足者增益之。我們持守的原理原則只有一個，並無更改。但我們處理事情的態度、方法、步驟……則必須隨時斟酌，隨事調整，以求時時得宜，事事得宜。理不變，要守住；事則隨分隨宜，可以變通運用。此便是所謂「理一」而「分殊」。（分，讀去聲，指行事之分。殊，異也，不同也。）而儒家還有更古老的所謂「守經通權」、「守常應變」，也正是切關「時宜」的道理。孟子說孔子是「聖之時者」，中庸講「時中」，禮記也有「禮，時爲大」之說。一個「時」字便可使儒家不停滯、不封閉，而能「日新又新」。可見道理從來不曾欠缺，只是我們自己不理解、不認取，所以眞理大道隱而不顯；而我們的時代乃成爲「人文貧血」的時代，我們的社會也成爲「道德痲木」的社會。

試看看，我們眼前的官府，眼前的政治人物，眼前的學校，眼前的大中小學的莘莘學子……他們到底成爲什麼樣子了？我們搖頭歎息，我們心懷不安，然則我們將如之何？「將如之何」？這正是大家的心聲，也正是一個求好求善的起點。就讓我們每一個人的「不安不忍之心」，不斷發出共同的心聲：「怎麼辦？如之何？」人人如此反求諸己，道德心靈就隨時都可能從痲木中醒覺。良心呈現作主，則行政、立法、司法以及教育、工商……皆可依循義理，發揮職能，各盡權責，各盡本分。這樣，才是根本之圖、有效之方。而進德修業的核心，正在於此。本不立則道不生，良心就是本。如果良心不起作用，只說一些官話，或者只知道求上帝、求神佛，其結果還是會落空的。今天就講到這裡，謝謝諸位。

一九九八年四月十二日牟宗三先生逝世三周年忌日「鵝湖人文講座」紀念講詞

參、牟宗三先生鑄造學術新詞之意涵述解

弁言

二年前，第四屆當代新儒學國際會議在臺北召開，我曾在開幕式上，以牟宗三先生爲主線，順就他的重要著作，約爲五點，來說明當代新儒家的學術成就：

1.闡明三教：儒釋道三教義理系統之表述

2.開立三統：文化生命途徑之疏導

3.暢通慧命：抉發中國哲學所蘊含的問題

4.融攝西學：康德三大批判之譯註與消化

5.疏導新路：中西哲學會通的道路

這五點說明，句句都是落實之言，無有虛矜，無有誇飾。❶我曾經提揭「仁智雙彰、天

❶ 參蔡仁厚：《孔子的生命境界》（臺北：學生書局，一九九八年），頁一八七—一九六。

人合德、因革損益、據理造勢」四義，以指出儒家義理在人類世界中所含具的普遍而永恆的價值。同時又就「倫理的實踐、政治的開新，經濟的發展、學術的推進」四目，以申述儒家對現實社會所可昭顯的時代意義與適應功能。❷而我昔年所綜結的儒家思想基本旨趣八大端❸，也可以證實儒家學術足以作爲「人類生活的基本原理」和「人類文化的共同基礎」，而儒家精神與中國的現代化也是相順相通，而並非是相逆相隔。

不過，義理上雖然具足，功能上仍不免會有所限制。從「質」上看，儒家的道理，內聖外王、修己治人、成己成物、天人內外，可謂無所偏失。此之謂「義理上的具足」。但從「量」上看，則許許多多理所當然的事，卻常有遷延而未能實行，或行之而不夠圓滿。此之謂「功能上的偈限」。這種情形，不只儒家如此，一切文化系統，莫不皆然。當然，「知識之學」與「民主政治」之未能開出，確是傳統儒家的大欠缺。但以往沒有的，今後可以有；傳統儒家的不足，當代新儒家自當通觀並顧，匡補闕遺。但文化之事，是整體的，全面的；實務層上的工作，分門別類，非常複雜，需要各種專門的知識，也需要各種專業的人才。儒家學者只要能夠在「文化的反省、觀念的疏通、思想的架構、理想的開顯、價值的取向、實

❷ 參蔡仁厚：《儒學的常與變》（臺北：東大圖書公司，一九九〇年），頁二三—四一。

❸ 同上，頁四六。八大端：(1)「人性本善」的道德動源。(2)「天人合德」的超越企向。(3)「孝弟仁愛」的倫理思想。(4)「情理交融」的生活規範。(5)「生於憂患、死於安樂」的人生智慧。(6)「因革損益、日新又新」的歷史原則。(7)「修齊治平，以民爲本」的政治哲學。(8)「內聖外王，天下爲公」的文化理想。

踐的進路」這些理念層上盡心盡力，便可算是克盡職分，功在文化。

數十年來，大家都很關心中國文化復興的問題，但各人之所說，多半只是零散的意見，欠缺通盤的從根的大反省。若有之，則從新儒家始。本文將就牟宗三先生半世紀來所鑄造的學術新詞，擇要的加以述解，藉以證見牟先生對哲學慧命的疏通與開發。

一、「綜和的盡理」與「綜和的盡氣」之精神，以及「分解的盡理」之精神❹

牟先生認為，歷史是一個民族的實踐過程，而精神表現的型態及其原理，在各民族之間的出現，不但有先後與偏向的不同，而且出現的方式也有「綜和的」與「分解的」之差異。中國文化表現「綜和的盡理」與「綜和的盡氣」之精神；西方文化則表現「分解的盡理」之精神。

(1)綜和的盡理之精神，是指「由盡心盡性而直貫到盡倫盡制」，「由個人的內在實踐工夫而直貫到外王禮制」的精神。其表現於人格者，則為聖賢與聖君賢相。

(2)綜和的盡氣之精神，是指一種「能超越一切物氣之僵固，打破一切物質的對礙，以表顯其一往揮灑的生命之風姿」的精神。其表現於人格者，是天才，是打天下的帝王。

❹ 牟宗三：《歷史哲學》（臺北：學生書局，一九七四年重版），第三部第二、三兩章。

⑶分解的盡理的精神，有兩個特徵：第一是堆置對象而外在化之，以形成主客之對列。第二是使用概念，抽象地概念地思考對象。這種精神表現於文化，可有三方面的成就：一是神人相距的離教型的宗教，二是以概念分解對象和規定對象的科學，三是通過階級集團向外爭取人權而逐漸形成的民主政治。

由綜和的盡理的精神，表現「道德的主體之自由」，而使人成爲「道德的存在」或「宗教的存在」（如聖賢君子、忠孝節義；或宗教教主、高僧聖徒。）由綜和的盡氣之精神，表現「藝術性的主體自由」，而使人成爲「藝術性的存在」（此取廣義。凡是盡才、盡情、盡氣的天才、英雄、豪傑、才士、高人隱逸之流，皆屬此類；不止於詩人、畫家、音樂家而已。）而分解的盡理的精神，則表現「思想的主體自由」以及「政治的主體自由」；前者使人成爲「理智的存在」（所謂我思故我在，如思想家，科學家等。）後者使人成爲「政治的存在」。（人作爲權利義務的主體，便是政治的存在，也即「公民」這個觀念所表述者。）

大較而論，中國充分地發展了道德的、藝術性的主體的自由，西方充分地發展了思想的、政治的主體自由。黑格爾說中國只有合理的自由，而沒有「主體的自由」，其實意是指「政治的主體自由」而言，（黑氏不知主體自由的表現有各種不同的型態，所以顢頇的說出那種武斷式的話。）而凱塞林在他的哲學家旅行日記裡，說中國人智慧甚高，而思想則乏味。此中關鍵，正是由於「思想主體」（知性主體）未能充分透出以獨立發展之故。所以中國人作價值判斷時很清楚、很簡切。但思辯性不顯，缺乏理趣，不易引人入勝。

牟宗三先生創用這三個詞語，是爲講歷史文化。五四時代的知識份子認爲科學民主是西方的。中國既要科學民主，就必須拋棄傳統，全盤西化。如此一來，中國的文化生命打成兩截，舊的和新的，傳統的和現代的，被擺在直接衝突對立的位置上，有如水火之不相容。然而文化可以這樣講嗎？可以這樣理解嗎？中國五千年的傳統文化竟然一無是處嗎？……必不然矣。但誰又能通盤省察而且說出這「必不然」的所以然之故呢？首先是牟先生。

中國傳統文化未能發展出科學民主，基本關鍵只在「思想（知性）的主體自由」與「政治的主體自由」未能充分透顯起用。如能從文化生命中轉出「分解的盡理之精神」，自然就可以樹立「知性主體」以開出「邏輯、數學、科學」。在政治方面，人人皆須自覺地成為「政治的存在」（成為公民，成為權利義務的主體），從往古那種只順治道方面想的思路，而轉為從政道方面來想，通過個體之自覺以開出近代意義的「國家、政治、法律」，這才是建國立國的綱骨所在。

中國的文化生命，向上透的境界雖然很高，但唯有補足「知性」與「政道」這中間架構性的東西，乃眞能向下撐開以獲得堅固穩實的自立之基。

二、理性的運用表現與理性的架構表現❺

進一步，牟先生又創用二句詞語，來對顯中西文化生命的特色。中國文化生命的特色

❺ 參牟宗三：《政道與治道》（臺北：學生書局，一九八〇年重版），第三章。

是「理性的運用表現」，而運用表現正是「綜和的盡理之精神」下的方式。西方是「理性的架構表現」，而架構表現又正是「分解的盡理之精神」下的方式。如此比配一下，可以使意思更爲顯豁。

理性的運用表現是生活、是智慧，也是德性。才、情、性、理，融通而爲一。若關聯著文化問題來說，則可從三方面來理解所謂理性的運用表現。

首先，從人格方面來說，聖賢人格的感召便是理性的運用表現。論語載子貢曰：「夫子之得邦家者，所謂立之斯立，導之斯行，綏之斯來，動之斯和。」以及孟子所謂「君子所過者化，所存者神」。❻這樣的人格感召力，最能顯示理性之運用表現的意義。聖德之化，莫之爲而爲，莫之然而然，即使聖人自己也不知其所以然，其所以然只是他的聖德之化（聖而不可知之之謂神，神即化也）。在此，不需要神通，不需要奇蹟，也不需要媒介、橋樑。它「所存者神」，故能「所過者化」。這完全是理性的功能作用之自然流露，不需藉助任何的架構來表現。這種境界，以及達到這種境界的學問與功夫，正是中國文化生命的領導觀念。

其次，從政治方面說，儒家德化的治道也是理性的運用表現。由於中國傳統政治「有治道而無政道」（見下節），政權的運行沒有法制化之軌道，所以便設法來德化代表政權的皇帝（特別重視太子的教育也由此而來），結果發展出一套德化的治道。這是「以治道之極來濟政道之窮」。然而，要求政治家做聖賢是極爲不易的，即使君相果眞是聖賢，也只能成就德教

---

❻ 子貢語，見《論語・子張》，孟子語，見《孟子・盡心上》。

之善，而很難恰當而普遍地解決權利義務諸問題。由此可知，人間社會需要一套架構來實現和保障各種客觀的公共的價值。而理性的運用表現在聖賢人格方面雖很妥當，很順直，但在政治方面並不恰當，而且會使得道德理性在政治權力圈中感受委屈。

再次，從知識方面說，道德心靈之「智」收攝於仁而成爲良知，或成爲道心之觀照，這是智的直覺型態，而非知性型態。道心的觀照，不經由經驗，也不經由邏輯數學，當然不能成就科學知識。中國以往講學是以德性爲主，故心之智用收攝於德性而轉爲德慧。德慧的表現必然是運用表現，故不能由之而成就科學知識。

理性的運用表現，不能出現邏輯數學科學，不能出現近代意義的國家政治法律。換句話說，中國文化之所以未能出現科學民主，是因爲缺了「理性的架構表現」。而科學民主正是理性架構表現的成果。因此，中國人的眼光不能只注目於那外在的科學成果與民主活動，而應該回頭省察民族文化心靈表現的型態。所以，當前中國文化的問題，仍在於「如何從運用表現轉出架構表現」？❼

理性的運用表現由德性發，是屬於內聖的事。內聖必通外王，但古人講外王是直接由內聖推衍出來，如《大學》八條目的講法便是顯例。從誠意正心到治國平天下，只是直線通出去。如是，外王只成了內聖的作用，而且外王只限於治國平天下。可是，今天的科學民主也應該是外王的內容（可以滿足「開物成務」和「利用厚生」的要求），而從內聖的運用表現中卻不

❼參閱同註❺，頁五五—六二。

能直接推出科學民主，這就是問題的所在。

但「外王是由內聖通出去」，這句話並不錯。於此，牟先生乃特爲指出：通有「直通」與「曲通」。直通是古人的講法，曲通（中庸所謂致曲）是今天關聯著科學與民主政治的講法。在曲通中含有一層轉折。我們說，內聖的德性與科學民主相關（雖不是直接的關係），但我們又發現科學民主有其獨立的特性。這既獨立又相關，便正是理性的運用表現與理性的架構表現二者之間的情形。這如何而可能？

凡是直通都是順承的，曲通則必須有「轉折的突變」。簡而言之，道德意義的德性，在其運用的表現中雖不含科學民主，但科學代表知識眞理，而民主政治也能表現正義公道，這是道德理性不能不承認、不能不肯定、不能不要求的。所以內聖的德性不但不反對科學民主，而且一定意欲科學與民主。所以，只要在此作一步反省自覺（逆覺）便自然可以順就科學民主的特殊架構，而自我調適，由直通直貫轉爲曲通曲貫。觀念思想上的糾結化解了，文化生命的表現自然順適調暢。而由「理性的運用表現」轉出「理性的架構表現」，便也順理成章而成爲「應有之義」。

附識：牟先生又有「理性的內容表現」與「理性的外延表現」一組詞語。前者成就內容眞理（道德宗教之眞理），後者成就外延眞理（科學眞理）。而理性的運用表現自屬內容表現，理性之架構表現自屬外延表現。兩者詞語異而意指同。順此，又有所謂「內容意義的民主」（如民爲本、民爲貴、好惡與民同、憂樂與民同……）與「外延意義的民主」（如行政、立法、司法三權之分立制衡），凡此，皆可會通而解，並無滯執。

三、有治道而無政道

政治權有治權與政權之別。就中國傳統政治來看，治權由宰相系統掌理，而宰相制度正是中國傳統中足以傲世的一套體制。這表示，傳統政治對於治權的運作，不但有一套道理，而且有一套法制化的軌道，此之謂「治道」。而政權的轉移雖然也有傳統的方式，譬如禪讓、繼世、革命、打天下等等，皆是。但這些方式還夠不上稱之爲「法制化的軌道」。因爲禪讓靠天子之德，雖屬嘉美之事，但卻不是制度。繼世雖是制度，但那是家天下的制度，不合「天下爲公」的原則。所以，儒家又贊成革命（針對家天下之不合理而發）。革命是順天應人的正義之舉，但那是一種非常手段，不是制度。至於秦漢以後的打天下，是靠武力解決，更不是制度。由此可知，中國傳統政治對於政權的移轉，始終欠缺一套法制化的軌道。牟先生判中國傳統政治「有治道而無政道」❽，眞是一針見血的解析，諦當無比。

由於沒有「政道」，所以形成中國傳統政治的三大困局：

(1)朝代更替，治亂相循。

(2)君位繼承，骨肉相殘。

(3)宰相地位，受制於君。

這三大困局的形成，可以有各種不同的解析和說明，但眞正的核心癥結，總在「政道」之不

❽ 同註❺，第一章。

立。而民主政治最大的貢獻，就在於它可以把傳統政治的三大困局，一舉而加以消解。

五四時代的人，認爲中國要科學民主，就得徹底地拋棄傳統而全盤西化。其實，中國文化和儒家學術，對於民主科學並非「相逆的衝突」，而應該是「相順的發展」。只需自覺地調整民族文化心靈的表現型態，便可以由德性主體開顯知性之用（在主客對列的格局中進行認知活動），如此，便自然可以發展出科學。同理，如果我們能疏導出傳統政治的癥結，也自然可以由理念上的「民主、民貴」「選賢與能」而推進到體制上的「民主政治」。❾

四、「良知」何以要「自我坎陷」

良知坎陷的問題，是民國三十六年牟先生在《王陽明致良知教》一長文之「致知疑難」章❿，討論到良知與知識的關係，因而提出「良知自我之坎陷」這個命題。這是在陽明良知學的系統中來討論如何成就知識所作的義理疏導。我在《王陽明哲學》書中也有所申述⓫，

❾ 按筆者，在《孔孟荀哲學》（臺北：學生書局，一九八四年）頁三一六—三二六，曾對政權轉移的軌道問題有所討論。可參看。

❿ 按《王陽明致良知教》，一九五四年在臺北出版。後來《心體與性體》出版，牟先生自己覺得致良知教書中所說，還有欠妥之處。故一九七九年《從陸象山到劉蕺山》出版之時，其中王陽明一章乃重新改寫，不再取用致良知教小冊，唯「致知疑難」一章仍保留附錄於新書第三章〈王陽明章〉第一節之後（頁二四五—二六五），請參看。

⓫ 參蔡仁厚：《王陽明哲學》（臺北：三民書局，一九七四年），第四章〈良知與知識〉，頁五八—七六。

而六年前在第二屆當代新儒學會議宣讀論文〈所謂開出說與坎陷說〉，也曾就「德行主體開顯知性之用」提出綜括的解說。⓬現在，只簡單說明三點意思：

1.良知肯定知識的價值，但良知是道德心，道德心要求「與天地萬物爲一體」，因此，心與物不相對列，沒有主客相對的關係，不能進行認知活動，因而良知本身不能直接成就知識。

2.良知要求知識，而又不能直接成就知識，所以要轉爲認知心（認知心是與物相對的，可以在主客對列的格局中進行認知活動以成就知識）。由於良知是道德心，是絕對體；而認知心則與物形成主客對列，是相對的地位。良知爲了要成就知識，而自覺地作一步自我坎陷，轉而爲認知心。這一步轉化是從絕對（無對）轉爲相對，降了一層，所以謂之「坎陷」。坎陷，不是一般所謂的坎落、陷溺，而是一種有積極意義的層位轉換，其目的是爲了成就知識。

3.至於說，用「坎陷」二個字到底好不好，大家可以斟酌，只要是有意義的說明，我都可以尊重。但對「良知自我之坎陷」這一句話，也請大家虛心善會，不要誤解。這是在良知（道德心）系統中的說法，不可隨意浮汎出去。如果順荀子和朱子的系統，自可另有講法。我在討論荀朱心性思想的時代意義時，也曾有明確的說明。⓭可以參閱。

五、「即存有即活動」與「只存有而不活動」

⓬ 蔡仁厚：《中國哲學的反省與新生》（臺北：正中書局，一九九四年），頁五七—六一。

⓭ 蔡仁厚：《儒家心性之學論要》（臺北：文津出版社，一九九〇年），頁一二三—一二七。

這是牟先生判分宋明理學義理系統之不同時，所創用的一組詞語。儒學發展到北宋，程明道提出「天理」二字，來概括先秦以來指說本體的種種名（如天、帝、天命、天道、乾元、太極、誠體、神體、仁體、性體、心體、寂感眞幾、於穆不已之體等等）。如此而言的「理」（天理）：

1. 靜態地爲本體論的實有；
2. 動態地爲宇宙論的生化之理；
3. 同時它亦即道德創造的創造實體。

因此，從周濂溪、張橫渠到程明道所體悟的本體，它當然是理，但不只是理而已，同時也是心，也是神，是寂而能感，即寂即感的。

因爲它是「理」，所以是形上實有，由此說「存有義」。因爲它也含有「心義、神義、寂感義」，所以能顯發活動性，能妙運氣化生生不息，由此說「活動義」。

如果再加以簡化，也可以說：儒家所講的「本體」，既是「心」，也是「性」，也是「理」，也是「道」。當孟子說出「盡其心者知其性也，知其性則知天矣」⓮的時候，即已表示「心、性、天」通而爲一。所以程明道便直接說：「只心便是天，盡心便知性，知性便知天。當處便認取，更不可外求。」⓯「心」便是「天」，這個「天」字實等同於「理」字。因此，依明道的思路，他當然可以贊同後來陸象山所說的「心即理」。而一般所謂程朱言「性

⓮ 見《孟子·盡心上》首章。

⓯ 《二程遺書》（臺北：中華版）二先生語上。

即理」，陸王言「心即理」，話雖不錯，但卻說得欠分曉、欠明白。因爲在陸王（大程子亦然），「性即理」與「心即理」是同時承認的。但在小程子（伊川）和朱子的系統裡，卻無法承認「心即理」。據此可知，同樣是「性理」這個觀念，卻有「全義的性理」和「偏義的性理」之不同。

甲、性理的全義：性即是理（理與心、神、寂感通而爲一）；理，是創生原理，能妙運氣化之生生，所以是「即存有即活動」的。（按、兩「即」字，猶今語所謂「同時是」，意即它同時是形上存有，亦同時即是創生活動的動源。）

乙、性理的偏義：性只是理（而心、神、寂感，則從性體脫落下來而歸屬於氣）；⑴從宇宙論而言，理與氣相對爲二，神與理亦爲二。⑵從道德實踐而言，心與性相對爲二，心與理亦爲二。因此，「理」只成本體論的靜態實有，卻不能妙運生生以起創生作用，所以是「只存有而不活動」的。

朱子順承伊川的思路，完成「心性情三分」、「理氣二分」的格局。認定性即理，而且性只是理，而心與情則屬於氣，心是氣之精爽、氣之靈處，而情是氣之發、氣之變。在朱子的系統中，心性理的實義如下：

⑴「心」是實然的心氣之心，不是實體性的道德的本心。

⑵「性」是與心相對爲二的性，不是本心即性、心性是一的性。

據此可知，朱子所講的「性即理」「性只是理」的性理，實只是性理的「偏義」。他體悟的性理本體，既然是「只存有而不活動」，因而他的工夫系統不但與陸王不同，也與「周、張、大程」不同，而且與「孔孟乃至中庸易傳」也有所不同。這個不同，即是牟先生所謂「橫攝系統」與「縱貫系統」的不同。（說見下節）

六、「逆覺」與「順取」，「縱貫」與「橫攝」（自律與他律）

縱貫系統、橫攝系統，是牟先生《心體與性體》書中之用語。自律道德、他律道德，則是西哲康德所講說。

依牟先生對宋明儒學所做的分判，認爲程伊川和朱子同屬橫攝系統，二人所謂格物窮理，是以「心知之明」去認知（攝取）「事物之理」，因而形成主客相對，這是平面的（橫的），所以謂之「橫攝」（在心與物橫列相對的格局下進行認知攝取）。既然心知之明是順著格物的方式而認知理、攝取理，因而也稱其工夫進路爲「順取的路」（順心知之明以認知攝取事物之理）。

在「縱貫系統」中（孔孟以下，中庸、易傳，北宋前三家周、張、大程，陸、王，以及五峰、蕺山，皆屬縱貫系統），無論客觀地說的宇宙生化，或主觀地說的道德創造，全都是這「即存有即活動」的形上實體（道體、性體、仁體、心體通而爲一的天理本體）之立體直貫。換言之，全都是「天理本體」這個創造的動源，本末通貫地妙運之、創造之、成就之。在此，沒有平面的主客相對（意即沒有心物相對的認知活動），而是立體的直貫創生（凡創生、創造，必是縱的、直貫的，如天地之創生萬物，父母之生育兒女），道德實體之創造道德價值，皆是上下縱貫，而非平面對列，所以謂之「縱貫」。凡縱貫系統，其工夫必不是「順取的路」，而是「逆覺的路」（逆，反也。反求諸己而覺識之、體證之，是爲逆覺體證。）

凡逆覺體證，必然要從先天心體（與性爲一的道德心）開工夫。而道德心性自主自律、自發命令、自定方向，故爲「自律道德」（孟子言「仁義內在」，仁義之理內在於心，此乃典型的自律道德）。而心與理爲二的格物順取的路，則爲「他律道德」（以理在心外，而理又「只存有」而「不活動」故也）。

在儒家的大系統裡，既有自律道德的系統（如孔、孟、中庸、易傳、周、張、大程、五峰、陸、王、蕺山等），又有他律道德的系統（如荀子、伊川、朱子），縱橫兼備，故能成其大。但必須「以縱統橫」（以自律統他律），不可「以橫代縱」（以他律取代自律）。明乎此，即可相觀相摩，配合得宜。

七、一心開二門，兩層存有論

依康德，人所知的只是現象，而不是物自身。現象是感觸直覺的對象，物自身則是智的直覺之對象，而智的直覺只屬於上帝所有。康德又說，上帝只創造物自身，而不創造現象。康德此一點示，當然有一種洞見在內。牟先生以爲，在西方傳統的限制中，能有如此洞見，已屬非常卓越。洞見之發，是他個人靈光之閃爍，而一旦發出來，它就成爲一個「客觀的義理問題」。牟先生根據中國的哲學傳統，肯定「人雖有限而可無限」「人可有智的直覺」。由中國哲學傳統與康德哲學之會合，而激出一個浪花，以見出中國哲學傳統之意義與價值，以及康德哲學之不足，因而寫成《現象與物自身》⑯藉以陳述其完整而通透之系統。

牟先生順依中國哲學傳統之智慧，先由人之道德意識，顯露「自由無限心」，由此說「智的直覺」。自由無限心是道德的實體，由此而開出「道德界」；它又是形上的實體，由此而開「存在界」。

(1)先由自由無限心開存在界，而成立一個「本體界的存有論」（無執的存有論）。在此，是以儒家之正盈教，會通佛老之偏盈與西方之離教，建立上達天德之路，以成聖成佛成眞人。

(2)再由自由無限心（知體明覺）之自我坎陷而開出「知性」（認知心），由「知性之執」（識心之執）而執成現象，而成立一個「現象界的存有論」。在此是以佛家「執」的觀念來融攝康德所說的現象界，並以康德之學（純理批判分解部）充實這個「執」，來突顯知性主體（識心、有限心），以開出科學知識。

牟先生指出，現象與物自身，只是一物之兩面，祇是兩種不同的表現而已。人之行動，是現象，也可以是物自身。但康德一說到行動，就把行動歸屬到現象，而忘懷行動本身除了現象之身分，同時也有物自身之身分。康德說得太快，一下子就滑到現象界，因此，其哲學

⑯ 牟宗三《現象與物自身》，一九七五年，臺北、學生書局。

體系只能說是「一心開一門」，它只開感觸界的生滅門，而未能開出智思界的眞如淸淨門。

依於中國哲學的傳統（儒、道、佛），牟先生肯定人類心靈可以開出兩層存有論；又藉取佛教《大乘起信論》中「一心開二門」之架構，來綜括兩層存有論。它融攝儒道佛三教之精髓，打通中西哲學之隔閡，再以創闢性之詮釋，賦予「一心開二門」以新的意義與功能。此步工作，實已爲中西哲學開顯一條交會融通的坦途。

牟先生一貫認爲，通中西文化之郵，以使雙方相資相益，康德實爲最佳之橋樑；故雖老年而猶鍥而不捨，以一人之力將康德三大批判全都漢譯出版，此乃二百年來世界第一人。先生自謂：此書之譯，功不下於玄奘、羅什之譯唯識與智度。超凡入聖，豈可量哉，豈可量哉！然眞正仲尼臨終不免嘆口氣，人又豈可妄哉。豈可妄哉！

八、結語

以上雖已摘要地對牟先生鑄造學術新詞的意涵，做了簡要的述解，但就牟先生對哲學慧命的疏通與開發而言，以上的說明實在掛一漏萬，很不周延。歸總而言之：⑴重新開顯儒釋道三教的義理系統；⑵抉發中國哲學思想中所涵蘊的問題；⑶疏通中國哲學史開合發展的關節脈絡；⑷省察儒家外王事功方面之不足及其充實開擴之途徑；⑸全面比對中西文化精神表現之型態及其會通融攝之間架。凡此等等，牟先生都有超邁前修的表現。二十世紀的中國，降生這樣一位哲儒，來爲華夏文化爭光增輝，既是天之所命，也是人之所成。說到這裡，我們又回憶起牟先生八十壽宴上的話。

他說：從大學讀書以來，六十年中只做一件事情，是即：「反省中國的文化生命，以重開中國哲學之途徑。」他重新疏導儒家、道家與佛教的思想，以蘇活三教的哲學智慧。同時譯註康德的三大批判，並撰寫專書以消化融攝康德，爲中西哲學之會通開啓最佳的途徑。他八十一歲時出版舊稿《五十自述》（撰寫於任教東海之時），在序文中有這樣幾句話：

> 學術生命之暢通，象徵文化生命之順適；
> 文化生命之順適，象徵民族生命之健旺。
> 民族生命之健旺，象徵民族魔難之化解。

又云：無施不報，無往不復，世事寧有偶發者乎？吾今忽忽不覺已八十矣。近三十年來之發展，即是此自述中實感之發皇。聖人云：「學不厭，教不倦」。學思實感寧有已時耶？

一九九八年九月　山東濟南「牟宗三與當代新儒學」國際會議論文
一九九九年六月　《東海哲學研究集刊》第六輯發表

肆、「繼別爲宗」與「別子爲宗」

一、二句引發疑義的詞語

近二十年來，牟宗三先生講宋明理學而引發疑義的詞語有二：

一是良知自我之坎陷。

二是分判朱子爲「繼別爲宗」（又作別子爲宗）。

良知自我之坎陷，是良知面對中國文化發展中的知識問題，而自覺地要作一步自我之調整（坎陷）。所謂坎陷，是良知本心自覺地從德性主體的分位轉而爲知性主體的認知心。德性主體是絕對體（與物無對），知性主體（與物爲對）則是主客對列、心物相對，從「絕對」到「相對」，降了一個層次，故謂之「坎陷」。良知何以要自我坎陷？當然是爲了發展知識。這是由德性主體開顯知性之用，也是就王學立場，爲中國文化發展中的知識（科學）問題，作出義理的疏導與詮釋。這是非常恰當的講法。（請參看〈所謂「開出說」與「坎陷說」〉，編入拙著《中國哲學的反省與新生》，正中版。）但如果順朱子系統作思考，則根本無所謂「良知坎陷」的問題。從朱子學來看知識問題，只須就「即物窮理」而作出新的詮釋和疏導，即可。今年十月，我出席武夷山「朱子與二十一世紀」國際學術會議所提論文〈朱子的心論與心性工夫：兼論即物窮理的時代意義〉，即對此一問題有所論說。（該文已編入本書丙編之壹）

至於另一受質疑的說法，判朱子爲「繼別爲宗」（別子爲宗），則因數百年來，朱子一直被奉爲官學正宗，而韓國日本之尊朱，尤甚於元、明、清之朝廷，再加上朱子在文教上之成就與影響，一般人自然不易接受「繼別爲宗」的判語，而「別子爲宗」更是言之太峻切，容易直接引發反感。不過，就我的理解而言，牟先生這個分判，不但確然不可拔，而且恰當無比。還朱子之本來面目，定朱子之確切地位，其言不偏不倚，無過無不及，即使朱子本人，也將認許牟先生是他八百年後的最大知己。

二、「繼別爲宗」與「別子爲宗」之提出

但同一個意思，何以會有「繼別爲宗」與「別子爲宗」二個詞語之殊異？爲了說明這個問題，最好引述牟先生自己的話，以見其實義。《心體與性體》第一冊「綜論部」頁十九有云：

> 朱子固偉大，能開一新傳統，其取得正宗之地位，實只是別子爲宗也。人忘其舊，遂以爲其紹孔孟之大宗矣。

這裡用「別子爲宗」，但「別子」何意？又「別子」如何「爲宗」？未見說明。同書頁四十五又云：

> 此一系統（按、指北宋伊川而來之順取的路、橫攝系統），爲朱子所欣賞、所繼承，而且予以充分之完成。此一系統，吾名之曰：主觀地說是靜涵靜攝之系統，客觀地說是本體論的存有之系統。總之是橫攝系統，而非縱貫系統。此方有一點「新」的意味，此是歧出轉向之新，而非調適上遂之新。……此一系因朱子之強力，後來遂成爲宋明儒之正宗，實則是以別子爲宗，而忘其初也。

這一段也用「別子爲宗」，但同樣未對「別子爲宗」作出解釋。同書頁五十四又云：

> 伊川是《禮記》所謂「別子」，朱子是繼別子爲宗。五峰蕺山是明道之嫡系。濂溪、橫渠、明道爲一組，是直就論孟中庸易傳通而一之，從客觀面入手以成其爲調適上遂之「新」者；象山、陽明則是直以論孟攝易庸，是從主觀面入手以成其爲調適上遂之「新者」。此是宋明儒之大宗，亦是先秦儒家之正宗。蓋皆以論孟中庸易傳爲主導者也。

此段對「別子」之意指，「繼別爲宗」之意指，皆言之明確。而對於「爲宗」以及「大宗」

「正宗」，也有確切之指說。

三、宗法上的「別子爲祖」與「繼別爲宗」

這些年來，一般論文中常直用「別子爲宗」，似欠謹嚴。我從一九八二年檀島朱子大會以來，常常指出，嚴格而言應該說「繼別爲宗」。但牟先生自己爲什麼又用「別子爲宗」？我想，那是因爲「繼別爲宗」這四個字，聽起來比較「文」，不易明白，而「別子爲宗」則很直接，聽起來很清楚，所以大家也就自然習熟而用之了。其實，稍加考究，便知「別子爲宗」四個字，只是順「繼別爲宗」而淺白地說，意思實非謹嚴。現且正本清源回到典籍上看。《禮記・大傳》云：

> 別子爲祖，繼別爲宗，繼禰爲小宗（生稱父，死稱考，入廟稱禰）。有百世不遷之宗，有五世則遷之宗。宗其繼別者，百世不遷者也。宗其繼高祖者，五世則遷者也。

別子，指嫡長子以外的別的兒子。「別子爲祖」，是指嫡長子以外的次子、三子等，從嫡長系別出，另成爲宗系之第一代，故稱之爲「祖」。而「繼別爲宗」，是指繼承第一代別子而成立的宗系，此新宗系之嫡長子孫代代相傳，便成爲「百世不遷」之「大宗」。第二代第三代……又各有其別子，這一代代的別子都是「小宗」，小宗對「大宗」必須世世宗奉（百世不遷）。至於小宗內部的宗祀聯繫，則以五代爲限（五世則遷）。如今民間守孝，有所謂「五服」（高、曾、祖、考、己身，共五世），便是據此而來。五服以外，便漸漸疏遠了。

依古代封建王朝與封建諸侯的宗系而言，周武王繼承文王，其嫡長子孫一代一代永繼「王統」。而周公乃武王之弟，屬於「別子」，這是就周王朝說。周公受封於魯，由他的嫡長子伯禽就國，伯禽是「繼別爲宗」（大宗）。諸侯國君獨成宗系，故伯禽之嫡長子孫也一代一代永繼「君統」。這是一層（就諸侯之「國」說）。再由各國諸侯往下傳，例如魯國傳到春秋時代之魯桓公，其嫡長子繼位爲魯莊公，而另外三子則爲孟孫氏、叔孫氏、季孫氏，因爲三家都是桓公之子，故合稱「三桓」。三桓是「別子」，其嫡長子孫也一代一代繼之爲卿大夫，故三桓之宗系，也是「繼別爲宗」，這又是一層（就卿大夫之「家」說）。後來封建逐漸解體，宗法制也從政治而流通到社會，轉爲家族倫常。在道理上還是一樣的。

四、牟先生判朱子爲「繼別爲宗」解義

牟先生藉喻宗法上的系別，引用到學術系統上來。他說伊川是「別子」，朱子是「繼別爲宗」。其意指可以說明如下：

1.儒家之道體性體義與伊川之義理轉向

儒家從孔子孟子中庸易傳以來，所謂的道體，都是指創生性的道德實體，無論名為天道、天命、天理、太極、易道、乾元、誠體……皆是能夠自起生生之用的創造實體（生生之道）。天道流行下貫於個體而為性，性體也是創生性的道德實體。故道體、性體，既是形上的實有，又能自起生生之用。所以牟先生判之為「即存有即活動」。兩「即」字，猶今語「同時是」（同時是存有，亦同時能活動），而「活動」，是專指道體能妙運氣化而生生不息。（天道妙運氣化，是生化萬物；就心性本體說妙運氣化，則是主導血氣生命如「視、聽、言、動」，以成就道德價值。）

就宋明儒而言，周濂溪「默契道妙」，他體會的道體（太極）自是即存有即活動的。張橫渠從道體說性體（天道性命相貫通），他講的道體與性體，也是即存有即活動的。程明道更進一步，融會「論、孟、易、庸」通而為一，亦即道體、性體、心體、仁體通而為一，所以明道所講的天理本體，更是「即存有即活動」的。

當初二程一起講學時，是以明道為主，伊川的思路可以說還隱而未顯。到明道逝世，伊川有二十二年獨立講學之時間，而其不同於明道的思路便自然而然顯發出來（不過，他自己似乎並不自覺，二程弟子也未覺察，直到朱子四十以後，承伊川之路加以發揮，才步步逼顯出來）。伊川言「心」，是向實然的心氣之心而趨，言性則說「性即理也」，又有「仁性愛情」之說，認為仁是性、是理，而愛（孝、弟、忠、恕亦然）則是實然之情。這樣一來，伊川所講的「道體、性體」，皆只是「理」，只是形上的實有，而且是靜態的實有，屬於「未發」；而心氣之發與感通之用，則是「已發」。因此，伊川系統中的性理本體（亦含道體）乃成爲「只存有而不活動」，牟先生判此爲伊川系統中的義理轉向：把先秦儒家與北宋前三家（周、張、大程）所謂的道體、性體、仁體，理解爲靜態的形上實體，「只存有」而「不活動」了。

周、張、大程，順承先秦儒家論孟庸易而爲內聖成德之教的正宗大流。而小程子（伊川）的義理轉向，使性理成爲「偏義的性理」（性只是理，而不是心，不是神，不能說寂感）。必須「理與心、神、寂感」通而爲一，方是「全義的性理」。（請參看拙著《新儒家的精神方向》頁一六七至一八一〈性理的全義與偏義〉一文。）伊川對儒學正宗大流的義理綱領有所偏離，故其分位可借喻爲宗法上之「別子」。（事實上，明道爲兄，是嫡長子之位，而伊川爲弟，正是別子。牟先生這個講法，也恰是逢巧而成書也。）

2.朱子繼承伊川（繼別為宗）

朱子疏解北宋諸儒之書，爲周子〈太極圖說〉、《通書》作解義，爲張子〈西銘〉、《正蒙》作解義，更編輯《二程遺書》。他本欲順承二程之路，但明道〈識仁篇〉的思路，他湊泊不上，所以他編《近思錄》時，便棄〈識仁篇〉而不予選錄。而對於伊川的「仁性愛情」之說，則盛加讚揚，這表示朱子四十歲以後，已經正式「捨明道而從伊川」了。連帶的，他師門三代（楊龜山、羅豫章、李延平）一脈相承的「靜坐以觀中」的逆覺體證之路，也自然予以放棄。因此，朱子是超越繼承，越過「楊、羅、李三家」而直承伊川。他繼承伊川之路而貫徹之，終於完成一個大系統，這正是繼別子而另成一個大的宗系，豈不正是「繼別爲宗」嗎？（這個判教，恰如其分。不增不減，無過無不及。）

但如果直用「別子爲宗」，而對「繼別爲宗」無所說明，則不免有欠明確。「別子」自身不能「爲宗」，必須「繼別」而後「爲宗」（成爲一個宗系）。「繼別爲宗」者，乃是「百世不遷」之「大宗」，大宗具有永恆之意義，故對朱子並無貶損之意，只是在義理系統上作分判、作安排而已。（附識，見後）何況從人文教化上看，朱子的偉大，實已超過所有的理學家。所以我用二句話說朱子：

一、朱子是儒家他律道德系統的集大成者。

二、朱子是儒家人文教化功能的大實踐家。

通觀孔孟以來，儒家既有康德所說的「自律道德」之系統（牟先生稱之爲縱貫系統），又有「他律道德」之系統（牟先生名之爲橫攝系統）。二者相異而不相悖，但卻不可「以橫代縱」，而應「以縱統橫」（猶如乾坤並建，以乾統坤）。如此，便合乎孔子所謂「和而不同」，雖不同而能和的道理。所以，當代新儒家自覺地要超越門戶：既講程朱，也講陸王；既講孔孟，也講荀子；既講儒家，也講佛老；既講中國哲學，也虛心認取西方文化的智慧，以期達到大的會通，大的綜和。

「附識」康熙皇帝將孔廟中朱子之位，從兩廡升到大成殿上「十哲」之位，而稱「先賢朱子」。這樣尊朱是不合體統的。孔孟之弟子，稱「先賢」，歷代之儒者稱「先儒」。今改稱朱子爲「先賢」，乃是皇帝給予之「人爵」，朱子有知，能安然受之乎？同時「十哲」乃指稱孔門弟子之詞，升朱子於十哲之位，也只是皇帝權力所安排，並不合乎體制，實非尊朱之道。而牟先生之判教，則是通觀儒家心性之學、內聖成德之教，而作義理之分判與安排。自非康熙之比。

二〇〇〇年十二月《鵝湖月刊》三〇六期

伍、當代新儒家對政治的理解與參與

一、對中國傳統政治的反省與解析

在進入現代以前，中國士人論政，大體基於仁政王道的立場而從朝廷的治術和居位者（卿相群臣）的才德操守做考量。這樣的著眼點，並非不好，而是不夠。因爲即使滿朝文武全是賢能忠誠之士，若是皇帝不賢，國家的政治還是不能上軌道；就算皇帝並非不賢，但只要他偶出差錯，也仍將造成政治上的重大錯失。何以如此？歷來未見有人提出切當中肯的答案。

到了民國肇建，廢棄君主專制，採行民主共和，新的知識分子，又只從外層形式上看西方的民主政治，他們只看重自由的名目和人權的清單，這種量化的頭腦，仍然無法了解民主政體的本質意義，更不能透徹地判認民主政體與中國傳統政治之間，有何本質上的異同，有何功能上的增進。最後，還是要靠新儒家出來，乃能顯示明通的識見。（新儒家當然不是無所不知，但他們的學術器識，文化精誠，自能識其大，明其宗，以開顯正確的方向和正大的理想。）

1.「有吏治而無政治」的確解

張君勱先生認爲中國「有吏治而無政治」❶。這句話說得太簡單，但其實義並非不可理解。依一般的說法，中國有數千年的歷史，同時也有數千年的典制政規，怎麼能說只有吏治而沒有政治呢？首先須知，這句判語是用「吏治」和「政治」對舉。所謂「吏治」是說由官吏治理國家。官吏由何人任命？其權力由何人授予？答案都是「皇帝」。皇帝是政治的權原所在，高高在上，發號施令。他通過官吏而行使權力，而官吏不過被動地聽受皇帝之命，以處理政事而已。所以清朝官吏的名銜往往帶上「當差」、「行走」、「辦事」等字樣，這些字樣倒成了傳統政治的眞實寫照。

但這句話畢竟言之太過，使人聽了不舒服。同時，句中「政治」二字的意涵也和一般的用法不同。人可以問：聖君賢相，仁政王道，賢者在位，能者在職，齊家治國平天下，以達於天下爲公、世界大同，難道還不算是「政治」？如此看來，張君勱氏這句話好像是有問題。然而，這句話卻又很有道理。它挑出了中國傳統政治在性質上和功能上的限制。（皇帝專制獨裁，官吏奉命辦事，政治權原沒有客觀化，政治權力沒有體制上的制衡。）這個意思，到牟宗三先生提出另一句話時，便自然顯豁起來。

❶ 張氏之言，聞之於牟宗三先生。唯何時所說？載之何書？莫之能詳。

2.「有治道而無政道」所形成的三大困局

政治權有治權與政權之別。就中國的政治傳統來看，治權由宰相系統掌理，而宰相制度正是中國傳統足以傲世的一套體制。這表示，傳統政治對於治權的運作，不但有一套道理，而且有一套法制化的軌道，此之謂「治道」。而政權的轉移雖也有傳統的方式，譬如禪讓、繼世、革命、打天下等等，皆是。但這些方式還夠不上稱之爲「法制化的軌道」。禪讓靠天子之德，雖屬嘉美之事，但卻不是制度。繼世雖是制度，但那是家天下的制度，不合「天下爲公」的原則。所以，儒家又贊成革命（針對家天下之不合理而發）。革命是順天應人的正義之舉，但那乃是一種非常的手段，不是制度。至於秦漢以後的打天下，是靠武力解決，更不是制度。由此可知，中國傳統政治對於政權的移轉，始終欠缺一套法制化的軌道。牟先生判中國傳統政治「有治道而無政道」，眞是一針見血的解析，諦當無比。❷

由於沒有政道，所以形成中國傳統政治的三大困局。

(1)朝代更替，治亂相循。
(2)君位繼承，宮廷鬥爭。
(3)宰相地位，受制於君。

這三大困局的形成，可以有各種不同的解析和說明，但眞正的核心癥結，總在「政道」之不

❷ 請參閱牟宗三：《政道與治道》一書。臺北、學生書局出版。

立。而民主政治最大的貢獻，就在於它可以把傳統政治的三大困局，一舉而加以消解。

二、對民主政治的肯定與認識

五四時代的知識分子，認爲中國要民主科學，就得徹底拋棄中國傳統而全盤西化。其實，中國文化和儒家學術，對於民主科學並非「相逆的衝突」，而應該是「相順的發展」。只須自覺地調整民族文化心靈的表現形態，便可以由德性主體開顯知性之用（在主客對列的格局下進行認知活動），如此，便自然可以發展出科學。同理，如果我們能疏導出傳統政治的癥結，也自然可以由理念上的「民本、民貴」「選賢與能」而推進到體制上的「民主政治」。茲分三點，略加說明。

1. 政治形態的分判

數十年來，大家也已習聞「貴族政治」、「君主政治」、「民主政治」這些詞語了。這三個詞語，正表出了政治的三種形態。希臘羅馬和中國春秋以前的政治，是貴族政治的形態。羅馬後期和中國秦漢以後，則是君主政治的形態。下至近代，歐美漸次建立民主政治的形態。中國則到本世紀初的辛亥革命，才建立民主共和。民主政治的形態，從國體說，有君主國，有共和國。（唯君主國必須爲虛君，並無政治實權。）從政體說，則屬民主政體（而非專制政體）。民主政體雖有總統制、內閣制之差別，但基本上都是「行政、立法、司法」三權分立而互相制衡。

2.民主政體正可消解傳統政治的困局

在民主政體中，國家元首之繼位，取決於公民選舉。可以避免往昔父子兄弟爲爭奪君位而釀成宮廷鬥爭骨肉相殘的慘事。政權的移轉由政黨競選，輪流執政，也在原則上防堵了極權與獨裁。政權的轉移有了法制化的軌道，則行政權力（公權力）的運用，自能導入憲政的常軌而平順進行（不再受制於君）。據此可知，中國傳統政治上「朝代更替、君位繼承、宰相地位」這三大困局，皆可以在民主政治中獲得法制性的解決。

3.公民（權利義務之主體）觀念之落實

「公民」是一個新的觀念，是把人視爲權利義務的主體而出現的稱號。依中國的傳統，所謂「把人當人看」是把人看做一個人品。由「人品」而「人倫」「人道」是一套意涵相關的脈絡。在此，突顯的乃是道理，是公道（含公正、公平），而不是權利、義務，所以「公民」

「人權」觀念一直未曾出現。❸

公民，乃是一個有政治意涵的觀念。它切關人權而卻不關乎人品人道：當我們把人當做一個權利義務的主體來看時，是不分君子小人的。任何人只要合乎法律上的規定，他就是國家的公民，都有同樣的權利，也盡同樣的義務。而且公民的基本人權，不可拋棄（如人身自由權），不可讓度（如投票權），這是和傳統的觀念不同的。所以在民主法治的社會裡，歷史傳說中的「董永賣身葬父」、「木蘭代父從軍」都是不合法的。但這並不表示民主法治不贊許人的孝行，而是不容許違背人權自由的行孝方式。我們只要在類似這些事情上，把心態轉換一下，「公民」的觀念便自然可以落實到生活行爲上來。

三、參與政治的方式

新儒家的代表人物，雖然不是直接的政治人物，但大部分都對政治有其不同方式的參與。茲分五小節介述如下。

---

❸ 按：照中國人看，有了人倫、人道，則人的尊嚴，人的權益，自然可得維護。這個想法也並不錯。在此情形之下，「人權」這個觀念（詞語）不易形成。但在今天，我們已不能再講有如「棒下出孝子」一類的話了。因爲人倫、人道和人權，其性質並不相同。人倫人道屬於理的踐行，人權則不從理說而要靠法來干預和保障。有時候爲了保障人權，或竟不免傷及人倫人道，也未可知。

1.以熊十力、梁漱溟為例

熊十力先生早在滿清末年，便直接投身革命，先是進入武昌凱字營爲兵卒，以謀運動新軍，之後又參加革命組織日知會、同盟會。辛亥革命成功之後，曾出任武昌都督府參謀。民國六年護法運動時，又入湘參預民軍，支助桂軍抗擊北洋軍閥。隨即入粵，佐孫中山幕。隨後深感「黨人無有在身心上做工夫者，將如何撥亂返正？」又自度非事功才，遂決志學術一途。

民國二十年九一八事變，熊先生在杭州，見報端有人主張與倭絕交，乃上書國民政府林森主席，指陳救國大計。認爲「此時不可輕言對倭絕交，而應痛下決心，與倭人死戰而不宣，交則維持現狀，在絕與不絕之間。蓋兩國兵戎相見，不謂之絕交不得；而表面上彼不明白宣布與我絕交，我亦不明白宣布與彼絕，是所謂絕與不絕之間也。春秋兩軍相對，不絕來使，亦隨時之義歟！」是年年底，熊先生轉赴上海，力勸舊友陳銘樞督率十九路軍抗日。次年一月二十八日，日寇進攻上海，十九路軍英勇抵抗，震動中外。對數年後之抗戰士氣，影響甚大。

梁漱溟先生，出身官宦世族。早年嚮慕佛學，五四之時，深切關懷國家前途與中國文化之發展。他的學術見解，可用《東西文化及其哲學》一書做代表，而解決中國問題的具體陳述，則見於《中國民族自救運動之最後覺醒》。他明白宣示：在政治上，中國不能走歐洲近代的民主政治與俄國共產黨的路。在經濟上，不能走資本主義的路，也不能走共產黨的路。

認爲中國民族的自救運動，必須知識分子與鄉村人民打成一片，以合作社的方式發展鄉村生產，經由鄉村經濟建設以奠立鄉村政治（全國政治）的基礎。同時發展鄉村教育，即可合成一種新中國的文明。

他的政治路線，世人稱爲鄉建派。他有一部《鄉村建設理論》，指出近代中國的問題，是由外患而激發，不是由於內部的階級鬥爭。同時，中國的秩序已破壞，如再加上鬥爭，無非亂上加亂。要想奠立穩固的新政權，切忌鬥爭暴動。最後他在《中國文化要義》書中，指出老中國是融國家於社會，以天下爲國家，以道德代宗教，以禮樂代法律。總起來就是二句話：「倫理本位，職業分途」。這是梁先生對中國社會的歸結，也是他和中共根本衝突的癥結所在。

熊、梁二先生，是當代的大儒，也是傳統的讀書人。二人對時代，對政治，都有積極的感受和反應。但都不是政治家的形態。熊先生早歲參加革命，壯年轉向學術，中年以後雖關懷國事，而卻與現實政治相疏隔。（他在《讀經示要》書中，綜括「群經言治之九義」❹，可以代表他對傳統政治的基本理論。而對於〈禮運大同章〉中「選賢與能」一句，認爲不只是選舉官吏大夫，也應包含選舉國君和天子。熊先生提揭這個義理，也是一種很有啓發性的深透之特識。）梁先生早歲漠視政治，壯年關懷國家文化，中年從事政治活動（爲民主同盟要角）。但他對民主政治與中國之現代化則欠缺相應之了解。在當代新儒家第一代的人物裡，對民主政治有恰當理解而又直接投身於政黨

---

❹ 蔡仁厚：《熊十力先生學行年表》（臺北：明文書局），頁一二五—一三七，有申述，可參閱。

活動的，是張君勱先生。

2.以張君勱為例

張君勱先生早年追隨梁啓超。民國十年前後，梁氏遊歐洲，張氏隨行。返國之後，梁氏發表《歐遊心影錄》，張氏亦因講演時宣稱科學不能決定人的人生觀而引起丁文江的異議，因而引發了所謂「科玄論戰」。其後，張氏在上海創辦政治大學，又籌組國家社會黨（非公開的）參加者多爲學界中人，如張東蓀、羅隆基等。

政治大學因北伐而結束。及抗戰初起，政府成立國民參政會，延攬各黨派人士與社會賢達，張君勱、張東蓀、梁漱溟等皆在內。而國社黨也成爲半公開性質之政黨。抗戰中期，張君勱創辦「民族文化書院」於雲南大理，不三年即因言論角度與政府發生矛盾而遭停辦。張氏乃參加民主同盟，繼而積極參預中華民國制憲工作，而憲法全文也正是由他主稿而達成協議，頒布施行。這件事情，是張氏對民主政治最爲積極而具體的功績所在。

張君勱氏，不只是政治家，也是學者。他創辦的黨（國社黨、民社黨）雖不算成功，但他不計成敗而堅持政黨不應發展武力，不應組織特務，則正是政治家的胸襟。他對民主政治理解之相應與體認之深切，在他同輩的學人之中，應該居第一位。牟宗三先生論及中國需要的政治人物，最好同時是政治家，也同時是思想家，是之謂「思想家中的政治家，政治家中的思想家」，而張君勱氏是屬於這個類型的。雖然在現實上他不算一個成功者。

3. 以徐復觀為例

徐復觀先生，是當代學界的大豪傑。他的一生，是由權力中心而走向學術王國。他從武昌第一師範畢業之後，又考入武昌國學館，深受黃季剛氏之賞識。之後又由傳統而走向時代思潮，二十八歲赴日本留學，先入明治大學，因學費難以為繼而改入日本陸軍士官學校。九一八事變，他又因抗日而入獄，遭退學。明年回上海，從此歷任軍職而投身抗日聖戰。

四十歲，奉命到延安任聯絡參謀，與中共高層多所接觸。次年（民三十二年）回重慶，與兩位重要人物初次見面，一是蔣委員長，從此開始參與樞密。二是拜謁熊十力先生。熊先生的第一印象是「這個人可以讀書」。這句話隱隱然為徐復觀中晚年的學術生命開發新機。

抗戰勝利，人人向權勢謀發展，而徐先生卻以少將退役。次年，在南京辦《學原》雜誌，邀請持平守正的學者撰稿，希望通過學術之導正，以護持國族之文化命脈。繼而，感到國事日非，緩不濟急，又抱持「由救國民黨來救中國」之心願，於三十八年應蔣公之召，往溪口四十日，提出國民黨之改造方針。是年六月，在香港創辦《民主評論》，高擎文化反共之大纛。而也因辦雜誌而與權力中心日漸疏遠，終於脫離現實政治，於五十之年改弦易轍，任教中興大學與東海大學。從此進入學術王國，大展鴻圖。

由以上的簡述，可知徐先生從早年之才慧穎露，棄舊從新，而忠憤慷慨，獻身報國，都是走的直接投入的奮鬥之路。及抗戰勝利，國家未見興復光暢之象，而社會民心反而有散塌之勢。他滿懷憂患，以久歷軍政職事之身，憬悟學術思想之重要，而選擇在香港創辦《民主評論》尤大具意義。牟宗三先生在悼念徐先生的文中，說他「去障、去蔽，抗禦謗議」，處處顯露他犀利辛辣的精誠熱力，但他臨終有詩云：「莫計平生傷往事，江湖煙霧好相忘。」這時他的心境完全放平，所以特能顯現溫厚深醇之致，而希望那些如煙如霧的傷感平生的往事，隨風消釋，一起相忘。此時，他一生執持正義公理的豪傑性情，已昇華而爲「聯屬家國天下而爲一體」的宇宙情懷了。

4. 以牟宗三為例

牟先生生長於農村，在北京大學預科時，正逢北伐成功，他一度爲國民革命的救國運動所吸引，參預宣傳活動，但隨即由於生命性情的扞格而退出。大學畢業前後，由張東蓀氏引薦，加入國社黨，並二度主編《再生》雜誌。三十歲時，又爲張君勱氏《立國之道》一書代寫哲學根據章。

唯牟先生乃屬思想家的心靈，畢竟不適於現實層面的政治。所以當國社黨改名民社黨而加入民主同盟之時，他便正式退出政黨，而專意文化學術。然而牟先生的歷史文化意識和家國天下情懷，都特顯熾烈，而且充沛有力。他創辦《歷史與文化》月刊，便直接以「人禽、義利、夷夏」三辨昭告於世。並特別標舉「三統並建」的主張，定爲儒家第三期的文化使命。

(1)重開生命的學問以光大「道統」（內聖之學的充實）

(2)完成民主建國以繼續「政統」（外王之道的開展）

(3)開出科學知識以建立「學統」（中西文化的會通）

三統同時建立，不但是中華文化的大綜合，也實可將全人類的智慧系統融通匯合起來。由於時代風會的際遇，牟先生比古今中外的著作家，更幸運地遇合了這個前古未有的大機遇，使得他著作的廣度、深度、強度，能夠超越前賢，而堪稱「古今無兩」。當他在病榻上寫出這四個字時，不見驕矜，不見客氣，也不見激動，他只是以平常的心說出一句平常的話。而世人多計較心（不平不常），所以聽聞之後，不免驚動，雖未軒然興波卻也竊竊私議。其實事理平平，只看是否如實，何須驚動訝異？

總起來看，中年以後的牟先生，超脫了政治，而亦融攝了政治；撥開了現實，而又關懷著現實。他在國族大難之時所撰述的新外王三書（《道德的理想主義》、《歷史哲學》、《政道與治道》），實在比講政治、幹政治的人，更精透深徹地疏導了中國傳統政治的困結，並提出了解決之道。依我看來，中國文化和中國政治的進程，基本的方向和路線實已大定。今後重要的工作，無非是三統之充實和開展。唯其內容則必須隨事隨宜而增損調整，乃能合乎時中大義。

5. 其他

另外，還有馬一浮先生。馬氏一生，不但和政治絕緣，而且不願到大學講學。蔡元培請他到北大擔任文科學長（文學院長），他依據禮記古義，說是「古聞來學，未聞往教」加以回絕。抗戰時期，浙江大學堅邀他隨校遷避後方，在遷徙途中，留下兩部會語，一是講於江西泰和的《泰和會語》，一是講於廣西宜山的《宜山會語》。後來又有《復性書院講錄》，上冊講群經大義，下冊講尚書洪範九疇，這是馬氏著述中直接講到治術的部分。

又如唐君毅先生，也一生未曾介入政治。但中國的文化問題，自然涵蓋政治問題。所以唐先生的《人文精神之重建》、《中國人文精神之發展》，都是從客觀的社會文化的觀點，來討論我們當前所遭遇的，有關民主、自由、科學、社會生活、社會道德，以及宗教精神、人類和平、世界悠久……等等的問題。唐先生的心願，是要通過人文精神的重建，挽救中國文化乃至人類文化衰頹的命運。這是順政治之困局而轉進到文化心靈所顯發的超越政治的文化意識。所以瀰淪開合，沛然莫之能禦。牟先生論及唐先生的生命格範，說他是「文化意識宇宙中的巨人」。這的確是恰如其分的品題。

四、對政治的基本態度（附說政治上的本土意識）

人不能離群索居，所以不可能脫離政治。但理解政治的角度和參與政治的方式，則不必一律，而可以因時因地而異，因人因事而異。孔子對南方楚國一帶的避世之士（道家的先期人物）表示尊重，但不贊同他們，所以說「鳥獸不可與同群，吾非斯人之徒與而誰與？」❺

❺《論語·微子》第六章。

孔子救世情切，周遊列國，尋求行道的機會。雖然「道之不行，已知之矣」❻，仍然栖栖惶惶，奔走於道路。這種「知其不可而爲之」❼的精神，乃是他淑世情懷之不容已。而後世的儒者，無論在朝在野，基本上也都抱持這樣的態度。諸葛亮出師表有云：

成敗利鈍，非所逆覩；
鞠躬盡瘁，死而後已。

這仍然是「知其不可而爲之」。前兩句是「知命」，後二句是「盡義」。雖然成敗非我所知（我已感受時代處境的限制），但凡義之所當爲，我必生死以之（盡己之心，盡己之力，盡己之分）。眾所周知，諸葛亮的奮鬥，已超越利害成敗的計較，而直接從義理上作抉擇。所以他能成爲三代以下的第一人。

諸葛丞相肅清高，後人景仰。仁政王道公天下，也是人類文化永恒的光榮。但今天我們已能看出其中實有不足。所謂「不足」，其根本意思，是在外王事功方面欠缺架構性的思考和法制化的處理。而近世的科學和民主卻正可補足傳統儒家這方面的缺憾。而且，科學和民主也並非只是「西方的」，它同樣也可以從東方中國的文化心靈和文化生命中發展出來。

❻ 同上，第七章。
❼ 《論語·憲問》第三十九章。

而當代新儒家有關新外王的思考，可以說既深透精準，也切合時宜。

但在臺灣，卻又帶出一個新的問題，是即本土化的問題。本土意識由地域觀念而來，這本是人情之常，古今中外莫不皆然。所以，自然而然的寬鬆意義的「本土化」，是合情合理的，也可以做得成。但若直接用作政治性的訴求，便很容易成爲一個誤導性很強的詞語。

須知「本土意識」原就是一圈圈、一層層的，所以有小型態的本土，也有大型態的本土。譬如「中國」（以民族爲本位，以文化爲內涵）是大本土，地方（各省區、各縣市、各鄉鎮）是小本土。「大本土」與「小本土」必相涵融，並無矛盾。如果有時候覺得其中有矛盾，也是由於認識不清，協調不夠，並非不能溝通、不可化解。遇到大大小小的關鍵性的爭議，總宜從容協商，不可因爲抗爭而夾雜意氣，以免激成裂痕。

何以臺灣會顯露本土化的問題，當然是兩岸的形勢扭結而成。這由歷史的逆勢形成的大困結，確實令人有無可奈何之感，也確實無有快速解決的妙方（意即各種具體的主張與設想，都有困難，都有得失，甚至也不免會有風險）。所以較好的方式，還是「順其自然」：

順時之宜，隨事之便；緩急遲速，不必強求。

彼此之間（兩岸是彼此，臺灣的黨派、族群……也是彼此），建立共信（共信中華民族與中華文化，終必復興），堅定互信（以平常心相待，不耍權謀，不用詭詐），使大小之事，皆能順情如理，平平而過。

漸漸相融相即，自然化分爲合，水到而渠成。

我之所說，人或以爲過於樂觀。其實，事之不順，正是由於想得太深細，計較太周密，所以越往裡面想，越見其難。如能一念之轉，讓開一步，自然海闊天空，而發現實有餘地可以立足，實有空間可以迴旋。此時，知己知彼之事，也自然可以順通人情事理，以得其實。中庸云「不誠無物」。沒有眞誠，就不可能立德，不可能立功，不可能立言。誠者：眞實無妄之謂。一誠天下無餘事。其此之謂歟！

最後，我想再加四句話：「秉持理性，順應現實；步步小心，共求多福。」（自求多福，不夠；應該互信合力，共求多福。）當某些人師心自用，一意孤行，而不持守理性原則時，我們也別無巧訣，唯一可行的只有二點：一是我們自己仍然堅定不移地持續努力，二是喚醒那些人的靈魂，等待他覺悟、明理。

一九九八年三月　《鵝湖月刊》二七三期發表

陸、當代新儒家的返本與開新

——千禧年的文化省思與前瞻

一、五四前後思想界的二個趨向

辛亥革命成功，民國肇造，但這個新國家卻欠缺文化開國的新氣象。順舊王朝舊社會而來的是保守的心態，其中最具代表性的要算孔教運動。袁世凱稱帝，意欲奉孔教爲國教，而康有爲、陳漢章則是學界孔教運動的核心人物。但他們心目中的「孔教」，乃順漢代以孔子爲「素王」的脈絡而來。其精神是向外的，和「內聖成德」之教的矩範很有一段距離。同時又和現實政治相綰結，因而成爲一個有違理性原則的孔教運動。如此一來，不但不合潮流，而且不合孔門義理，不合儒家的眞精神。

另一面是新派所提倡的西化運動。五四之時，出現二個口號，一是科學，一是民主。科學是分門別類的純知性的學問，民主則是一種不同於貴族政治和君主政治的政治形態。二者都是西方世界從十七、八世紀以來，步步實踐而成就的近代文明。但二者也並非奇特的東西，而同樣都是人類理性的產物。只因爲這二項文明成就是由近代西方先發展出來，於是五四時代的中國知識界便粗率地認定科學民主爲西方文化，中國既然要科學，要民主，就必須西方化，而且要徹底地「全盤西化」。其實：

1.要求科學民主，並非要西化，本質上這是一個「現代化」的問題。

2.文化的內容，其主幹有道德宗教，有文學藝術，有科學民主。而科學民主既非文化的全盤，所以「全盤西化」這個口號，不妥不通。

中國文化問題是全面性的。道德宗教要求成就「善」，文學藝術要求成就「美」，科學要求成就「眞」，民主要求妥適處理國家公共事務以及人民的權利義務。這些都必須從頭反省，一一成就。

以往的「內聖」之學，也同時是成德之教，所以「學統」「道統」二詞並用。實則內聖之學乃是生命的學問，要求成就生命價值，而並不積極要求成就客觀的知識（當然也並不排斥知識）。所以，內聖之學即是成德之教，應專用「道統」一詞，而「學統」二字則可讓與希臘傳統（知識性的學問）使用。至於「外王」之學，以往只通向政治，主張仁政王道。而今天則必須同時通向政治與知識。所以在當代新儒家看來，「民主」與「科學」，正是儒家外王學的新內容。從民本民貴落實到「民主政體」，由德性主體開顯知性之用（發展科學），這兩件事，都是中國傳統文化相順的發展，其中並無本質性的衝突。因此，所謂「返本以開新」

❶，乃是一句事實的陳述，既不必拋棄老傳統，又可以融攝新思潮。而五四時代的文化矛盾，其實只是由於器識不夠弘通而形成的盲點。如今，那個觀念上的糾結已經解開，今後中國文化生命的大流，應該可以順適暢通而無有阻滯了。

下文將分節說明當代新儒家的精神開展、學術貢獻及其所開顯的文化走向，最後再從文化功能的侷限說到人文教化的落實。

二、當代新儒學的精神開展

儒學的歷史，可以分爲三個階段。第一階段是從先秦到兩漢。第二階段是宋明兩代。而從明末顧、黃、王三大儒以來，到現在，則是第三階段。兩漢過後，千百年間，儒家雖然守住了「家庭倫常、禮樂教化、典章制度」三條陣線，但在思想觀念上卻發不出光采。直到北宋理學家出來，才復活了先秦儒家形上的智慧，暢通了民族文化生命的大流，使哲學慧命、思想系統、文教學術，都能返本歸流，光大發皇。但政治方面仍然是一家之私（私天下），尤其明代的政治，專制而慘刻，雖然有王（陽明）學遍天下，雖然有東林黨人的犧牲奮鬥，仍然不免亡國亡天下。這表示其中必有問題，是即所謂「內聖強而外王弱」，或者說，中國

❶ 參蔡仁厚：《孔子的生命境界：儒學的反思與開展》，臺北、學生書局，一九九八年四月出版，頁一二三—一三八〈文化生命的坦途：返本開新〉。

傳統政治「有治道而無政道」（皆牟宗三先生語）。因此，即使顧黃王三大儒懷著亡國亡天下之大痛來深切反省文化問題，也依然對於「改朝換代、君位繼承」的事情無可奈何。不過，明末三大儒的生命眞誠並未完全落空，他們「由內聖開外王」的要求，是對的，而且已經成爲今後發展的一個總綱。

若是從民族文化生命潛移默運的意思來看，也可以說，辛亥革命的精神，正是明末「顧、黃、王」三大儒精神之繼續。可惜當時革命黨人學問工夫有所不足（接不通華族的文化慧命），思想觀念不夠透徹圓熟（尤其對民主的眞諦體認不夠），所以未能完成建國的工作。而五四運動的結局，又轉成全盤西化的思想走向。接下來，馬列共產的思想也乘虛而入，終於造成中國大陸的滔滔紅禍。幸而中華文化的根基畢竟廣大深厚，在經歷了人類史上前所未有的「文革暴亂」之後，仍然能夠起死回生。這眞是人類文化史上的大奇蹟。何以能夠如此？筆者認爲其轉機的關鍵有三：首先，是明末三大儒「由內聖轉出外王」的思想方向，已逐漸形成爲全民族的共識。其次，是西方文明與馬列思想的強勢衝擊，固然使中國人喪失文化自信，但也同時刺激華族文化心靈步步甦醒。復次，當代新儒家的孤懷閎識及其精誠努力，業已解開了中華文化的學術困局。

所謂解開學術思想的困局，主要是指下面幾點意思：第一是重新認取內聖成德之教的價值，使今天中國人的「終極關懷」有了著落，而可以不必託身於外來宗教。第二是看出傳統外王學的不足，認爲需要有兩步新的充實和開拓。一步是自覺地調整民族文化心靈的表現形態，由德性主體開顯知性之用，以發展出科學知識。另一步是從傳統的「治道」（治權運作的軌道）轉出法制化的「政道」（政權轉移的軌道），以完成民主憲政的建國大業。這是一種大的認知和大的理解，表示當代新儒家的文化反省和學術器識，已遠遠超越「五四」。

五四時代的人，否定中國文化傳統的價值。當代新儒家則一面肯定文化傳統的價值，一方面也省察傳統文化的不足。此其一。五四人認爲要民主要科學，就必須拋棄傳統，全盤西化。當代新儒家則已確知：民主科學都是文化心靈創發的文化成果，西方能，中國也能。此其二。當代新儒家共同認定，儒家傳統與民主科學之間，決非相逆的衝突，而是相順的發展。所以，民主科學一定可以從中國的文化生命和文化土壤中生長出來。此其三。

當代新儒家何以能超越五四？歸總一句話，就是他們能保住「千古不磨」的「本心」，而且還能持續開顯「心」的功能作用，而啓導了一個眞實的思想運動，是即當代的新儒學運動。這第三期的儒學，雖然還沒有做出全面性的文化業績（這本非一家一派的工作，而是民族的共業，需要人人參與，全民實踐），但就「精神器識」與「義理規模」而言，則當代新儒家的努力，也已使得先秦儒家的精神方向（內聖外王、成己成物、正德利用厚生），顯示出新的理解和新的開拓。因而，在下舉三項意義上，又可以說，當代新儒家，已然超越宋明儒者：

第一、當代新儒家同時表述「儒、道、佛」三教的義理，而不採取「闢佛老」的態度。這是一大進步。

第二、當代新儒家對於儒學內部的義理系統，不持門戶之見。無論孟子系、荀子系、程朱系、陸王系，都能根據文獻與義理之實，提出客觀的理解和通盤的表述。這是更合乎先秦儒家精神的一步開拓。

第三、當代新儒家，承認「道統」之外，還有「學統」（指希臘傳統的知識之學），還有「政統」（落實於法制化的民主政治），而主張「三統並建」。這樣，才眞正是通貫古今、會通中西，才眞正是內聖與外王的大統合。

記得十二年前，我出席新加坡「儒學前景會議」時，曾說：在我看來，今天與會的學者，全都是儒家。因爲參加開會的人，「都對歷史文化、民族鄉土、人民生活、社會境況，有著一份眞摯深厚的關懷，有著一份不安不忍之心與憤悱不容已之情」，這正是儒家的基本精神。我甚至說，即使在大會反對儒家的人，也仍然是關切國家民族的前途，關切歷史文化之發展，而內心有所不安不忍，因此才本於他的憤悱之情對儒家求全責備，痛下針砭。他的說法可能不對，但他表現的態度絕非佛老，卻正是儒家的胸懷和精神。❷六年前，第三屆當代新儒學國際學術會議前夕，見臺北所作大會宣傳海報引用牟宗三先生的話：凡是願意以平正的心懷，承認人類理性所有的價值，以抵抗一切非理性的東西（按指一切不合理性原則的哲學思想、觀念系統、主義學說、政經活動……），他就是「儒家」，就是「新儒家」。這幾句話，正好可以表出當代新儒家的精神開展。在這裡，的確開顯了一個等同於理性世界的新儒天地，可以促使我們以「既開放、又凝聚」的精神，來配合平正穩實的步伐，向前邁進。

❷ 參蔡仁厚：《儒學的常與變》，臺北、東大圖書公司，民國七十九年十月出版，頁一三—一四。

三、當代新儒家的學術貢獻

當代新儒家以誰爲代表？新儒家用心的重點是什麼？他們有些什麼成就和貢獻？這三句發問，都不易得到標準的答案。但事實上，臺港海外與大陸學界卻也形成了一些大體共同的認知。因此，下面五點意思，雖然是近年來我個人提出的說明，但我相信絕非私見，而是具有很大的共同性的。

1. 表述儒釋道三教的義理系統

當代新儒家全面肯定儒釋道三教的智慧系統，認爲在處理「終極關懷」的問題上，三教所開顯的生命之道，不但應該持續傳揚，而且必須引申推廣以供全人類來借鏡採擇。因此，當代新儒家不只是闡揚儒學，也同時講述道家和佛教的教義。從梁漱溟氏、熊十力氏以來，莫不如此。至唐君毅先生的《中國哲學原論》[3]，則對儒道佛三家之學，都以通論通釋的方

[3] 唐君毅：《中國哲學原論》，全書分爲〈導論篇〉、〈原性篇〉、〈原道篇〉、〈原教篇〉。後皆編入全集，由臺北、學生書局出版。

法，作了極大篇幅的講述。徐復觀先生的《中國人性論史先秦篇》與《兩漢思想史》❹，也對中國傳統的學術思想進行通貫而深入的疏解。由此可知，當代新儒家對於傳統學術的基本態度，一方面是積極肯定，一方面是通盤反省。而在著作方式和內容上特顯謹嚴而專精的，則以牟宗三先生表述三教的幾部大著更具代表性。

他以《才性與玄理》❺表述魏晉階段的玄學。此書比湯用彤氏的《魏晉玄學論稿》提出更深切而完整的討論，可算是這方面的經典之作，而文字之美也超乎讀者想像之外。對南北朝隋唐階段的佛教，則以《佛性與般若》上下冊❻作了通盤的講述。湯用彤氏的《漢魏兩晉南北朝佛教史》雖也是一部好書，但那是佛教史的立場，重在考訂，又只屬前半段。因此，從中國哲學史的立場來看，魏晉玄學之後，宋明理學之前，這六百年間中國哲學思想的活動，仍然是荒蕪地帶。而牟先生此書，正是以中國哲學史的立場，來講述佛教傳入中國之後的發展。有關中國吸收和消化佛教的過程及其意義，皆作了極其深透而相應的詮表。至於宋明階段的儒學，則以《心體與性體》四大冊❼，進行全面的疏導。依牟先生之分判，北宋前三家：濂溪、橫渠、明道爲一組，此時未分系。到伊川而有義理之轉向，此下，①伊川、朱子爲一

---

❹ 徐復觀：《中國人性論史先秦篇》，臺北、商務印書館。《兩漢思想史》（三大卷），臺北、學生書局。
❺ 牟宗三：《才性與玄理》，臺北、學生書局。
❻ 牟宗三：《佛性與般若》上下冊，臺北、學生書局。
❼ 牟宗三：《心體與性體》三大冊，臺北、正中書局，《從陸象山到劉蕺山》，臺北、學生書局。

系（心性爲二），②象山、陽明爲一系（心性是一），③五峰、蕺山爲一系（以心著性）。而當「性」爲「心」形著之後，心性融而爲一，故到究極處，象山陽明系與五峰蕺山系仍可合爲一大系。此合成之大系（縱貫系統）如何與伊川朱子系（橫攝系統）相通❽，則是另一問題。於此，我們只能說，這三系皆是在道德意識之下，以「心體」與「性體」爲主題而完成的「內聖成德之學」的大系統。

牟先生表述三教的三部大著作，無論系統綱維的確立，思想脈絡的疏解，義理分際的釐清，都已達到前所未有的精明透徹。由此而上通先秦儒道二家，旁及名墨陰陽，則二千多年的中國哲學史，乃眞能得其終始條理，而可以做到眞正恰當相應的詮表與講論。

2. 疏導民族文化生命的途徑

數十年來，許多深識之士，都對國族與文化之困頓，而有各種不同層次之反省與建言，但大多零零散散，綱領不顯，架構不成。所以說不上有整全的文化建設之藍圖。直到民國四七年元旦，唐君毅、牟宗三、徐復觀、張君勱四位先生聯名發表〈中國文化與世界〉宣言❾，

❽ 關於縱貫系統與橫攝系統之解釋，請參看蔡仁厚《中國哲學的反省與新生》（臺北：正中書局）一書〈朱子的工夫論〉一文之註㉜。

❾ 按，此宣言由唐君毅執筆，編入其所著《中華人文與當今世界》（臺北：學生書局）下冊，頁八六五—九二九。

文中廣泛地涉及存有論、心性論、修養論、學問方法、文化哲學、歷史哲學，以及政治、科學與東西文化之相資相益等等的問題。這是一個全面性的文化大反省，而在反省之中還指出人類文化走向新生的路道。而剋就中國文化生命的「本性、發展、缺點」而言，當代新儒家也已做了深切而全面的省察。

依孔孟之教，內聖必通外王，而如何開出外王事功，實乃中國文化生命的癥結所在。面對這個大癥結而深入思考，並直接提出解決之道的，首推牟宗三先生的新外王三書：《道德的理想主義》、《歷史哲學》、《政道與治道》❿。這三部書有一共同主旨，是即「本於內聖之學以解決外王事功之問題」。歸總而言之，也就是所謂「三統並建」，承認在道統之外，還有學統、政統的問題。

「道統」方面，是要光大內聖成德之教，以重開「生命的學問」。道統所函的常理常道，不只適用於中國，也適用於全人類。在以往，儒釋道三教相互摩盪一二千年，今後，必將是「儒佛耶」新三教相互摩盪以求融通。這是歷史運會迫至的文化情勢，也是東西雙方必須面對的時代課題。

「學統」方面，是要調整文化心靈表現的形態，使「知性主體」從德性主體的籠罩之下透顯出來，獨立展現認知活動以成就知識。如此，乃能使儒聖「開物成務」、「利用厚生」的古訓，獲得充分的實現。

---

❿按，此三部書，皆由臺北、學生書局印行。

「政統」方面，是要開出法制化的政道（安排政權的軌道，也即政權轉移的制度），以完成民主政體的建國。中國傳統的政治形態，只成就了「治道」（宰相制度可爲代表），而未能開出「政道」，所以「朝代更替，治亂相循」、「君位繼承，宮廷鬥爭」、「宰相地位，受制於君」，這三大困局二千年來一直無法解決，而民主政治的政治形態，正好可以消解中國傳統政治的三大困局。而由儒家「民本」、「民貴」的思想，落實爲「民主」的體制，也本是順理成章的發展，並沒有本質上的困難。

上述「三統」代表文化生命的三個方面。而三統的同時並建，也確實可以打開華族文化生命的癥結，而開顯一條順適條暢的新途徑。筆者認爲，今後數百年中華民族奮鬥的總綱領已然確立，未來的成敗得失，就看朝野上下的中國人如何分工合作齊心努力了。

3. 抉發中國哲學所涵蘊的問題

在二十世紀，中國文化和中國哲學所遭逢的境遇，其複雜和艱困都是空前的。而五四以來，眞正致力於中國哲學之反省，眞能爲中國文化之新生貫注精誠而殫思竭慮的，還是當代新儒家的幾位前輩先生。從梁、熊二氏到唐君毅先生都有很大的貢獻，而牟宗三先生則集中而通貫地作了專門的省察和疏導，是即《中國哲學十九講》⓫。

⓫ 牟宗三：《中國哲學十九講》，臺北、學生書局印行。

這十九講的講述，並不是他一時的興會，也不是他偶發的議論，而是切關於中國哲學之系統綱格與義理宗趣者。其中所抉發和釐定的各種問題，也對中國哲學今後的發展具有重大的啓發性。所以十九講所舉述的問題，皆有所本（即，本於他的《才性與玄理》、《佛性與般若》、《心體與性體》各書所表述的義理）。通過這一步通貫性的綜述，中國固有義理的性格，未來發展的軌轍，皆已不再隱晦，而繼往開來的道路，也確立了指標而有所持循。到此方知，文化慧命的相續不已，固可具體落實，而並非徒託空言。

由於國人對自己文化傳統的隔閡與無知，常以爲中國文化是一個停滯不進的封閉系統。其實，在二千多年大開大合的發展中，中國文化本就不斷有義理的開新。牟先生曾列舉中國哲學史上的十大諍辯⓬，每一次諍辯都含有義理的開創性。一爲儒墨的諍辯，二爲孟子對告子「生之謂性」的諍辯，三爲魏晉玄學家之會通孔老，四爲言意之辯，五爲神滅不滅的問題，六爲天臺宗山家與山外關於圓教的諍辯，七爲陳同甫與朱子爭漢唐，八爲王龍溪與聶雙江的「致知議辯」，九爲周海門與許敬菴「九諦九解」之辯，十爲當前中國文化如何暢通的問題（此中含有四件事：破共、辨耶、立本、現代化）。這十大諍辯的舉述，不只是反省地述古，而更是前瞻地開新。如何暢通中國哲學的慧命，使之能眞正進入世界哲學之林，爲人類的人文世界盡其主導性的貢獻，都可以從十九講和十大諍辯的省察中開啓新路。

⓬ 民國七十五年十一月，牟先生在中央大學講〈中國文化發展中義理開創的十大諍辯〉。講詞發表於中國時報與鵝湖月刊。蔡仁厚：《中國哲學的反省與新生》，頁二七—三二，曾加介述，可參看。

4. 疏導中西哲學會通的道路

人都會說，文化必須交流，思想必須會通。但一般的意見，多屬浮光掠影，泛而寡當。而所謂比較哲學，又常隨意比附，很少眞知灼見。可見欠缺孟子所說的「知言」工夫，是無法平章天下學術的。

中西哲學的會通是一個大題目，講這個題目，一要通學術性，一要通時代性。關聯時代而言，是奮鬥的方向問題。當前人類奮鬥的方向，就是要解消馬列唯物的意識形態，否則，世界就不能和平，人類就沒有前途。這樣，當然也不可能有中西哲學的會通。（當馬列的意識形態是個絕對標準時，你將如何講會通？）可見講文化會通，不能不通時代性。至於通學術一面，第一步是了解中西哲學及其傳統，第二步是依於了解來考量中西哲學如何會通？即，必須明徹其會通的根據和會通的限制。

牟先生指出，西方哲學發展到康德，是一個大的綜結。康德批判地消化了在他以前的西方哲學之傳統。通過康德可以知道哲學的來龍去脈。康德建立了他的「經驗的實在論」和「超越的觀念論」，由前者而融攝知識範圍內一切實在論的思想，由後者而融攝一切關於智思界者的思想。由經驗的實在論開感觸界，由超越的觀念論開智思界。而中西哲學對此二界的或輕或重，或消極或積極，則正是考量中西哲學會通的關鍵所在。經過會通，中西哲學都要各自重新調整：

①在智思界方面，中國哲學很清楚而通透，而在西方則連康德也不夠通透，故必須以

中國哲學通透的智慧照察康德的不足，使之百尺竿頭更進一步。

②在知識方面，中國哲學傳統沒有開出科學，也沒有正式的知識論；那麼，西方能給中國多少貢獻，使中國能積極地開出科學知識？這樣來考量中西哲學的會通，乃能使雙方更充實，更能向前發展。

於此，牟先生借用佛家《大乘起信論》的「一心開二門」以爲說，認爲這是中西雙方共同的哲學間架。中西哲學都是二門（眞如門相當於康德的智思界，生滅門相當於康德的感觸界），但二門孰重孰輕，或是否已充分開出來，則彼此實有不同。順此而涉及的種種問題，在牟先生的《中西哲學之會通十四講》⓭裡，皆已作了層層之比對與透徹深細之疏解。另外，在《四因說演講錄》⓮裡，則主要是從亞里斯多德的「四因說」，以對顯出儒釋道三家哲學之要義及其精采。這是牟先生針對中西哲學之會通，再一次提出他深刻的思考。

5. 對西方哲學之譯解、融攝與消化

中國曾經融攝印度傳來的佛教，這是文化生命浩瀚深厚的徵驗，也是文化心靈明敏高超的表現。今後，我們能否像當初吸收消化佛教一樣，也能吸收消化西方哲學和西方宗教？

⓭ 牟宗三：《中西哲學之會通十四講》（林清臣錄音整理），臺北、學生書局印行。

⓮ 牟宗三：《四因說演講錄》（盧雪崑錄音整理），臺北、鵝湖出版社印行。

這其中有一個重要的關鍵，就是現代的中國人能否像晉人唐人一樣，也有意願有能力來翻譯具有代表性的西學經典。

當代新儒家的心力，雖然以「反省文化，講論儒學」爲主，但也並不忽視譯述西學的重要，而牟先生更在年老之時，從容而持續地將康德三大批判翻譯出版。以一人之力全譯三批判，這是二百年來世界第一人。而且，他又不只是翻譯而已，同時還作註，一條註文有時洋洋數千言，無論疏解觀念或發明義理，都可以和康德原典互相印證，互相映發。如此「精誠貫徹，譯解雙行」的工作，實可媲美於玄奘、鳩摩羅什之譯唯識論與大智度論。當然，牟先生這步工作之得以順利完成，是因爲有「儒、釋、道」三教的義理智慧作憑藉，而牟先生又正是在他以三部著作表述三教之後，再進而譯註康德之書，故能中西對比，明辨異同。可知學術之功，非勉強可得，非僥倖可成，而必須「勿忘勿助」、「眞積力久」⓯而後乃能水到渠成。

尤有進者，牟先生不但譯註三大批判，而且還特別撰著專書來消化三大批判：以《智的直覺與中國哲學》、《現象與物自身》⓰消化第一批判，以《圓善論》⓱消化第二批判，

⓯ 按，「勿忘勿助」乃孟子語，見《孟子·公孫丑上》。「眞積力久則入」乃荀子語，見《荀子·勸學篇》。

⓰ 《智的直覺與中國哲學》，臺北、商務印書館出版。《現象與物自身》，臺北、學生書局印行。

⓱ 《圓善論》，臺北、學生書局印行。

以一百頁之長文〈眞美善的分別說與合一說〉⑱消化第三批判。這裡所顯示的智思與學力，自康德書出以來，也鮮有比倫。

此外，牟先生在《認識心之批判》重印之際，又漢譯維根斯坦的《名理論》⑲，這是在康德哲學之外，對另一系西哲思想之消化。

中國文化發展到今天，不但原先的儒釋道三教和諸子之學要融通，而且更要和西方文化傳統相結合，要求一個大綜和。這是中華民族自覺要做的一件大事。所以必須根據自己文化生命的命脈，來和西方希臘傳統所開出的科學、哲學，以及西方由於各種因緣而開出的民主政治，來一個大的綜合（跟基督教則無有綜和的問題，而是判教的問題。判教，是對不同的系統提出妥當的安排）。先把自己文化生命的命脈看清楚，然後了解西方的傳統，也即從希臘的科學傳統、哲學傳統，一直到現代的自由、民主政治，全面融攝，這就是一個大的綜合。

四、總說中國文化今後的走向

上節五大端的說明，其實已經顯示中國文化今後的走向。現在換個方式，再從「重開生命的學問」、「貫徹現代化的道路」提出說明。

---

⑱ 按，此文爲《康德判斷力批判》中譯本卷首之〈商榷〉長文。臺北、學生版。

⑲ 《名理論》中譯本，臺北、學生書局印行。

1.重開生命的學問

中國哲學的傳統，基本上就是生命的學問，生命的學問以心性義理爲核心。但儒釋道三教的心性之學如今已成散塌之勢，故時代心靈顯得「無理無體無力」，而安身立命之道也無法豁顯挺立。然則，我們將如何正本清源，以疏通「源頭活水」，這就不能不重開生命的學問。如何重開？表述三教的智慧系統，暢通內聖外王之道，融攝西方哲學宗教的精華，這都是應有之義（略見上節）。在此，另提二點意思：

第一、文化心靈的凝聚：文化心靈是文化學術的源頭活水，它必須淵渟深涵，而後乃能「原泉滾滾，不舍晝夜，盈科後進，放乎四海」[20]。然而民國以來，上承清代之餘勢，學風卑陋，士品猥雜。抱殘守闕者，固然學無義法，言失宗趣；而醉心西化者，尤其淺慧小識，浮囂歧離。所以二十世紀的中國心靈，呈顯散馳流走，而不見凝聚貞固。在如此情形之下，人將無法肯定「聖、賢、君子」的價值。順這個意思來想，我們將可發現當代新儒家之所以如此寂寞，如此難得解人，皆非偶然。不過轉過來看，當代新儒家精誠弘毅、堅苦卓絕的精神，也已在時風的對顯中，漸漸明朗出來。人們終於感到，唯有凝聚而不散馳的心靈，才有可能理解眞理、貫徹眞理，以成就人文世界的諸多價值。

第二、文化精神的開放：心靈必須凝聚，精神應該開放。中土三教的精神，基本上都

[20] 語見《孟子・離婁下》。

是開放的。道家反對人爲造作，要求清靜無爲，要求無待消遙，這是開放的精神。佛家要觀空破執，要出離生死苦海，也是解脫開放的精神。儒家是道德的進路，道德要求人從感性欲求的制約中超拔出來，表現生命的美善和完成人生的價值。人生不只立己成己，也要立人成物。這種積極的精神更是開放的。有人說，先秦儒的精神是開放的，宋明儒的精神是內斂的。其實，先秦儒的精神也同時是內斂的，宋明儒的精神也同時是開放的。凡是有所嚮往，有所擔當，都必須向內收斂，同時又向外開放。如果不能內外相通，又如何能成己成物？我從文化心靈的凝聚和文化精神的開放來講「重開生命的學問」，正以此故。

2. 貫徹現代化的道路

「現代化」，不只是一個時間觀念，也不只是一種生活方式，而是一個有價值內容的觀念。現代化的眞實意義，是指近代文明的成就而言，其基本的內容有三：一是民族國家的建立，二是人權運動的展開，三是知識的獨立發展。一二兩點合起來，成就了民主政體的政治形態，和自由開放的社會，第三點即是科學的發達。科學的學理發展爲實用的技術，再下來便是「產業革命」、「工商發達」、「自由經濟」，這三者都是知識獨立以後的成果。

當代新儒家對中國文化問題，比五四時代的人作了更徹底的反省和更深入的思考，確認儒家思想與民主科學是相順的發展，並無相逆的矛盾。所以當代新儒家在貫徹現代化的道路上，業已建立共識。簡括而言，即是下列兩個綱領性的重點。

(1)支持民主政體的建國

由貴族政治形態（春秋以前），到君主政治形態（秦漢以後），再發展到建立憲政體制以完成民主政治的形態，這是歷史發展的必然，無有別路。而由儒家民本民貴的思想，進一步落實而爲民主政治的體制，也本是義理上應然而必然之事。當代新儒家之所以支持民主政體的建國，並不只是看做政治上的事，而認爲是「爲生民立命」、「爲萬世開太平」的盛德大業。

在以往，講到生命的安頓和貞定，總以爲是個人安身立命的問題，是心性修養的問題，這是從內聖方面去想。而一個民族即是一個集團，集團生命的安頓和貞定不同於個人的立己成德；它必須從客觀制度上想，這就是所謂「外王」。外王事功雖然不應割斷內聖之德，但內聖之德畢竟不等於外王事功。外王必須建立客觀的體制，才算是開顯政治的宏規。

而民主政治這一套體制，正就是這個宏規。它不但可以保障權利義務的公平運作，而且可以使個體和群體的生命，同時獲得客觀的安頓和貞定。這種意義的安頓，不是內聖的安頓，而是外王的安頓；這種意義的貞定，也不是人品性情的貞定，而是客觀體制上的貞定。由此可知，廣義的政治乃是民族生命客觀實踐的大事，它的意義非常正大，非常莊嚴。（當代新儒家不像傳統儒家那樣直接立志做聖賢，而比較重視客觀的學術和事業，正是精神表現形態上的一步調整，合乎「聖之時者」的道理。）

(2) 建設學術自由的園地

民族生命要安頓，要貞定；文化生命要開顯，要放光。中國傳統文化所開顯的，是德性文化的光輝，而文化心靈中的知性主體，一直未能從德性主體的籠罩之下透顯出來。今後，必須自覺地調整文化心靈的表現形態，使德性主體開顯知性之用，使知性主體也能大放光明。如此，知性之光與德性之光，交光互映，乃能重顯中華文化的光輝。

儒家的心性之學雖以道德心性爲主綱，但認知心的觀念線索也自古有之。先秦的荀子和南宋的朱子，他們所講的心都是認知心。只因爲他二人的學術目的，仍然定在內聖成德上，所以沒有開出知識之學的傳統。但「非不能也」，「是不爲也」。順儒家思想來發展知識之學（科學），可以有二條路：一條是良知（德性主體）自我坎陷，轉而爲認知心（知性主體），以展開認知活動，成就知識。一條是順荀子和朱子所講的心（認知心）直接用於認知事物，在方式上仍然是朱子所謂「即物而窮其理」（但必須窮究實然層的事物之理，即事物的性質、數量、關係），如此也自然能夠開出知識之學。可見由德性主體開顯知性之用，在儒家也可以是順理成章之事。問題在於我們能不能提供「學術自由」的園地。

我們認爲，與其提倡「校園民主」，不如強調「校園自由」（思想的自由，講學的自由，研究的自由）。校園之所貴，重點不在行使公民權利，而在創發學術眞理。所以校園之內，理當根絕政治活動的干擾。一入校門，便是學術的獨立王國。校園之內，學術高於一切。一個國家，必須具備獨立自由的學術王國，使人人都可以理所當然地自由講學。這樣，才能發展學術，培養人才，以完成現代化的文化使命。

儒家的孔子、孟子，都曾建立思想自由、講學自由的學術王國（讀《論語》、《孟子》，便見分曉）。歷代儒者的民間講學，也是要在官學系統之外，建立學術自由的王國。而當代新儒家在抗日戰爭時期創辦三大書院㉑，大陸變色之後，又在香港創辦新亞書院，這都是爭取學術自由的具體實踐。我們希望國人正視「學術自由」，對中國現代化的重要性，來共同爲建設學術自由的園地而努力。

五、文化功能的侷限與人文教化的省察

1. 文化功能的侷限問題

文化的復興與學術的重建，並非少數學者思想家的努力即可竟其全功。而且文化傳統也本有系統上的限制，以及在演變發展過程中帶出來的問題和流弊。這些問題已經歷了長時間的省察，也一直有著激烈的爭議。在此不能一一縷述。現只提出二點，作一說明。

㉑ 按，抗日戰爭時期，有四川樂山之「復性書院」（馬一浮主持，熊十力曾任主講），重慶之「勉仁書院」（梁漱溟主持，熊十力同爲主講），雲南大理之「民族文化書院」（張君勱主持），此三書院就講學之實務而言，效果不大，但就儒學之精神理想而言，實顯巍然高卓之象。故大陸學界稱此爲「抗戰時期新儒家三大書院」。此一稱說，饒有意味。

第一、文化的侷限在事不在理：「理」上無侷限，「事」上有侷限

中國的傳統文化，當然不可能盡善盡美。但僅就儒家爲中心而顯示的文化理想與精神方向而言，基本上可以看出中國文化能夠「通物我、合天人、貫古今、徹幽明」。由此四語而顯示的，實乃一個寬平融通充實飽滿的文化系統。在五千年的演進發展中，中國文化可以順時制宜以得「時中」，可以「守經通權」體常道以盡變化之用。因此，我曾經一方面提揭「仁智雙彰、天人合德、因革損益、據理造勢」四義，以指出儒家義理在人類世界中所含具的普遍而永恆的價值；一方面又就「倫理實踐、政治開新、經濟發展、學術推進」四目，以申述儒家對現實社會所可昭顯的時代意義與適應功能㉒。而我昔年所綜括的儒家思想基本旨趣八大端㉓，也可證實儒家學術足以作爲「人類生活的基本原理」和「人類文化的共同基礎」。

我並無意於把天下一切美好的字眼，都堆到儒家和中國文化頭上；但我也不認同專挑一些非本質性的流弊而坐實爲儒家與中國文化的過罪。我不屑於自誇自大，更不忍心自賤自貶。因此，我要求自己也希望別人都能說實話。先儒有「吾性自足」之言，心性是道德價值的泉源，人文世界一切道德價值的成果，都是本乎道德心性「不安、不忍、憤悱、不容已」的要求而一一成就的。（所以中國文化不走宗教的路，也不必上仰一個人格神的上帝作爲一切價值的根源。）

㉒ 參蔡仁厚：《儒學的常與變》，頁二三—四一〈孔子精神與現代世界〉。

㉓ 同上，頁四六。

據此可知，所謂「吾性自足」乃屬實話，並非空言。從「質」上看，儒家之教的道理，內聖外王，修己治人，成己成物，天人內外，可謂無所偏失（此之謂義理上的具足）。但從「量」上看，則許許多多理所當爲的事，卻常有遷延而未能實行，或行之而不夠圓滿（此之謂功能上的限制）。可知在絕對普遍的「理」（理一）上並無侷限；但一落到現實（分殊）之「事」上來，則由於客觀條件之不充備與主觀人爲之不得法，而顯示出各種各類的侷限性。這種情形，不只儒家如此，一切文化系統，莫不皆然。當然，知識之學與民主體制之未能開出，確屬傳統儒家之欠缺，必須補足之。不過，以往沒有，今後可以有，這二大侷限都可以突破。所以不能視爲中國文化本質性的限制。

第二、就理上說，儒家必須通觀並顧；就事上說，則儒家不能也不必包辦一切

對於儒家傳統的不足，當代新儒家自應通觀並顧，以補其缺失。但作爲當代新儒家的學者思想家（其代表人物，可屈指而數），實不可能也無必要包辦一切。因爲文化是整體的、全面的。實務層的工作，分門別類，需要各種專門知識，也需要各種專門人才。儒家學者能在「文化的反省、觀念的疏通、思想的架構、理想的開顯、價值的取向、實踐的進路」這些理念層上盡心盡力，便可算是克盡職分，功在文化。

理想是奮鬥的目標，本不容易即時達到。但理想也終須落實，虛層（理念層）的原則方向，總該對實務層的事物發生規範主導的作用；這就必須擔任實務層的工作者，也能對虛層的原則方向產生「共識」。這是否可能呢？當然可能。因爲本乎「人心之同然」而顯示的原則方向，自必爲人所認同而漸次形成共識。倒是實務層上許多必要的知識條件和技術條件，

乃屬專業專技之性質，並非人人都能具備。而新儒家的學者思想家們，也大體無法直接講論「專業知識之學」和處理「專家專技之事」。因此，凡是實用性的知識以及處理實務的方案，都要仰仗專家。新儒家謹守分際，「不敢強不知以爲知」，對於自己不知不能之事，必然是：尊重客觀的學術，尊重專業專技的知識，尊重政府官員和民意機構的職權，並尊重各行各業的正當利益。

2.人文教化的落實問題

當代新儒家在學術思想上致力於返本以開新，但在教化功能上，則仍然衰微而不振。什麼時候，新儒家的學術理念和思想涵義，才能落實於社會風教，通貫於政治運作，融釋於日常生活？老實說，沒有人能做出答案。然而，每一個人卻又可以確信，基於「人同此心，心同此理」的同然嚮往，儒家的常理常道終必自然而然地發竅於「耳、目、口、鼻、身」，經由「視、聽、言、動」而顯發於個己行爲與群體生活，以展示爲多姿多采、文質彬彬的實踐。

文化理想的落實，方面很多，而最根本的還是教養的問題。分而言之，有所謂家庭教育、學校教育、社會教育，合起來都屬於文化教養。而當前中國（無分臺灣、香港、大陸）的種種問題，本質上也仍然是文化教養的問題。

儒家這個大教，沒有教會組織，沒有僧侶制度，沒有特殊儀式（如入教受洗、出家受戒等），沒有教條和對獨一眞神的義務，沒有權威的教義（如明確的來生觀念，決定的罪惡觀念，特定的救贖條件）……，因此，從形式上看，儒家不像一個宗教。然而，宗教的形態本來就是多樣性的，並無理由一定要採取某種形式。有一天，人類或許會發現，儒家這一個最不顯「形式相」的「道德的宗教」，才是最純淨最圓熟的宗教形態㉔。如果人類眞能認取儒家之教的形態，則數千年來各大宗教之間造成的災害，皆可一一化解（故中國歷史上從來沒有宗教戰爭），而歸於「太和」之境。（按，不是大同，而是和而不同、雖不同而能和的太和。）

孔子教顏回「非禮勿視、勿聽、勿言、勿動」。儒家也素重禮樂教化，但如今「禮」在那裡？儒家的禮，散塌了，失落了。我們在婚、喪、喜、慶與人倫日用上，已經失其規矩，失其儀序了。爲了稍補缺憾，筆者特意在新居飯廳的板壁上，安置「天地聖親師」的神位，並配上「天生地養，盛德廣大；聖道師教，親恩綿長」的對聯，每逢朔望節日，向神位上香行禮，藉以踐行儒家「祭天地、祭祖先、祭聖賢」的「三祭」之禮㉕。使人的精神生命，在日常生活之時，也能與天地相接、與祖先相親、與聖賢相契。我是自覺地要留下這唯一的古禮形式，以存「禮意」。我深深感到，在新的社會，新的時代，新的生活方式裡，實在需要一套新的禮儀規範。這是「制禮作樂」的大事業。何時可以做出來？不曉得。但，終必有之。

其次，人必須讀書。今天的學校教育是知識性的教育，無關乎文化教養。但依中國的

㉔ 參蔡仁厚：《孔孟荀哲學》，臺北、學生書局，一九八四年初版，頁一三八—一四二〈略說儒家的宗教性〉。

㉕ 參同註❶，頁三五—三八〈生命的本始：天地、祖先、聖賢〉。

傳統，所謂「讀書」，乃是讀「經典」。經典是智慧之海，不可忽視。故世界各大宗教，或誦經，或講經，或查經，皆同此理。我們文化系統中的古經典是「四書五經」。今後的經典教育，也仍將以四書五經爲本，不過，「子、史、詩文」的精粹，也不可忽。近年來，臺北王財貴博士，在臺灣、港澳、大陸，以及南洋、美、加華人社會推行「兒童讀經」，正包括「論、孟、學、庸、詩經、周易、老、莊、唐詩……」。兒童一本一本地讀，也一本一本地背誦，善用兒童時期特優的記憶力，儲蓄聖哲的智慧，然後隨其年齡的增長，而漸次理解，漸次消化，一生享用不盡，豈不「好佳哉」嗎！我相信這件事必將造成極深遠的影響，大大有利於人文教化的落實。

復次，人文景觀也是人文精神的落實之地。建築是人文景觀的大項，有如宮殿、城堡、園林、祠廟、亭臺、樓閣，以及佛教的寺院，道家的道觀，其他宗教的教堂，還有名勝、古蹟、華表、寶塔……，這些都是人文景觀的犖犖大者。景觀是靜的，人文則有動態的表顯。有了靜態的景觀，必然會配上動態的人文活動。有如婚喪喜慶之禮和隨順四時節氣的各種風俗儀式，都是最自然也是最深刻的人文教化之表顯。近年來到各地旅遊，覺得自然景觀雖美，而人文景觀給予人的感動鼓舞才是特爲深刻的。自從文革結束以後，大陸各處的人文景觀也漸次修復，一些掩飾不了的創痕雖然仍使我們心懷愴痛而感慨萬端，但中華民族的文化心靈，實已從往昔的重重束縛中「解放」出來了，也一步步回歸正常、回歸理性了。

若問如何使傳統的文教與現代化連結起來，筆者也已做過一些思考，而認爲必須從「器物層」、「生活層」、「理念層」這三個層次㉖，分別著手，以期相輔相成。儒者向來持守「時中」原則，自也認同中國文化的現代化。在人文教化的層次上，也必然肯定新時代的生活規範。但新的事物也必由舊的傳統蛻變而來，因此「返本開新」的原則，也與「體常以盡變」的道理，正相脗合。

歷史的氣運，不同於理性的原則。理性原則有定常性，而歷史氣運則不可測，不可知。面對歷史的運會，不能只靠人有限的努力，而要靠人無限的眞誠，人不應只專意於智計思慮，而必須出之以虔敬的心意。在可預見的未來，儒家之學要想落實於生活，以普遍顯發人文教化的功能（不只是偶見成效），大概還要一段很長的時間。我們在此時此地作心意表達，或許還是要以「衷誠的呼喚」爲主，以呼求天心回轉，如我所願。

二〇〇〇年十一月　《漢學研究通訊》總七十六期

㉖ 參蔡仁厚：《儒學的常與變》，頁六四—七四。

附錄

一、牟宗三先生逝世三周年

——三年來我們做了些什麼

牟老師離開我們三周年了。在這一千多個日子裡，他的音容笑貌，教言訓誨，仍然那樣親切鮮活，從容悠然。大家都不覺得老人已逝，也沒有天人遙隔的惆悵悲感。老師的精神隨時而在，隨地而在，而我們的生活、工作、教學、研究，也依然如常，彷彿和往昔一樣，是在老師默默照看中依序進行。

然而，老人確實已經遠去。三年來我們做了些什麼？我覺得應該回頭數說一番。在回述之中，我們可以重申懷念，重訴心衷。

喪祭禮儀之後，首先是三件事：一是修造墓園，二是編撰年譜，三是編印紀念集。另外，則是講錄之整理和全集之出版。

墓園由名建築師李祖原先生設計，選在新店竹林路的青山之懷，左前遠眺觀音山，右前遙對七星山，兩山對峙處是淡水河口。近前左右山麓，層巒逶迤，呈環拱之勢，頗有抱元守一的意思。這樣一個好所在，相信牟老師會喜歡的。

年譜的編撰，本非易事。幸好在牟師七十壽時，仁厚曾撰長文，以綜述牟師的學思歷程和著作。八十壽時，又發表學行著述紀要初稿，歷年皆有增補，並經老師親自過目。因此，在師尊逝世百日之期，學思年譜得以脫稿，並於八十五年二月，即由學生書局出版發行。紀念集全冊（含遺照、墨寶、學行事略、褒揚令、祭文、哀輓、唁文、悼念文、墓表），則因樊克偉等人之勤力，也在老師過世之次年十二月，由東方人文學術研究基金會編印出版。

講錄的整理，是一件龐大繁重的工作。近二十年來，牟師在臺港講學，幾乎都有全程的錄音，是否必須一一整理出版，見仁見智，有待斟酌。如今已經整理出版的，有兩種：一是四十年前的《人文講習錄》（大部分曾在人生雜誌發表），由仁厚輯錄成書，交由學生書局於八十五年二月出版。一是《四因說演講錄》（民國八十年講於香港新亞研究所），由盧雪崑依錄音整理，計二十講，由鵝湖出版社於八十六年三月出版。

全集的編印，得聯合報系老董事長王惕吾先生生前之主動慨諾，負責出版。現正依計劃全面進行編校事宜，預計二、三年內，可以完成。

在學術活動方面，八十四年十二月，中央大學哲研所、鵝湖雜誌社、東方人文基金會，聯合舉辦以「牟宗三先生與中國哲學之重建」爲主題的學術研討會，會議論文集已於次年編入鵝湖學術叢刊出版發行。八十五年十二月，第四屆當代新儒學國際會議在臺北召開，其論文集可在近月出版。八十六年十二月，鵝湖舉辦「中國哲學與政治哲學」學術研討會，其主要論文已於上月由鵝湖編爲專號出刊。

另外，九月上旬，第五屆當代新儒學國際會議將以「牟宗三與當代新儒學」爲主題，在山東大學召開，屆時並將赴曲阜孔廟行禮，並赴棲霞牟家曈瞻仰牟老師的出生地。我們敬謹奉迎牟老師的神靈和我們一同歸魯，使人傑地靈，在臺北棲霞兩地，同時和合爲一。

一九九八年四月　鵝湖論壇

二、山東去來

——第五屆當代新儒學國際學術會議

這一次新儒學國際學術會議，正值牟宗三先生逝世三周年之期。山東大學與中國孔子基金會聯合爭取，要求以「牟宗三與當代新儒學」爲會議主題，在山東召開。這種尊賢崇道的心意，我們深受感動。所以鵝湖和東方人文學術研究基金會全面配合，共同主辦。

會議在濟南「舜耕山莊」舉行。開幕式主題講話時，我們首先表示，這一次臺灣學界的朋友，陪隨牟先生的精神、慧命，回歸東魯，回到他生長的鄉土。他老人家的在天之靈，當會感到很欣喜、很安慰。不過，牟先生這樣一位高狂光輝的生命，乃是人類價值世界的瓌寶，他不只是屬於山東，他應該屬於中國，屬於東亞，屬於全世界。而且，他將歸於永恆，千古不朽，萬世馨香。當時我將一首五言古詩，獻給大會。句云：

東魯人文地　孔孟蘊光華
聖脈延一線　洙泗通棲霞
神州遭板蕩　大地舞龍蛇

丹心爭剝復　慷慨走天涯
內聖抉奧義　外王拓新功
一心開二門　中西大會通
學思無窮止　儒道貴時中
慧命長相續　光顯大漢風

近年以來，我總以五點意思來指述當代新儒家的學術功績，一曰闡明三教，二曰開立三統，三曰暢通慧命，四曰融攝西學，五曰疏導新路。這五點貢獻，又都可以推舉牟先生作爲典型的代表。他一生不做別事，只念念要爲中國文化打開一條復興的坦途。他以三部大書表述儒釋道三教，又出版新外王三書以開顯儒學現代化的理路，更以一人之力把康德講眞善美的三大批判全部翻譯爲中文，並作詳細的譯註，又另寫專書來消化康德，爲中西哲學的會通架起了最佳的橋樑。細細斟衡他在著作上的成績，確實超邁今古。

這次新儒會議以牟先生的學思爲主題，不但他的山東鄉親感到光榮，其實也是二十世紀中華兒女的驕傲。在中國文化開始由險入夷走向復興之路的當口，山東新儒會議正顯示一個好的預徵。與會的學者，臺、港而外，有的來自美、德、韓國、新加坡。而大陸的學者，除了山東當地涵蓋老中青，其他來自北京、天津、南京、上海、武漢、廣州各地的學者，都以中青代爲主幹，頗顯朝氣。而所提的論文，大多言之有物，頗見分量。其傑出者且能突顯精采，大有發揮。牟先生常說，儒學與中國文化的復興，不能只靠臺港海外，必須大陸知識份子徹底覺醒，歸根復命，才能全面達成時代的文化使命。依於數日來的感受和觀察，我們認爲，這個期盼是成功有望的。

九月五、六、七日三天會議完畢，大會又安排泰山登臨和鄒魯瞻巡。八日一早，驅車赴泰安，開始登東嶽。汽車可通中天門，然後改乘纜車到南天門。再上去還有碧霞宮，玉皇頂。走向玉皇頂時，沿路都是秦始皇以來的歷代摩崖石刻。這是地球上刻於天然石壁唯一巨型的書法寶庫。其雄渾之美與磅礡的氣勢，很難言傳。

在泰山之顛「一覽眾山小」之後，下到山麓，再遊岱廟。這是和北京故宮、曲阜孔廟齊名的中國三大宮殿式的古建築，氣象莊穆開闊，使人在肅然中得舒放，舒放中有肅穆。

九日早，先乘車到鄒城市瞻仰亞聖孟子廟，再回轉曲阜瞻拜孔廟、巡禮孔林。當年徐復觀先生臨終之時，感歎未能親臨曲阜瞻拜孔廟爲平生大恨。而牟先生則說，聖人之道無所不在。各地孔廟猶如曲阜孔廟，實無二致。我覺得牟先生的話和徐先生的感受，都同其眞切懇至。心誠則時空凝約於當下，宇宙吾心融通爲一。這是我當時在曲阜聖廟的感受。當然，以建構規模所顯示的莊肅清穆疏朗雄闊而言，其氣象還是無與倫比的。

十日一早，一行四十餘人由濟南乘六小時車抵達棲霞市。棲霞是牟先生的故鄉，也是全眞教邱處機的出生地。邱道長當年留下一句話：「走遍天下，不如我小小棲霞。」這是膠東丘陵中的一座山城。如今市容整齊，道路平直，山水依然靈秀，民風依然樸實。我們午後一時抵達時，市長以下熱烈迎客，午餐之後，便舉行一場交流座談會，市長主持，副市長司會，我和王邦雄教授等應邀講話。我們說，這次來到牟老師的家鄉，一是來瞻仰棲霞的山川靈氣和接觸這裡的風土人情，二是來探望守在山東的老師母和他的家人，第三是要向棲霞市政府和牟氏宗親地方父老敬致謝意，感謝他們在牟氏莊園成立了「牟宗三先生紀念館」。棲霞出生一位世界級的大哲學家，又同時是承先啓後的大儒，這是地靈孕育了人傑，而人傑的光采又返回來增輝地靈。如果再單獨建立一座牟大師的紀念館，使它成爲一個嶄新的人文景點，則棲霞不但可以孕育更多的人才，在經濟發展方面，也更能爲觀光投資增強效益。

十一日，大家去探望牟先生的故居牟家疃。那一帶風土厚實，盛產蘋果、梨、杏、櫻桃，號稱「江北水菓第一鎭」。在中學參觀時，鎭長爲我們做了簡報，還招待大家親嚐香甜清脆的紅蘋果。下午又經歷三個小時車程，來到「萬頃濤頭一島青」的青島。這是一座觀光城市，舊城區的建築，有濃郁的德國風味。通盤看來，紅瓦、綠樹、山青、水碧，的確風景宜人。一宿之後，經香港飛回臺北，這次會議，便告結束。

當代新儒學國際會議，隔年舉辦一次。一、二屆在臺北，三屆在香港，四屆又在臺北，五屆便到了山東。經過十年的努力，我們覺得新儒的學術，新儒的理想，以及新儒「和而不同、公而無私」的精神性格，已日漸廣爲人知；而年輕一代更在各地蔚然成長，新儒的著作也在大陸傳播出版。所謂「剝極而復」、「貞下起元」，不只是眞實的「理」，而且已步步落實成爲眞實的「事」。我們不唱高調，不說空話。盡我心，盡我力，盡我分。過去如此，現在如此，將來也是如此。風會之來，豪傑呼應。天下有道，必歸於儒。歸於儒，不是歸於作爲一家一派的儒，而是歸於道，歸於大中至正的時中大道。

一九九八年十月　鵝湖二八〇期

三、東海哲學二十年

我正式服務東海大學的歲月，和哲學系一樣，已屆滿二十年。這是我生命學問最成熟最旺盛的二十年，都已奉獻給東海了。

可是，我一直欠缺「東海人」的歸屬感，而覺得自己倒像「東海客」。這種心情是不太好說的。間嘗思之，認爲這種感覺，和我的家人未曾進駐東海校園，可能有關。我家一直住臺中市區，和東海的教授同仁很少接觸，加上我的書呆性情，本就不善人際關係。所以，除了課堂講課、著作出版、論文發表，幾乎沒有和東海同仁相處的機會。這大概就是我自覺只是「東海客」而欠缺「東海人」之歸屬感的基本原因吧。

然而，我又清清楚楚地知道我是一個東海之人。尤其當我出席國際學術會議時，人人都知道我來自東海大學，也常有人向我探聽東海的種種。尤其說到東海校園之美，無不眉飛色舞，流露欣羨之情。這時候，我的「東海人」的身份特顯，而「我的榮耀」和「東海的榮耀」乃會合而爲一。可是當我回到東海校園。周遭都是「東海人」時，我的心靈深處卻又不期然地忽而萌露「東海客」的感覺。這種滋味，不易述說。疏離、生分、孤獨、落寞……都時或有之。若不是我這個人的命根誠樸篤實，恐怕早就不免要「怨天尤人」了。

當然，事實上，我和東海二十年的關係，乃是結結實實，堅如金石的。

在東海還沒有哲學系時，我曾在中文系兼課三年半（五六・二—五九・七），講授「論語」和「孟子」。中文系的教授群中，大約有五位和我共享過課堂教學的經驗。後來，東海成立哲學系，我是第一個資深的專任教授。第一年，擔任「中國哲學史」，每週三小時。我依講授大綱，每堂寫黑板，教學效果好像很不錯。人文學科方面，我先後在政、經、企管等系開「中國哲學史」、「儒家哲學」等課程，而這些外系的課，也頗有號召力。第二三年，在系內加開「孔孟荀哲學」、「新儒家哲學」（宋明理學），而外系的課便漸次停開了。

那時候，東海大學分別和教育廳、教育部、救國團、文建會合作，每年寒暑假各辦一次為期一週的「中國文化研討會」（哲學系承辦），邀請南北各校教授及各界專家學者前來主講，使得大度山上人文學術的氛圍，絪縕濃郁起來。同時，東海又創辦《中國文化月刊》（主要由哲學系負責），並每年選錄研討會與月刊的講詞和論文，輯為《中國文化論集》正式出版。我應邀擔任研討會主講，歷次皆有講詞，又多為月刊撰文，成為常年作者。所以，我二十年來專著以外的幾部論集，其中三分之一的文章，都在文化月刊發表過。

東海哲學系頭四年的發展，老實說是非常耀眼的。無論師資、教學、研究和學術活動，都蓬蓬勃勃，富有朝氣。第一屆同學的畢業紀念照，也頗有頭角崢嶸之象。所以我特別把它收錄在我的《七十壽慶集》中。一個系首屆學生剛剛畢業，就同時成立研究所碩士班；碩士班剛剛有人提出論文、授予學位，便又成立博士班。這個特例，可能是獨一無二的。其中或者有人際關係的運用，但我認為當時東海哲學系、哲學所的確有此實力。名與實之間，並無落差。至於如何光大提昇，就要靠持續的努力了。

在哲學研究所成立二周年時，配合中國哲學會舉辦「世界中國哲學會議」，老一輩的國際知名的學者如顧里雅、陳榮捷、狄百瑞、艾卡西等，皆來出席參加。會議論文集一大厚冊，與《中國哲學年刊》新第三期，合刊發行。歷年來除了哲學講會、學術座談、研究生論文發表會之外，還舉辦了正式的學術會議，如「中國哲學與懷海德」「儒釋道與現代社會」、「徐復觀學術思想」等，皆分別有會議論文集出版發行。另外《東海哲學研究集刊》也已出版到第五輯。而系內教授出席國內外之學術會議，更是絡繹不絕。單就我個人而言，從一九七九年出席「第四屆近世儒學與退溪學」國際會議起，至一九九八年出席北京大學百週年慶「國際漢學研究會議」，二十年來，共計出席國際學術會議達三十餘次（出席國內學術研討會的次數，也約略相當），每次皆有論文。從某個意義上說，我似乎成爲東海人文學術的巡迴大使了。

我來東海之後陸續出版的著作，有專書七種，論集五種，合著一種，輯錄一種，合著、主編二種，單行小冊二種。在量上說，不算少；從質上看，也不算差。其中《王陽明哲學》和《孔孟荀哲學》，已由東海培養的韓籍博士黃甲淵、千炳敦二君譯爲韓文出版。而另一位留華韓籍學者漢城中央大學文學院長梁承武教授，則要韓譯我的《牟宗三先生學思年譜》。然則，我們「在地的」東海哲友，又何所用心，何所著力呢？孟子說「勿忘勿助長」，荀子說「眞積力久則入」，我們千萬不要把孟荀的金玉良言，看做老生常談而輕之忽之。否則，東海哲學的慧命，將如何能落根發芽，開花結果！

我闡釋當代新儒家思想的著作，在大陸地區影響甚大，《新儒家的精神方向》一書，尤爲學界所熟悉。他們說：蔡仁厚是詮釋傳統儒學與現代新儒學「最多、最系統」的學者，並選列當代新儒家第三代的代表人物爲「杜維明、劉述先、蔡仁厚、成中英、余英時」五人（前三人皆與東海有密切關係）。北京成立「國際儒學聯合會」時，又推舉我爲首屆理事。一九九六年，我獲推薦入選，列名美國傳記學會第四期「世界五百名人錄」。這些無關權勢功利的「名分」，當然不算什麼，但可以看做是人生奮鬥的一種迴響。

東海哲學即將走入第二十一年，我乃聯想到世界也將進入二十一世紀。二十一世紀的中華民族將會開展什麼樣的局面？中國哲學又將顯示什麼樣的風貌？此時也許我們無法具體言之。但有一點是確定的，即：我們不應是旁觀者，而必須是參與者。今年，我已答應國際中國哲學會主辦的學術會議，提供一篇題爲〈中國哲學的反思與展望：此前一千年的回顧與今後一千年的前瞻〉的論文。而臺北學生書局四十周年，也將和清華大學通識教育中心合辦學術研討會，約我寫一篇〈五十年來臺灣地區中國哲學史的研究發展與前瞻〉。明年退休之後，我將要正式撰寫巨型的「中國哲學史」（預計五大冊），我希望八十歲以前完成這個心願，算是我這一生守護中國哲學慧命的一項獻禮。

最後，再獻一首古體詩歌，作爲對東海哲學系二十周年的小小賀禮：

玉山雪　霧臺煙
明潭月　照前川

返本開新續慧命
大度山上奏雅絃
一心開二門
科玄並蒂蓮
摩盪儒佛耶
哲思轉新妍
聖道浩浩通今古
更端開顯太和天

一九九九年六月　《東海哲學研究集刊》專刊特載

四、東海退休寫勉同學

從東海創辦哲學系開始，我即應聘任教。轉瞬間已二十一年，而我也年過七十，即將辦理退休。回首前程，感慨千端，不知從何說起。現且不避俗情，開列一行清單，看看自己這些年來，是否也做出一些成績。

(1)二十年來，我在大學部擔任三門課，一是「中國哲學史」，二是「孔孟荀哲學」，三是「宋明理學」。研究所則先後開講「中國哲學史專題研究」、「先秦儒家哲學」、「儒墨比較」、「程朱哲學」、「陸王哲學」以及「朱子專題」、「王陽明專題」、「當代新儒家」等課程。我教學的態度，只有一句話，就是「對學術負責」。至於做到多少，可以檢驗。

(2)哲學系第一屆畢業時，研究所也隨之成立。十六年來，我指導碩士論文十一人通過（其中十人再攻博士學位，八人在國內，二人赴美、德）；指導博士論文十二人通過（含外校三人）。另有三人，尚在指導中。我指導論文寫作的態度，是盡量尊重學生的研究心得，凡是可以成立的說法，皆加以鼓勵，不作挑剔。

(3)二十年來，我的著作出版，有專書七種，論集五種，合著一種，主編二種，單行小冊二種，還有未入論集的單篇論文十多篇。

(4)二十年來，我出席國內外的學術會議，共約五十次，皆提供論文，宣讀討論。在三年所長任內，推動「東海哲學講會」與「研究生論文發表會」，並編印《東海哲學研究集刊》，又主辦二次學術會議，皆編有會議論文集出版。

這四項清單式的敘述，實在平平無奇。不過，它卻是我一步一步做成功。如果容許我稍作誇張，也可以說是歷經時代的「驚濤駭浪」，才達到這份「履道坦坦」之修爲的。

此外，有三件大事，也發生在這二十年間：

第一件，是共產鐵幕解體，大陸改革開放。

第二件，是中共在文革之後，由於「人同此心，心同此理」的民意主導，乃漸次回歸孔子，回歸中國文化。

第三件，是大陸學界在馬列唯物、西化思想之外，發現當代新儒家的思想，才眞正足以代表中華民族文化生命的正確走向。於是在十五年前，正式展開對現代新儒學的研究工作。同時在各省區推動以儒學與中國傳統文化爲主題的學術研討會，並陸續出版相關的論著與刊物。

這三件事，都是我數十年來關切的重點。尤其第三件事，更是我生命心靈全幅投注所在。如今有了成效，有了影響，欣慰何如！雖然離全面性的成功還有一段很長的路程，但方向已定：宗趣已明，只要繼續努力，必能獲致圓滿的成果。

如今我將退休，不過，身雖入隱，而我心永在。茲特撰成四句，寫勉同學，作爲臨別贈言：

明道有分殊　風雨貴同舟　香火緣不斷　慧命相續流

道之體，雖然恆常而不變；道之用，則各隨分殊而表現（在不同的時空和事類中，隨宜而表現之）。故明道行道之事，既須時措之宜（不可偏執己見，故步自封），又須一心一德，同舟共濟（應該同心合力，不可分化排擠）。須知師友以理想共期，以道義相勉，其德慧生命永續永繼，猶如香火之緣，固永世而不斷滅也。

東海哲友（不，凡我哲友），其念之、勉之。

庚辰年（二〇〇〇）夏月　於大度山

五、我們當然追隨「聖之時者」

——略說世紀之交繼往開來的坦途

㈠心之同然與因革損益

二十世紀的中國，從五四時期之拋棄傳統、全盤西化，到北伐抗戰時期的內憂外患，再到由馬列唯物而來的「十年浩劫」（文化大革命）。前後歷經大半個世紀的擾攘摧殘，中華民族的文化生命已遭從根砍斲，奄奄一息了。其所以能在劫難中起死回生，一是中華文化的根基確實很深厚，二是人心之同然乃是永不磨滅的眞理之源，三是當代新儒家的努力終能獲致華夏子孫的漸次認同。

儒家自來都講求時宜，並非固執不通。有了「因革損益」的隨宜原則，儒家就具備了「守常」以「應變」的思想和智慧，而可以「日新又新」以得「時中」。

「時中」之義，大矣美矣。其中含有三個意思：

1.時中的「中」，是不變的常道。大中至正，不偏不倚，而又無過無不及。這樣的道理，當然是天下的大本，永恆的常理。

2.時中的「時」，是應變的原則。《禮記．禮器》云：「禮，時爲大」。典章制度，生活規範，都是禮。禮以「時」爲大。表示儒家之禮並非一成不變，而能應時而作，隨宜調整。

3.時中之道，雖是常道，但卻不是固定的。固定的中道，是死中，不是時中。只有順應時宜，日新又新，才能隨時變應以得其中（時中）。

據此可知，儒家的時中之道，既不同於死板僵化的道德教條，也不是隨意搖擺的不定準原則。它可以物來順應，而又萬變不離其宗；它可以堅定原則，而又能盡其變化之用。所以是一個「有常有變，萬古常新」的大道。

(二)批判的繼承與發展的創造

依儒家的傳統，一向都能自覺地要求「承先啓後」，「繼往開來」。在歷史的每一階段，它都有所反省，有所批判，有所調整。而二千多年以來，儒家學術的發展，也實與民族文化生命合而爲一。因此：

儒家的繼承，是通過理性之反省的「批判的繼承」。

儒家的創造，是返本而有所承續的「發展的創造」。

儒家之所以成爲中國（以及東亞）文化的主流，正是由於它能隨宜隨時而「因革損益」，故能顯立「時中」原則，以開顯文化的浩浩大道。

時至今日，我們更應深切體認：通過因革損益以達於時中，不但是人類文化推陳出新的良方，而且是文化價值能否相續發展的關鍵所在。即使是作爲「人倫之至」的聖人，也應可依於時中之義加以論評。孟子認爲「非其君不事，非其臣不使。治則進，亂則退」的伯夷，是「聖之清者」。而以天下爲己任，「治亦進，亂亦進」的伊尹，則是「聖之任者」。另外還有一位「不羞汙君，不辭小官」，平時「與鄉人處」也能「由由然而不忍去也」的柳下惠，他是「聖之和者」。這三個人代表聖人的三種類型。但孟子表示他不願學伯夷、伊尹、柳下惠，他要學孔子。因爲孔子「可以速而速，可以久而久，可以處而處，可以仕而仕」，這才是金聲玉振，終始條理的「聖之時者」。

㈢聖之時者與繼往開來

胡適之氏曾提醒青年：不要被別人牽著鼻子走。這句話本身倒是對的。人應獨立、自主，怎麼可以像牛一樣被人牽來牽去呢？於是乎，就有人說了：中國幾千年來的讀書人，都是被孔子牽著鼻子走，才使得文化落後於西方。其實，中國文化落後於西方，不過是最近三百年的事，怎好怪責二千五百年前的孔子！何況孔子明明白白告訴我們「爲仁由己」，又說「天行健，君子以自強不息」。你自己無所用心，不知努力，卻誣妄聖人牽你鼻子，未免太沒出息！孟子更明白肯定「人皆可以爲堯舜」，同時又指出「聖人」也不過「先得我心之同然」而已。你自己不本乎同然之心，不能「由仁義行」，別人還會有閒工夫來牽你的小鼻子嗎？

其實，儒聖之道大中至正，無所偏倚。倒是那些知識上的學說主張和理論系統，才比較容易發生偏差，你若貿貿然偏執之而奉爲圭臬，那卻眞是授人以鼻子了。至於聖之時者的孔子，他一切順時隨宜，不可能形成偏執的教條。所以，我的題目才說：我們當然追隨「聖之時者」。而副標題則意在提醒：我們在此世紀之交，應該頭腦清醒地確定「繼往開來」的基本路向。

以儒家爲主流的中國文化之統，是民族文化生命的常理常道，當然要承續光大。而「民主、科學」正可使儒家外王之學達於更開擴、更充實的境地；而且，從儒家學術中開出民主科學，本是「相順」的一步發展，並無相逆衝突之處。不過，我們此時重申繼往而「開來」，不應只限於「民主、科學」，還須注意「教化層」上的禮俗風教。

(四)風教日下，是何人之責乎

「人心不古，世風日下」。這是一句老生常談。但近年以來，臺灣青少年（其實，不止於青少年）的所作所爲，實已落到「人倫大變」的地步，像「孝、弟、慈」這樣的天倫、天理，也已常見「撕裂、糟蹋」！在位的大人先生們，忙於權力爭逐，既已無心於此，無暇於此，而所謂「層峰」的心靈改革，又已流爲官樣文章，甚至淪爲笑談。而我們在野的人，無論智者、愚者、賢者、不肖者，似乎也很少有人眞正關懷「風俗之變，人倫之喪」。

風教日下，到底是誰何人之過？責怪祖先嗎？責怪聖人嗎？或者責怪當代新儒家嗎？祖先的時代，神州大地曾經有過美好的風教；聖賢的教訓，也字字句句都在指點倫常教化。至於當代新儒家是先在理念層上致力，尚未落實於風教的掌理。儘管他們所講的道明通深透，但半世紀來又有那些「在位者、有力者」曾經虛心措意呢？

君子「躬自厚而薄責於人」，大家還是回頭求諸己，且先檢點一下自己本身以及身邊的家人、親朋、戚友，看看自家人的言行舉止是否合理合宜，然後再來監督他人，責求他人。所謂「正人應先正己，己正然後正人」。聖賢如此教誨我們，我們就從這句話開始實踐吧。苟能人人惕厲而行之，則三年之內，風俗必將丕變。

(五)詩教與禮樂之教

中華大地曾經有好的風教：有「詩」的興發鼓舞，有「禮」的貞定自立，有「樂」的融通圓成。詩、禮、樂，都具有教化的功能，所以古社會的人較易於成材。如今「詩、禮、樂」皆已「無教」，民何以堪？文化何以堪？

儒家之教，一向從生理入，重在養。養身、養心、養生命。生理一脈暢順正常，就可以不生病。偶得微恙，也能很快康復。因此，中國傳統哲學的主旨，也是落在「生生之理的顯發，生生之道的暢通，生生之仁的落實」上。然則，人的生命與文化的生命，如何「興發鼓舞」？如何「貞定自立」？如何「融通圓成」？豈不仍然要靠「詩」與「禮、樂」之教？

子曰：興於詩，立於禮，成於樂。

話是老話，理是常理，而其內容則可以與時變應，日新又新。文化中的「詩、禮、樂」，和生命中的「興、立、成」，對全人類而言，都是一個普遍而永恆的問題。我們可以從詩的興、觀、群、怨，說「生命的興發」；從禮的別異與規矩，說「生命的自立」；從樂的合同與感通，說「生命的圓成」。實則，詩禮樂分而不分。「詩與樂」原本相合，「禮與樂」也理當相配。這樣，生命才能終始條理，順暢和樂。

㈥詩禮樂的返本開新

記得曾經有人提過「民國時代的新禮樂」這句話。但也只是提過而已。什麼是新時代的禮樂？其實沒有人能憑空說得明白。因爲禮要「制」，樂要「作」，「制禮作樂」乃是周公事業。既要聖德，又要天才。而據當前的事勢看，新時代的禮樂，不但一時無法做到，甚至不知如何著手。試看近年來修訂一部成規成矩的憲法，尚且力不從心，弄成個四不像。更如何敢侈言恢復周公制禮作樂的偉業！

不過，儒家心同理同的道理，還是隨時而在，隨地而在。只要人們時時存念在心，隨緣隨宜顯之於生活行事，由質的變化，漸漸達到量的普遍。一旦條件成熟，自然也有「水到渠成」的時候。

我所特爲關心的，是詩教。詩經三百篇，皆可配樂唱誦。漢以下有樂府詩，唐代詩教尤爲興盛，故白居易詩，老嫗都解。宋代轉詩爲詞，可以吟唱，有井水處，皆聞柳永之詞。元明以後，又有雜劇戲曲。可見華夏之地，本是一個有詩歌、有樂舞的地方。何以如今連婚喪喜慶的場合，竟都充斥著洋樂艷舞？眞叫人心頭絞痛，顏面無光。莫說前代盛世，就是近比日本韓國的古典歌樂舞蹈，我們也該憮然愧煞！

新與舊，古與今，絕非對反對立，而是相承相續。當代新儒家「返本開新」的訴求，實是從文化心靈之深處發出來。學術思想要返本開新，詩與禮樂也同樣要返本開新。生命心靈永遠需要「詩」，人文教化永遠需要「禮」，宇宙人間永遠需要「樂」。我誠摯地祈求：

新儒家的「心、性、理」能和「詩、禮、樂」和合起來。何時能做到？不曉得。但人人用心致力，就一定可以如願。

一九九九年十月 爲「孔子學術國際會議」而作

六、朱子逝世八百年

——出席鵝湖與武夷山會議誌感

今年（二〇〇〇）恰逢南宋大儒朱子逝世八百周年，海峽兩岸皆舉辦學術會議以爲紀念。上海華東師大、江西鵝湖書院、福建武夷山朱子研究中心三個會議接連召開，而上海江西二會時間重疊，我只好捨上海而出席江西福建二會。

江西的會議，稱爲「新鵝湖之會」，選在當年朱陸鵝湖之會的鉛山舉行。我宣讀的論文是〈朱陸異同與象山實學〉，同時又應邀在開幕式上講話，講題是「新鵝湖、新生命」。我說，鵝湖有三個：一是地理上的江西信州的鵝湖，也即唐詩「鵝湖山下稻粱肥」的鵝湖；二是歷史上的朱陸鵝湖會講的鵝湖，也即數百年來衍展爲朱陸異同話題的那個鵝湖；三是文化上的臺灣的鵝湖雜誌，也即作爲當代新儒學之重鎮的臺北鵝湖。臺北的鵝湖於民國六十四年創辦月刊，又辦鵝湖學誌，並陸續編印鵝湖學術叢刊出版發行。在動態的活動方面，有定期的學術講座以及一年一次的鵝湖哲學論文研討會。十年前，又開始隔年舉辦一次當代新儒學國際學術會議，先後在臺北、香港、山東等地舉行。這個文化上的鵝湖，已成爲新儒學園，持續顯發新的學術生命，引起了國際學界的普遍注目。

我在武夷山朱子大會宣讀的論文是〈朱子的心論與心性工夫〉，開幕式上則以「朱子學在臺灣」爲題提出報告。我說臺灣雖然沒有朱子研究所與朱子研究中心，但各大學人文系所都開講朱子哲學，研究生的論文也多有寫朱子思想者。而且三百年來散布臺灣各地的書院學塾，大體都是以朱文公爲核心而進行教學，在嘉義還留下一座朱子祠（金門也有朱子祠），而朱子家禮在風俗教化上的影響，直到今天仍然是民間婚喪喜慶的準據。而中小學的文史教課，當然少不了與朱子相關的文獻材料，高中的《中國文化基本教材》，更延續了朱子《四書集註》的經典詮釋與影響。因此，凡有儒學之處便有朱子學。而爲了紀念朱子逝世八百年，臺北和大陸一樣，也要舉辦三個學術會議。（一是中研院與漢學研究中心主辦的「朱子與東亞文明」，二是中國哲學會主辦的「朱子學的回顧與展望」，三是鵝湖月刊與東方人文學術研究基金會主辦的「朱子與宋明儒學」。）

江西境內有關朱子的遺蹟，除了鵝湖書院，還有廬山的白鹿洞書院，這二處書院都幸能保存，恢復舊觀。鉛山方面關心文化古蹟的人士，更多方探訪，確定了鵝湖會後三年，陸象山之季兄復齋與朱子重會論學的遺址。發現此一遺址的汪華光先生要我題字以供整建時刻石留念。我敬辭不獲，乃題詞曰：朱夫子與陸復齋於八百年前重會於此商量學問，今日我夫婦有幸親訪遺址，遙想高賢，仰念不已。庚辰季秋吉日。

福建方面保存的朱子遺蹟，尤其普遍而完整。如今聯合國已核定武夷山一帶爲世界自然與人文雙遺產特區。這次會議又配合海內外朱子後裔尋根祭祖活動一併舉行，規模之大，實爲空前。建陽的「考亭書院」，矗立山崗，氣象宏偉。崇安的武夷精舍則已殘破不全，這次特舉行破土典禮，將重建爲「紫陽書院」。落成之後，現暫設於沖祐觀（南宋有名之武夷道觀）的「朱子紀念館」即遷移到紫陽書院。朱子研究中心的張秘書長要求我贈送相關著作，以便紀念館典藏，我已電請學生書局郵寄拙著八種，永爲紀念。

十二月，我將出席臺北兩個朱子會議，所提論文，一爲〈朱子性理系統形成的關鍵與過程〉，一爲〈從人文教化看朱子的成就與影響〉，在後一文中，我曾以二句話總結朱子的重大成就：

1. 朱子是儒家他律道德系統的集大成者；
2. 朱子是儒家人文教化功能的大實踐家。

朱子留下的文化遺蹟如書院、精舍、摩崖石刻、碑亭、榜書、題詞、畫像……遍佈福建、江西、湖南、浙江等地，朱子的遺澤，和各處的自然山水早已融爲一體。八百年後，我們仍然可以親切地感受到朱子的身影，彷彿活現在各地名勝古蹟、山水奇巖、岡陵碑碣之間。原來人格世界，竟是如此的精誠相感，古今同在。於此，特將十月在武夷山朱子大會的獻詩錄存在此，以爲本文作結：

武夷東南秀　奇巖樹蒼蒼
巍巍朱夫子　瞱瞱儒道光
家禮敦風俗　經教煥文章
精勤道問學　居敬知義方
涵養兼察識　講習樂未央
清風過化處　海濱鄒魯鄉
今我初入閩　仰登君子堂
養氣靜我神　天宇舞鳳凰

二〇〇〇年十二月二十二日　聯合報副刊

七、王著《二十一世紀的儒道》序

友人王邦雄教授，出版了不少好書。而這本新書，似乎更能統合地顯示他在文化學術上的素養，也最能特顯他智思的敏銳和洞察。

書名訂爲《二十一世紀的儒道》，並以「儒道兩家思想的現代出路」爲副標題，可見此書是順迴溯反思而又向前開展的。二十世紀的中國，從衰亂、屈辱、危難、掙扎、堅忍、奮鬥中，一步步捱過來，終能起死回生，踏上途轍，其處境的凶險，犧牲的深鉅，場面的壯闊，歷程的艱辛，在人類世界中是史無前例的。而下一個世紀的中華大地，可預見地必將重現錦繡絢麗，安和康莊。而中華文化的慧命，也必將重新昭顯潛德幽光，爲人類社會開顯理性的光輝。

平常講說中國文化，習稱儒道佛三教，三教皆有其最中心最根本的關懷。儒家最關切的，是價值（人文）世界之創造和安立的問題，由此而顯發「生生的智慧」。道家最關切的，是生活（行爲）世界之有爲和無爲的問題，由此而顯發「無的智慧」。佛教最關切的，是眾生（萬法）世界之空假和不空的問題，由此而顯發「空的智慧」。儒道佛三教的「理、道」，在不同的時空條件之下，雖或有隱有顯，而究其本質，實永恆持續而並無斷滅。只要我們維持文化心靈的醒豁，它隨時都可以由隱而顯而光大發皇。至於文化在現實層面上的功能和作用，自須配合「政治體制、社會組織、科技知識」，而隨事損益，因時制宜。

三教中的儒道兩家，是中華民族根生土長的。佛教雖也早已融入華夏的文化土壤和文化生命之中，但它畢竟是介入的；在共同相通的普遍性之外，仍然有其由根極相異而來的特殊性和差別性。因此佛家之教，可以另說另講。如今邦雄兄對儒道的基本表述，不但先獲我心，也應可獲得知識界的「同然」之感。他說，在儒、墨、道、法、名、陰陽各家之間，與儒、道、佛三教之間，只有儒家可以立人倫之大本，開人文之全局，立人極而通天道，可以安身立命，也可以內聖外王。且就外王學而言，不僅可以開出家國天下的治道，也可以接續歷史文化的傳統。此凸顯了儒家獨特的人文精神。邦雄又倡說以「三代傳承」來消化「三世因果」。佛家認爲「欲知前世因，今生受者是；欲知來世果，今生做者是」。這表示「前世、今生、來世」的因果福報皆從各自的德行來。這是很好的觀念。可是，前世來世畢竟渺茫，而父母兒女卻活生生的現身於當前，人們怎好只顧自身的前世來世，而不問今生今世的父母兒女呢？依孔孟儒學主導的文化傳統，生命的永恆，就在於今世。沒有彼岸來生，也沒有天國永生；生兒育女是再生，子孫緜衍是永生。因此，前世是父母，來世是兒女，孝敬父母是了前生，教養兒女是修來生。如是，儒家的三代傳承，既承祖先餘蔭，又庇佑子孫，正可消化佛家的三世因果，而且更切合中國鄉土的倫理親情。我認爲，這一段話言之最眞切而又很通俗，是最爲明通透徹的現世說教。

邦雄這本書，輯錄十文而成。前三文爲儒家篇，後七文爲道家篇。

第一文論「儒家人文精神的落實問題」。認爲必須「化解以父爲天的家族權威，消解以君爲父的政治威權」，以活轉「家」與「國」的教化機能，而「從德性心轉向認知心的自我轉化」，則可由德性心讓開一步而爲虛靜心，再由虛靜心下來一步而爲認知心，通過老莊消解絕對化的心態而符合民主精神，通過荀韓得以構成制度而形成法治社會。這些話都說得很順理。第二文論「孔孟儒學的生死智慧」，指出當孔子說「朝聞道，夕死可矣」之時，道的「極」已朗然而現，即使人生之路隨時而「終」亦可無憾。而孟子盡心立命，轉氣命爲天命，則最高的「極」不必然在最後的「終」才臨現，而是少壯老全程，一家祖孫三代，盡在「極」的修行實踐中。這才是「未知生，焉知死」與「死而後已」的眞實義蘊，而其進路即在「修身以俟之」的工夫。

第三文，論牟宗三先生在「中西文化會通」問題上所開顯的「哲學慧命」。首先辨析德性心是道德之體，此乃超越之體，也是「中學爲體」的體；認知心是知識之體，此乃內在之體，也是「西學爲用」的體。這文化活動中的上下兩體，根本不相衝突，內在之體當統屬於超越之體，才是一根而發的完整體系。今天最迫切的問題，就在中學的超越之體，要如何自覺地轉出西學的內在之體，再由西學的內在之體來引進民主與科學的西學之用。面對這樣的時代問題，從哲學思考出發，避開傳統派與西化派的兩極困境，爲儒家學術開出現代化之未來出路的，則是牟宗三先生「兩層存有論」與「一心開二門」的理論架構。這才是「在深化儒學中消化西學，在消化西學中深化傳統」的康莊大道。繼此邦雄又提出新解，認爲儒家的自我轉化，主要不在自我否定與自我陷落，而在自我開啓與自我退讓。此一理路又可還歸先秦「由孔孟而老莊，由老莊而荀韓」之思想史的進程。意謂孔孟擔當萬物，以生命情意來貞定萬物；老莊則超離萬物，讓萬物回歸萬物之自己；荀韓則推開萬物，交付給禮法制度去規定安排。這一步疏導，確有新意，也是針對學界對儒家之質疑做出回應。但關於「良知自我之坎陷」與「一心開二門」之理解詮釋，也可另有疏通知遠之明達講說，而可與邦雄之新解切磋而相得益彰。

第四文以下論道家，這是邦雄兄專擅勝場的所在，他很早就有《老子的哲學》以及《老子道》、《莊子道》各書之出版。在此，無庸贅述。此道家篇七文，皆深造自得之言。如第四文講「老子的天道思想及其人生智慧」，第五文論「莊子的形上思想及其生命理境」，指出道家的道，不走人文化成自然的路，而是取消人文回歸自然的路。而莊子反省人生的兩大困苦，一是吾生有涯的天生命限，二是知也無涯的人爲桎梏。其消解之道，前者在逍遙無待之遊，以表顯自我的眞實；後者在天籟齊物之論，以達於整體的和諧。而二者之所以可能，則有待人自身心齋與坐忘的修養工夫。第六文「走進莊子之學的門徑」，可視爲莊子書的導讀。除了內、外、雜篇的分判，天下篇的定位，還點出老子有心知與生命兩路，莊子是生命一路，荀子是心知一路，這是得其正約兩家。文末總結，說老子以無照有，莊子以無入有，名士以無爲有。這種判教式的語句，可堪玩味。第七文，從修養工夫論莊子「道」的性格，主要的講論，一是確定齊物論的道，是存有論意義而不是認識論意義；二是確定大宗師的道，是修養工夫體現的境界形態。據此而對現時代的莊學研究，提出一次回顧的總反省。其理解申辯，可謂深入而精到。

第八文，從莊子「命」「義」觀念，點出「道家思想的倫理空間」。老子通過不仁、絕棄的化解工夫，道法自然，道隱無名，讓德行從名號的桎梏中解放出來，而回歸自然的眞實。到莊子，又指出不可解的「命」與無所逃的「義」。孟子是把父子之仁與君臣之義，從「命」限的層次提升到「性」理的層次；而莊子卻把愛親之仁與事君之義，下降到「命」限的層次，反正心中不能不認它，天地間不能避開它，不安也安，認命而已。不可解的父子之親不必解，無所逃的君臣之義也不必逃。用心若鏡，虛室生白，吉祥止止，命義依然，不解不逃，而倫理的空間便自然透顯出來了。

第九文論「老莊哲學的生死智慧」，老莊試圖在有生必有死的存在終局，去開發不死不生的生命智慧，以體現「道」之極成的生命安頓。死生是出入，也是來去。解消生的執著，即可破除死的恐懼；順應自然的生，就不會有「生」的執著造作。心中沒有生，也就沒有死，不生所以不死，越過生死，一體放下，當下證入不生不死的眞人境界，是謂自在天眞。第十文，講道家「報怨以德」的無爲思想。文中說到很多好意思。譬如說老莊思想「生人」與「救人」的終極原理，就在這「報怨以德」的智慧洞見。它不是法律的「以怨報怨」，不是道德的「以直報怨」，也不是宗教的「以德報怨」，而是超離三者之外；不在方之內尋求解決之道，而在方之外另開生路。又說，老子的思考，不在怨如何報，而在怨如何解。解怨的根本在無怨，在解開怨所由生的癥結。又說，老莊道法自然、道隱無名的清靜無爲，含藏「無爲而治」的大智慧，無爲而治的實踐，就在「報怨以德」，以天眞本德的道行，來化解世間的怨苦牽累。這樣的生人、救人，豈不也是人文精神的高度表現！

以上，用了很大的篇幅，來點示本書十文的要旨。這種寫序的方式，可能有點特別。而我之所以把書中許多好的意思，重複地說一說，主要的用心是在「提醒」。我想利用這些徵引的語句，來誘導讀者研讀這本勝義紛陳的好書。這就是我預謀的目的所在。我計若獲售，心忻何限哉！是為序。

一九九九年五月　於東海大學哲學系

八、楊著《孔孟荀禮法思想的演變與發展》序

孔子之學，以仁爲核心。仁顯發於外便是禮，故禮記云「禮者，仁之表也」。儒家的內聖外王之學，也正是以孔子的仁禮思想爲基盤。而孟子發揮仁義，可以視爲禮論的縱深透入；荀子講明禮義法度，則是禮論的客觀落實。

論者常以儒家的禮治德治，與法家的法治作簡單之對比，其實既不周延，也欠妥當。儒家主張賢者爲政，認爲「唯仁者宜居高位，不仁而居高位，是播其惡於眾也」。但儒家的德治禮治，並不排斥法治。孟子就主張，上必須有「道揆」，下必須有「法守」。而且還說：「徒善不足以爲政，徒法不能以自行。」人有善心善德，如果沒有善法，仍然不足以推行善政。反之，國家有了善法，如果沒有賢才來推行，善法也不能自顯功效。可見儒家講德治禮治，不但不排斥法治，而且要求二者相輔爲用。因此，必須說「以禮爲綱，以法爲用」，才是對儒家禮法思想的恰切表述。

禮法的功能作用，孔子通過「正名」作說明。他主張「君君、臣臣、父父、子子」，人人各定其名分，各正其名實，則國家政事與倫常教化，自然導入正軌而循循有序。到孟子，主張推仁心以行仁政，他的仁政王道，在精神上也仍然是通貫禮法的。荀子則直接順外王禮憲而發展，隆禮義、隆師法、隆積習；他客觀地彰顯禮法，正合乎「以禮爲綱，以法爲用」的基本精神。但到韓非、李斯（皆從學於荀子），便「棄禮」而「尚法」，否定仁義道德、禮樂教化，而悍然宣稱「以法爲教，以吏爲師」，終於演成嬴秦的苛法暴政。所以，法家的所謂法治，是嚴法、尚勢、尚術，不免「愚民、防民、虐民、威民」；它一方面不同於儒家「養民、教民、使民、保民」的民貴思想與民本主義，也不同於西方發展成的自由開放的民主法治。

傳統儒家講學的重點，是內聖成德，那當然很重要。但禮法思想的講求卻顯得不夠深切。因此，儒家之學如何與民主法治接軌，便不容易見到落實的講論。

楊君秀宮，是東海大學哲學系第一屆的學生。畢業之後，一面做助教，一面讀研究所，先後獲得碩士、博士學位。記得她讀大學時，曾向我提過一問，說：我們聽蔡老師講儒家，覺得每一句話都是眞實的，但我們自己卻欠缺老師那樣的自信，不知老師是怎樣做到的？當時我如何回答，現已不復記憶。大意是說：儒家之學是常理常道，所謂人同此心，心同此理，聖人也不過「先得我心之同然」而已。循著這個線索去領會，就可以感受到儒家經典所講的，都和我心交感相通，若合符契。我課堂所講和書文所寫，都是我所理解、所持守的；所以言之諄諄，自信滿滿。此乃自然而然，無所矯飾。

如今，二十年的歲月，倏忽流過。而秀宮也已完成學位，應聘於樹德技術學院爲副教授。近幾年來，她專注於先秦儒家禮法思想之探究，通過了題爲「孔孟荀禮法思想的演變與發展」之博士論文。該文首先指出人性論爲禮法思想之基礎，再比觀孔孟荀三家論禮之大旨，進而分論孔孟仁禮思想之功能與義理開展，以及荀子禮法論之結構特色與功能發用。同時，又對先秦諸子由仁禮到禮法之發展、由禮法到法術之變異，作了客觀之綜述。最後結論，則專對先秦儒家之禮法思想，提出價值之評估，及其時代意義之省察與展望。全文結構謹嚴，詮釋明確，立論平實而允當，實爲一具有學術價值之論著。

頃者，荷蒙「洪瑞焜先生學術著作暨博士論文獎助出版委員會」之審查通過，惠予獎助出版，實可喜慰。秀宮學思勤敏，性行端淑，而待人處事，誠篤練達。深盼持續精進，爲學術做出更多之貢獻。是爲序。

二〇〇〇年四月　於東海大學哲學系

九、賴著《體用與心性：當代新儒家哲學新論》序

二十世紀後半，是中國文化剝極而復，返本開新的時代。這整整五十年，我實實在在生活在臺灣。而臺港兩地幾位前輩師儒的孤懷閎識，也正在此時光大發皇。我追隨其間，共同經歷了艱難的過程；而數十年的縣穆勤篤，也庶幾勉盡了一己的本分。

當代新儒家爲國人消解了觀念思想上的「世紀困惑」，也確立了文化的走向與途徑。但相續不斷的省察，永遠都是需要的。因此，後起者的思考空間仍然很大。我個人信守「對學術負責」的原則，自然也尊重青年學人學術研究的心得。凡是可以成立的說法，我總以切磋爲懷，相與爲善。

在我熟識的青年學人中，賴賢宗博士是非常用心的一位。他就讀臺大哲學系時，就曾以學生哲學會會長的身分，邀請我作公開演講，講題是「從先秦儒到宋明儒」。之後，他繼續修完碩士博士，又赴德國慕尼黑大學再攻博士學位，他對儒道佛的智慧同加尊重，對德國

哲學也深具素養。至於當代新儒家的著作，更持續勤加研讀，並隨時判析闡釋。尤其最近二年，他先後在國際學術會議上宣讀論文，更集中地討論了熊十力、唐君毅、牟宗三、徐復觀諸位先生的著作與思想（對徐先生的思想，雖無專章討論，而也隨順問題而常有述評）。他的講法，都是本乎學術之公，陳述自得之見。他所開拓的視野，值得正視。

儒家最能表現理性精神，儒家之學也從來就不是一個封閉的系統。儒家人物既具凝聚的心靈，同時又有開放的精神。從先秦第一期，到宋明第二期，如今已進到儒家第三期。先秦儒是華族生命自我發展而成，宋明儒是順承先秦儒的綱領而融攝佛老，並超越佛老。當代新儒家則更是「縱貫百世之心，橫通天下之志」，既要承續傳統，又要融攝西學。當代幾位師儒的正大用心及其學術貢獻，正是據此而開顯出來。

我們認爲，今後中國文化的發展，方向已定，宗趣已明，只要步步充實開擴，必能獲致圓滿的成果。但我們也同時深知，文化非一二人之事，必須有志之士異地同心，分工合作，並持續貫注精誠，乃可臻於大成之境。我以這樣的心情，期待賴博士這一輩的新銳，以正大弘毅的器識，爲中國哲學與儒家思想的光大昌盛，發憤努力。

二〇〇〇年九月二日　於臺中市椰風北軒

校後記

半世紀來，我們對於中國哲學與中國文化問題的省察論斷，都盡可能要從學術性與時代性來作考量。經過宏觀和深層的探析之後，那些切關原則綱領、思想脈絡的地方，乃漸漸地形成共同的感受和認定，因而也有了相當一致的看法。

本書所輯，多爲最近三年的會議論文和講錄。而討論的問題，大體環繞「傳統文化的評價、中國的現代化、當代新儒家的學術貢獻」這幾個定點。（而乙編之伍與丁編之陸二文，言之最爲綜括，特請指教。）

在我爲本書作校對時，發現前後各文的內容不少重複之處，由於各文都是一個個獨立的論題，不便刪此削彼，以免割裂失眞。所以趁此初校之便，特作校後記以爲說明。

二〇〇一年四月十五日　蔡仁厚謹識

附、本書作者著述要目

1. 《孔孟荀哲學》 臺北 學生書局
2. 《孔門弟子志行考述》 臺北 商務印書館
3. 《論語人物論》 臺北 商務印書館
4. 《墨家哲學》 臺北 東大圖書公司
5. 《中國哲學史大綱》 臺北 學生書局
6. 《宋明理學北宋篇》 臺北 學生書局
7. 《宋明理學南宋篇》 臺北 學生書局
8. 《王陽明哲學》 臺北 三民書局
9. 《儒家心性之學論要》 臺北 文津出版社
10. 《新儒家的精神方向》 臺北 學生書局
11. 《儒家思想的現代意義》 臺北 文津出版社
12. 《儒學的常與變》 臺北 東大圖書公司
13. 《中國哲學的反省與新生》 臺北 正中書局

14. 《熊十力先生學行年表》　臺北　明文書局
15. 《牟宗三先生學思年譜》　臺北　學生書局
16. 《牟宗三先生的哲學與著作》（合撰、主編）　臺北　學生書局
17. 《牟宗三》（中國歷代思想家叢書第二十五冊）　臺北　商務印書館
18. 《孔子的生命境界》　臺北　學生書局
19. 《蔡仁厚教授七十壽慶集》（合撰）——自訂學行著述年表　臺北　學生書局
20. 《哲學史與儒學論評》　臺北　學生書局

國家圖書館出版品預行編目資料

哲學史與儒學論評：世紀之交的回顧與前瞻

蔡仁厚著. – 初版. – 臺北市：臺灣學生，2001 [民 90]
面；公分

ISBN 957-15-1079-3 (精裝).
ISBN 957-15-1080-7 (平裝)

1.哲學 — 中國 — 歷史 — 論文，講詞等
2.儒家 — 中國 — 論文，講詞等
3.理學 — 中國 — 論文，講詞等

120.7　　90006676

哲學史與儒學論評：
世紀之交的回顧與前瞻（全一冊）

著作者：蔡仁厚
出版者：臺灣學生書局
發行人：孫善治
發行所：臺灣學生書局
臺北市和平東路一段一九八號
郵政劃撥戶：○○○二四六六八號
電話：(○二)二三六三四一五六
傳真：(○二)二三六三六三三四
本書局登記證字號：行政院新聞局局版北市業字第玖捌壹號
印刷所：宏輝彩色印刷公司
中和市永和路三六三巷四二號
電話：二二二六八八五三

定價：精裝新臺幣五○○元
平裝新臺幣四三○元

西元二○○一年六月初版

12036

ISBN 957-15-1079-3 (精裝)
ISBN 957-15-1080-7 (平裝)

中國哲學叢刊

㉔ 譚嗣同變法思想研究　王　樾著
㉕ 明清之際儒家思想的變遷與發展　林聰舜著
㉖ 張載哲學與關學學派　陳俊民著
㉗ 明末清初學術思想研究　何冠彪著
㉘ 道教新論　龔鵬程著
㉙ 儒釋道與中國文豪　王　煜著
㉚ 帛書老子校注析　黃　釗著
㉛ 中國古代崇祖敬天思想　王祥齡著
㉜ 黃老學說與漢初政治平議　司修武著
㉝ 近思錄詳註集評　陳榮捷著
㉞ 老莊研究　胡楚生著
㉟ 莊子氣化論　鄭世根著
㊱ 韓非之著述及思想　鄭良樹著
㊲ 儒家的生命情調　戴朝福著
㊳ 中國文化哲學　馮滬祥著
㊴ 朱子學與明初理學的發展　祝平次著
㊵ 明末清初理學與科學關係再論　張永堂著
㊶ 中華文化的省思　戴朝福著
㊷ 老子新校　鄭良樹著
㊸ 孔子的生命境界——儒學的反思與開展　蔡仁厚著
㊹ 仁學　譚嗣同著，湯志鈞．湯仁澤校注
㊺ 荀子集釋　李滌生著
㊻ 劉宗周及其愼獨哲學　黃敏浩著
㊼ 燕園耕耘錄—朱伯崑學術論集(上冊)　朱伯崑著
㊽ 燕園耕耘錄—朱伯崑學術論集(下冊)　朱伯崑著
㊾ 體用與心性：當代新儒家哲學新論　賴賢宗著
㊿ 哲學史與儒學論評：世紀之交的回顧與前瞻　蔡仁厚著